Wolfgang Schwetz

Customer Relationship Management

Mit dem richtigen CRM-System Kundenbeziehungen erfolgreich gestalten

2., aktualisierte Auflage

GABLER

Die Deutsche Bibliothek – CIP-Einheitsaufnahme
Ein Titeldatensatz für diese Publikation ist bei
Der Deutschen Bibliothek erhältlich

1. Auflage Mai 2000
Nachdruck August 2000
2., aktualisierte Auflage November 2001

Alle Rechte vorbehalten
© Betriebswirtschaftlicher Verlag Dr. Th. Gabler GmbH, Wiesbaden 2001

Lektorat: Manuela Eckstein, Margit Schlomski

Der Gabler Verlag ist ein Unternehmen der Fachverlagsgruppe BertelsmannSpringer.
www.gabler.de

Umschlaggestaltung: Schrimpf und Partner, Wiesbaden
Satz: FROMM MediaDesign GmbH, Selters/Ts.
Druck und buchbinderische Verarbeitung: Wilhelm & Adam, Heusenstamm
Gedruckt auf säurefreiem und chlorfrei gebleichtem Papier
Printed in Germany

ISBN 3-409-29568-2

Vorwort

Kundenorientierung wird in einer Gesellschaft, die zunehmend Dienstleistungen beansprucht, zu einem immer wichtigeren Gut. Dabei bedeutet Kundenorientierung keineswegs nur eine freundliche Verkäuferin hinter dem Tresen. Aber der Tante-Emma-Laden ist wieder zum guten Vorbild geworden. In Märkten mit immer ähnlicheren und in hohem Maße austauschbaren Produkten kommt es beim Werben um Kunden verstärkt auf die zusätzlichen Serviceleistungen und die Erfüllung der individuellen Kundenbedürfnisse an. Das setzt aber voraus, dass die Anbieter von Waren und Dienstleistungen die Wünsche ihrer Kunden sehr genau kennen und diese auch durch maßgeschneiderte Angebote berücksichtigen. Kundenorientierung erfordert daher für viele Unternehmen ein grundsätzliches Umdenken in ihrer bisherigen Verkaufsmentalität. Zufriedene Kunden wird nur das Unternehmen langfristig an sich binden können, dem es gelingt, seine Kunden auch nach dem Kauf durch eine individuelle, effiziente und kompetente Beratung und Betreuung in allen Bereichen des Unternehmens zu überzeugen. Je größer die Zahl der Kunden für einzelne Unternehmen wurde, umso anonymer erfolgte die Betreuung. Die einzigen, die die Kunden wirklich zu Gesicht bekommen und persönlich kennen, sind die Mitarbeiter im Außendienst. Dieses Wissen benötigt jedoch jedes kundenorientierte Unternehmen im Innendienst in seinen Zentralen, um damit kundenspezifische Problemlösungen erarbeiten zu können.

Die Entwicklung der Computertechnologie und des Informationsmanagements ermöglicht heute auch bei sehr großen Datenmengen eine individuelle, auf einzelne Kunden zugeschnittene Betreuung wie im Tante-Emma-Laden, in der heutigen Terminologie One-to-One-Marketing genannt. Customer Relationship Management (CRM) heißt die Lösung, die sowohl international als auch national die Nachfolge des Computer Aided Selling (CAS) und Sales Force Automation (SFA) angetreten hat. CRM ist jedoch nicht nur Software, sondern eine Geschäftsphilosophie, die in allen Bereichen des Unternehmens den Kunden in den Mittelpunkt stellt. CRM kann erst dann erfolgreich sein, wenn sowohl die Menschen als auch die Organisation und die Technik optimal zusammenarbeiten und kundenorientiert agieren.

In meinem Buch möchte ich nicht nur die Möglichkeiten dieser sich rasant weiterentwickelnden Softwarelösungen darstellen, sondern auch gleichzeitig praktische Tipps zur Anwendung der Computertechnologie für ein bestmögliches Kundenmanagement durch CRM geben.

Außerdem soll dieses Buch den Unternehmern, Managern und Fachleuten aus herstellerneutraler Sicht und aus zwölf Jahren einschlägiger Beratungserfahrung eine über die technologischen Aspekte hinausgehende Hilfestellung bei der Entwicklung der Konzeption, des Anforderungsprofils, der Auswahl der richtigen Software und für die Einführungsphase eines CRM-Systems geben. Die Erfahrung hat gezeigt, dass entscheidende Weichen für den Erfolg eines CRM-Projekts bereits vor dem Projektstart gestellt werden müssen. Denn die durchaus vermeidbaren Fallen und Tücken, von denen immer wieder berichtet wird, gefährden nicht nur den Erfolg des Projekts, sondern erhöhen das Risiko von Fehlinvestitionen in Millionenhöhe. Für die eigentlichen betroffenen Manager und Mitarbeiter in Vertrieb, Marketing und Service, die bislang oft nur auf ihre Intuition, menschliche Kontakte und Erfahrungen setzten, bedeutet CRM eine erhebliche Umstellung – eine Umstellung allerdings, bei der mit der richtigen Vorgehensweise eine Erfolgssteigerung geradezu „vorprogrammiert" ist.

Neben der Vertriebspraxis soll dieses Buch auch den zahlreichen Studenten, die sich zunehmend mit diesem Thema auseinander setzen, wichtige Informationen und eine grundlegende Orientierung bieten.

Für die hervorragende Zusammenarbeit mit verschiedenen Experten, die dieses Buch von der Idee bis zum Erscheinen begleitet haben, möchte ich mich bedanken.

Auch den Softwareanbietern, die mir Demoversionen und Mustermasken zur Verfügung gestellt haben, danke ich für ihre Unterstützung und Kooperationsbereitschaft.

An der Entstehung dieses Buches hat auch die Mannheimer Agentur Art d'Eco GmbH großen Anteil: Dankbar erwähnen möchte ich dabei besonders Carola Kupfer, die die Redaktion des Buches übernommen hat; aber natürlich auch Bettina Baur und Claudia Cornelsen, die sich um die Gesamtkoordination gekümmert haben.

Für Anregungen und Kritik bin ich jederzeit dankbar. Auch würde ich einen Erfahrungs- und Informationsaustausch mit Anwendern sehr begrüßen. (Mailen Sie mir unter: info@schwetz.de.)

Karlsruhe, im Oktober 2001 WOLFGANG SCHWETZ

Inhalt

Customer Relationship Management (CRM) – Was ist das?

Moderne Marktbearbeitung – Wie geht das?

Jakob Fugger II. war die hervorragende europäische Kaufmanns- und Bankierpersönlichkeit des ausgehenden 15. Jahrhunderts. Ähnlich wie die Florentiner Kaufmannsdynastie der Medici verstand Fugger es, stets das passende Produkt zum richtigen Zeitpunkt am richtigen Ort parat zu haben – ganz gleich, ob Kupfer, Silber oder Geld. Seine Kunden waren weit verstreut: Sein Einfluss reichte von Flandern bis nach Süditalien, von Portugal bis hin in östliche Balkangebiete. Stets waren seine Investitionen und kaufmännischen Tätigkeiten von Erfolg gekrönt – ein sicheres Gespür für das gute Geschäft, ein weit verzweigtes Filialnetz und vor allem die sorgsame Pflege guter Beziehungen machten es möglich.

Dennoch hat die Augsburger Erfolgsstory einen kleinen Schönheitsfehler: Nicht alle Nutznießer der Fuggerischen Geldanleihen waren nämlich so solvent, wie es den Anschein hatte. Die prominentesten Beispiele waren zugleich praktisch unanfechtbar: Kaiser Karl V. und zeitgleich Papst Leo X. durften sich Unsummen zur Finanzierung von Wahlkämpfen, Kriegen und groß angelegten Bauvorhaben beim schwäbischen Bankier leihen – ohne jemals annähernd den Betrag zurückzuzahlen.

Zugegeben, die Investitionen in führende Herrscherhäuser Europas hatten sich kurzfristig dank guter Handelsbedingungen und diverser Vorrechte für Fugger gelohnt – seine Nachkommen und Neffen blieben jedoch langfristig auf der Strecke. Denn dieses einzigartige Gespür für alles, was sich lohnt, besaßen die späteren Fugger-Zöglinge nicht mehr. So waren sie auf Informationen und Tipps ihrer Vorfahren angewiesen, die mit Sicherheit im täglichen Geschäft oft untergingen oder zu kurz kamen.

Das Ergebnis ist bekannt: Bereits Ende des 16. Jahrhunderts waren die berühmten Fugger durch die Bankrotte ihrer renommierten Schuldner Phillip II. und dem Herzog von Alba ruiniert.

Neben einem komplizierten Geflecht von Machtstrukturen und Abhängigkeiten war sicherlich mangelnde Information eine der Hauptursachen für den Untergang des erfolgsverwöhnten Augsburger Kaufmannsgeschlechts. Die streng monopolistisch-zentralistisch ausgerichtete Geschäftsführung ließ nämlich wenig Raum für (europa)weit gestreuten Informationsfluss auf allen Unternehmensebenen – und die „happy few" der Eingeweihten konnten oder wollten ihre Geschäftspartner nicht immer richtig einschätzen.

Wer allerdings glaubt, das 20. Jahrhundert sei gegen derartige unternehmerische Einbahnstraßen dank Technologie und Fortschritt gefeit, irrt sich gewaltig. Auch heute noch zeigt eine alarmierende Quote von Fehlinvestitionen durch alle Branchen, dass Geschäftsbereiche und Kunden von Verantwortlichen falsch oder nur unzureichend eingeschätzt und typisiert werden.

Erschwerend kommt heute der permanente Wandel der Märkte hinzu, der immer schnellere Unternehmensentscheidungen von großer Tragweite erfordert.

Ein typisches Beispiel – die Automobilbranche. In den Siebzigerjahren dominierten die Anbieter das Marktgeschehen. Die Verkäufer interessierte es daher in der Regel wenig, welche Kunden welche Produkte

Abbildung 1: Märkte im Wandel: 1970

Customer Relationship Management (CRM)

benötigten und kauften. Denn: Solange genügend Abnehmer vorhanden waren, stand die Produktion der Güter im Vordergrund. Die Abnehmer hatten sich nach den produzierten Gütern zu richten. So war es nicht verwunderlich, dass Henry Ford auf die Frage nach der Farbvielfalt seiner Automobile selbstbewusst antworten konnte: „Natürlich produzieren wir jede Farbe, vorausgesetzt sie ist schwarz!"

Massenmarketing war hier die Devise – mit wenig Wettbewerb und einer strengen Fokussierung auf die Eigenschaften der Produkte.

Zum Jahrtausendwechsel sieht die Marktsituation völlig anders aus: Der Wandel der Märkte von Anbieter- zu Nachfragemärkten erfordert Umdenken auf allen Ebenen – und sehr systematische Vertriebs- und Marketingaktivitäten auf der Basis datenbankgestützter Computersysteme.

Denn heute steht eindeutig der Kunde im Mittelpunkt. Er kann sich aus einer Vielzahl von Angeboten das für ihn günstigste Produkt beziehungsweise die passende Dienstleistung auswählen und legt Wert auf die Berücksichtigung seiner individuellen Bedürfnisse. Vor allem im Konsumgütersektor wie auf dem Computer- und Hi-Fi-Markt, in der Automobilbranche, bei Telekommunikation, Banken, Versicherungen, Energieversorgern und in der Pharmaindustrie ist dieser Trend deutlich zu erkennen. Aber auch in Märkten mit einem hohen Verdrängungs-

Abbildung 2: Märkte im Wandel: 1990

wettbewerb gibt es Nischen, in denen nach wie vor die Nachfrage größer ist als das Angebot. Vor allem in Teilmärkten mit einer hochgradigen Spezialisierung einzelner Marken sinkt der Wettbewerbsdruck und monopolartige Marktstellungen erlauben den Anbietern scheinbar auch weiterhin, auf eine konsequente Kundenorientierung zu verzichten.

Überleben im Markt – von den Siebzigerjahren bis zum Jahrtausendwechsel

Die Situation des Vertriebs vor dem Wandel der Marktverhältnisse war dadurch gekennzeichnet, dass die Hauptaufgabe des Außendiensts, vor allem im Konsumgütersektor, in der Annahme von Aufträgen bestand. Neukunden gezielt zu gewinnen war nicht notwendig, sie kamen von selbst. Die Kundenbindung wurde vernachlässigt. Der Verkauf war gänzlich damit beschäftigt, die Nachfrage zu befriedigen.

Besuchsberichte wurden handschriftlich verfasst. Oft landeten sie erst Wochen später auf dem Stapel ungelesener Post der Vertriebsleiter. Und die wiederum konnten schon aus zeitlichen Gründen die langatmigen Berichte nicht vollständig lesen, geschweige denn auswerten. Für eine rasche Reaktion auf einen Kundenwunsch war es ohnehin längst zu spät.

Die Mitarbeiter im Verkaufsinnendienst hatten alle Hände voll zu tun, die Anrufe der Kunden und des Außendiensts entgegenzunehmen, die ihre Aufträge erteilten. Die Auftragsformulare wanderten mit der Rohrpost oder per Förderband zu einem zentralen Datenerfassungsbüro und von dort in die zentrale EDV-Abwicklung. Der Innendienst hatte keinen direkten Zugriff auf diese Daten mehr.

Vertriebsplanung wurde in einer Zeit ständigen Umsatz- und Gewinnwachstums, wenn überhaupt, mehr intuitiv und gefühlsmäßig als systematisch betrieben. Als Basis diente oft der Vorjahresumsatz eines Verkaufsgebiets, den die Vertriebsleitung nun um einen bestimmten Prozentsatz erhöhte, und das so ermittelte Umsatzsoll diente als Vorgabe für den Außendienst.

Auf Angebote mussten die Interessenten in der Regel mehrere Tage oder Wochen warten. Um den Aufwand so gering wie möglich zu halten, begnügte sich der Vertrieb in der Regel mit Standardangeboten oder Preislisten.

Customer Relationship Management (CRM)

Werbung und Verkaufsförderung wurden nach dem Gießkannenprinzip betrieben, potenzielle Kunden wurden mehr oder weniger wahllos angesprochen. Bei ständig wachsenden Umsätzen und Auftragszahlen war es ja auch nicht notwendig, den Markt systematisch zu bearbeiten. Der Rücklauf auf Massenaussendungen war immer noch groß genug.

In weitgehend gesättigten Märkten hat heute jedoch der Wettbewerb entsprechend zugenommen. Die Folge: Auch Kosten- und Zeitdruck steigen – und die Aufgabenschwerpunkte von Vertrieb und Außendienst verlagern sich. Galt noch vor 20 Jahren der Außendienst als sicherer Auftragsabholer, muss er heute als eine Art Gebietsmanager agieren, der gleichzeitig neben der Neukundengewinnung durch kompetente Beratung seiner Kunden für eine hohe Kundenbindung sorgt und dabei auch die Aktivitäten des Wettbewerbs beobachtet. Beim persönlichen Kundenkontakt steht nicht mehr das Produkt an sich im Vordergrund, sondern der Kunde. Sämtliche Vertriebsanstrengungen müssen sich deshalb darauf richten, maßgeschneiderte Problemlösungen anzubieten.

Auch die Anforderungen der Kunden und Käufer haben sich den Marktverhältnissen entsprechend gewandelt. So verlangen Kunden von ihren Lieferanten eine höhere Flexibilität, kürzere Lieferzeiten und einen besseren Service. Erschwerend kommt hinzu, dass sich Kunden situationsabhängig unterschiedlich verhalten. Ein typisches Beispiel: der Porschefahrer, der bei Aldi seinen täglichen Bedarf an Lebensmitteln deckt.

In dieser Situation wurde den Vertriebsmanagern und dem Außendienst bewusst, dass sie über den Markt so gut wie gar nichts wussten, über die bestehenden Kunden genauso wenig wie über die potenziellen Kunden, und erst recht nichts über deren spezifische Bedarfssituation. Die bisherigen Führungsinstrumente wie EDV-Statistiken und die Karteien des Außendiensts hatten den gleichen Stand wie das Rechnungswesen und waren in erster Linie vergangenheitsorientiert. Sie enthielten zu wenige und bisweilen veraltete Informationen, ganz gleich, ob es die Entscheider betraf, den konkreten Bedarf an bestimmten Problemlösungen oder den Zeitpunkt der Bestellungen. Wie aber sollte man maßgeschneiderte Angebote ausarbeiten, wenn man den Bedarf und Bedarfszeitpunkt gar nicht genau kannte, ebenso wenig die wesentlichen Entscheidungsträger beim Kunden, die es zu überzeugen galt? Die neue Situation erforderte verstärkte Anstrengungen und das unter dem inzwischen eingetretenen Kostendruck.

Die Marketing-Strategen erkannten, dass in Käufermärkten eine erfolgreiche Kundenbindung und -gewinnung nur durch eine verstärkte Kundenorientierung des gesamten Unternehmens zu erreichen war. Der

Kunde musste in den Mittelpunkt des Bewusstseins in allen Unternehmensbereichen – allen voran im Vertrieb – gerückt werden. Das Wissen über den Kunden musste vertieft und aktualisiert werden. Und die pauschale Betrachtung des Kunden musste einer nach Geschäftsbereichen gegliederten Beurteilung weichen. Nur auf der Basis detaillierter Informationen konnten in kurzer Zeit Lösungsvorschläge mit hohen Abschlusschancen ausgearbeitet werden. Diese erfordern aber einen ungleich höheren Aufwand und eine verbesserte interne Abstimmung.

Es hat sich wohl mittlerweile bis in die letzten Winkel der Wirtschaft herumgesprochen, dass es heute nicht mehr nur darum geht, Produkte zu fertigen, sondern Abnehmerbedürfnisse systematisch zu befriedigen. Nur so können Kunden gewonnen und gehalten werden. Untersuchungen in den USA haben ergeben, dass eine Steigerung der Kundenbindung um fünf Prozent pro Jahr eine Steigerung des Gewinns um 20 bis 120 Prozent möglich macht. Außerdem ist der Aufwand, einen neuen Kunden zu gewinnen, fünfmal höher als einen vorhandenen zu halten.

Eine Marktbearbeitung ohne exakte Planungsinstrumente und genaue Informationen über den Kunden geht an dessen Bedürfnissen vorbei, wenn es nicht gelingt, rasch Informationen über seine individuellen Wünsche und Bedürfnisse, über deren Höhe und Zeitpunkt sowie über die entscheidenden Personen zu sammeln und systematisch für eine selektive zielgruppenspezifische Betreuung aufzubereiten.

Ebenso muss dem Feedback aus dem Markt künftig mehr Beachtung geschenkt werden als vielfach praktiziert. Außendienst-Besuchsberichte enthalten oft hochsensible, aber kurzlebige Informationen, die bereits nach kurzer Zeit überholt sind. Gerade wichtige Kritik – von Kunden oft nur vorsichtig geäußert, aber für das Unternehmen wertvolle Hilfe zur Produktoptimierung – gelangt nicht bis zu den entscheidenden Stellen und verschwindet im Nirwana der Unternehmenskommunikation. Statt dass also der Außendienst beim nächsten Kundenbesuch positive Verbesserungen verkünden kann, sieht er sich immer wieder mit den gleichen Problemen und Kundenreklamationen konfrontiert. Verständlich, dass Außendienstmitarbeiter, die ohnehin keinen Hang zur Bürokratie haben, nur frustriert ihre vorgeschriebenen „Hausaufgaben" erledigen, solange sie in der Zentrale kaum beachtet werden.

Im Sinne einer radikalen Kundenorientierung ist die Lösung jedoch gar nicht so schwer: Aus dem Verkäufer muss ein „Beziehungsmanager" werden, der seine Kunden als Partner behandelt. Diese neue Sichtweise verlangt vom gesamten Unternehmen ein Umdenken und stellt vor allem an den Außendienst neue und höhere Anforderungen. Konzepte wie Leanselling und Business Reengineering sind nicht mehr ganz neu, sollen aber immer noch den gesamten Vertrieb schlanker und leistungsfähiger machen, Kommunikationswege verkürzen und den Informationsfluss beschleunigen.

Unabhängig von Branchen und Produkten bewegen wir uns heute in immer kleineren Marktsegmenten, die bis hin zum aufwendigen so genannten One-to-One-Marketing bearbeitet werden müssen. In der Praxis heißt das, dass Kunden und Käufer immer stärker auf der Suche nach maßgeschneiderten Problemlösungen für bestimmte Bedarfssituationen sind, für die es möglicherweise auf dem Markt keinen Vergleich gibt.

Dieser Herausforderung können Anbieter von Waren und Dienstleistungen nur dadurch begegnen, indem sie systematisch die Profile ihrer Abnehmer aufzeichnen. Heute muss bei der Vertriebsplanung der einzelne Kunde, möglichst noch unterteilt nach Bedarfsfeldern, mit einem Potenzial und den Wettbewerberanteilen im Vordergrund stehen. In umfangreichen Kundendatenbanken werden im Idealfall die zahlreichen einzelnen Merkmale gesammelt, um dann auf der Basis dieser Merkmale ganz gezielt Marketingaktionen zu starten.

Eine Marktbearbeitung nach dem „Gießkannenprinzip", ausschließlich geleitet durch das berühmte Fingerspitzengefühl und Intuition, verursacht viele Streuverluste und verhindert eine optimale Marktbearbeitung. Wer heute erfolgreich sein will, muss systematisch, zielgruppenspezifisch und individuell vorgehen, was praktisch nur auf der Basis von Kundendatenbanken in modernen Computersystemen möglich ist – so zum Beispiel über „Customer Relationship Management" (CRM).

Die Marketingstrategie der Siebziger- und Achtzigerjahre war von technischem Perfektionismus und strenger Produktorientierung geprägt. Was wir heute erleben, ist eine rasante Verkürzung der Produktlebenszyklen und des Time-to-Market – verbunden mit verstärkter Kundenorientierung.

Ein typisches Merkmal vergangener Organisationsstrukturen ist der Abteilungsegoismus, der Teamselling und Arbeiten in vernetzten Organisationen – und damit auch einer unternehmensweiten Kundenorientierung – im Wege steht. Auch Führung und Organisation müssen deshalb den neuen Wettbewerbsbedingungen angepasst werden. Kunden benötigen schnelle Entscheidungen. Daher müssen Entscheidungsprozesse dezentralisiert und Informationsflüsse über viele Hierarchieebenen durch schlanke Organisationen, wie das in vielen Business-Reengineering-Projekten geschehen ist, beschleunigt werden.

	1970	seit 1990
→ Marketing-Strategie	■ Perfektionismus ■ Produktorientierung	● Kurze Produktlebenszyklen ● Kundenorientierung
→ Führung und Organisation	■ Entscheidungen sind Chefsache ■ viele Hierarchie-Ebenen	● dezentrale Entscheidungsprozesse ● schlanke Organisation
→ Markt-bearbeitung	■ Intuition ■ Gießkannenprinzip	● Wissen über Kunden ● Database Marketing
→ Vertriebs-planung	■ Vorjahresumsatz + x % ■ Gebietsebene	● Potenzial/Kundenwert ● Einzelkunde
→ Wissen über Kunden	■ FiBu (Vergangenheit) ■ Außendienst (Prosa)	● Marktbeobachtung (Zukunft) ● Kundendatenbank (Analyse)
→ Aufgaben Außendienst	■ Neukundengewinnung ■ Auftragsabholung	● Neukundengewinnung ● Kundenbindung

Abbildung 3: Marktbearbeitung damals und heute

Systematische Marktbearbeitung – der Schlüssel für das 21. Jahrhundert

Die Defizite der Vergangenheit zeigen deutlich: Es gibt neue Marktanforderungen, die jeder, der erfolgreich wirtschaften will, – unabhängig von Branche, Dienstleistung und Produkt – in Zukunft berücksichtigen muss. Diese neue, systematische Marktbearbeitung lässt sich im Wesentlichen mit folgenden Zielen beschreiben:

● Um den Vertriebserfolg zu erhöhen, ist es notwendig, systematisch Kunden und Interessenten auswählen zu können, die über ein hohes Potenzial verfügen.
● Auf der Basis dieser Informationen über Potenzial und konkrete Bedarfssituation müssen maßgeschneiderte individuelle Problemlösungen angeboten werden.
● Die maßgeschneiderten Angebote müssen zum richtigen Zeitpunkt beim richtigen Kunden platziert werden können.

Wenn dies gelingt, wird es zweifellos zu einer Erhöhung der Erfolgsquote im Verkaufsabschluss kommen. Gleichzeitig lässt sich die Zahl der Fehlbesuche durch den Außendienst sowie der Fehlkontakte durch den Innendienst deutlich reduzieren.

Die Lösung: Customer Relationship Management (CRM)

Die Entwicklung des Softwaremarktes

Seit Mitte der Achtzigerjahre tut sich etwas in puncto systematischem Computereinsatz beim Verkauf: Die Softwareanbieter entwickeln für fast alle Bereiche spezielle Programme zur Unterstützung des Vertriebs, vornehmlich des Außendiensts. Als Vorreiter dieses neuen Computereinsatzes gelten dabei die Konsum- und Markenartikelbranche, Versicherungsgesellschaften und die Pharmaindustrie.

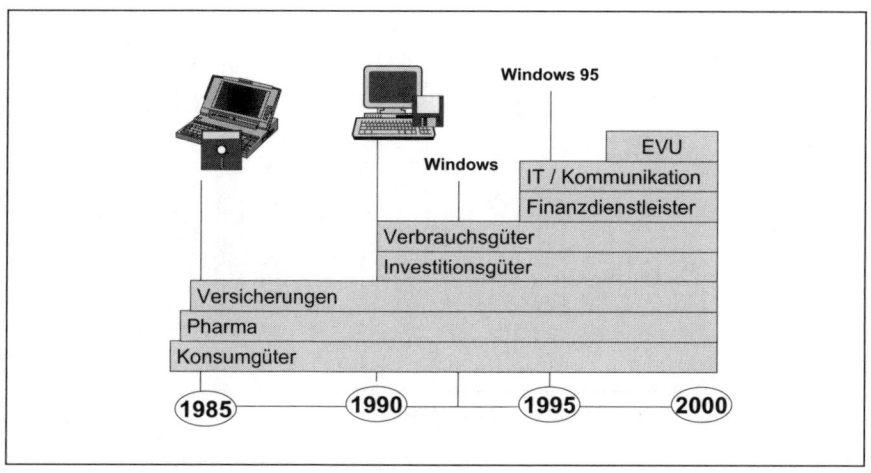

Abbildung 4:   CAS-/CRM-Branchen 1985 bis 2000

Nachdem IBM 1981 den ersten Personalcomputer mit dem Betriebssystem MS-DOS 1.0 auf den Markt bringt, etablieren sich schrittweise gerade die mobilen Mikrocomputer als ideales Werkzeug für den Außendienst. Als Prototyp wird vielen noch der acht Kilogramm schwere Laptop mit einem 80 286er AT-Prozessor und einer Taktfrequenz von 12 beziehungsweise 16 MHz und einer Speicherkapazität von 40 MB in Erinnerung sein.

Bis Ende der Achtzigerjahre gibt es im deutschsprachigen Raum bereits knapp achtzig verschiedene Anbieter von Software zur Vertriebssteuerung. Für diese Programme etabliert sich nach und nach der Fachbegriff *„Computer Aided Selling" (CAS)* im deutschsprachigen Markt sowie „Sales Force Automation" (SFA) im englischsprachigen Raum. Zum Ende der MS-DOS-Ära Mitte der Neunzigerjahre werden bereits 145 verschiedene Programmsysteme für das Computer Aided Selling im deutschen Sprachraum registriert.

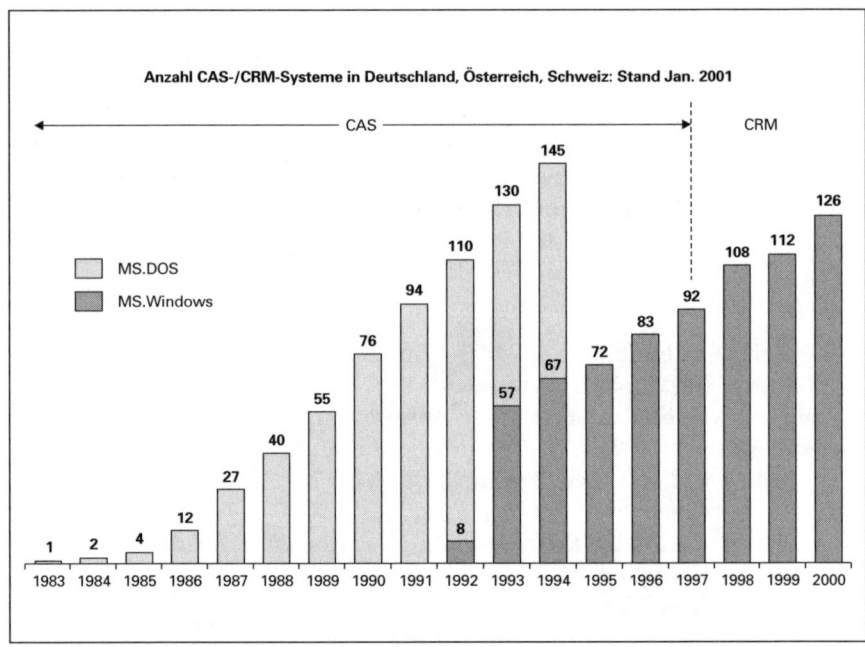

Abbildung 5: Der Softwaremarkt für CAS/CRM

Ende 1992 kündigen die ersten Anbieter ihre Windows-Versionen an. Auf der CeBIT 1993 ist davon allerdings noch nicht viel zu sehen – nur einige wenige Prototypen werden unter der neuen grafischen Benutzeroberfläche vorgeführt. Mit MS-Windows beginnt jedoch auch für die computergestützte Vertriebssteuerung ein neues Zeitalter, wobei etliche Anbieter bei der Umstellung von MS-DOS auf MS-Windows auf der Strecke bleiben. So haben wir heute eine konstant bleibende Anzahl von etwa 120 Programm- und Systemanbietern für das Customer Relationship Management.

Die Lösung: Customer Relationship Management (CRM)

Mittlerweile steigt auch die Nachfrage in anderen Branchen, wie zum Beispiel dem Investitionsgütervertrieb und der technischen Gebrauchsgüter; auffallend ist auch das Interesse bei Finanzdienstleistungen, allen voran Banken, sowie in den deregulierten Märkten der Telekommunikation und Energieversorgung.

Von CAS bis CRM: von Rationalisierung bis Beziehungsmanagement

Die vorrangig von großen Vertriebsorganisationen ab Mitte der Achtzigerjahre aufgebauten „Vertriebssteuerungssysteme" laufen weitgehend als Individualprogramme auf Großrechnern. Sie dienen in erster Linie dem Vertriebsmanagement, der Außendienststeuerung und dem Vertriebscontrolling; CAS-Systeme auf PC-Basis sind erst in der Entwicklung. Neben CAS im deutschsprachigen Raum kommt nun die Bezeichnung *„Vertriebsinformationssysteme" (VIS)* auf – ein Begriff, der bis zum heutigen Tag Verwendung findet.

Zeitgleich wird in den USA der Begriff *„Sales Force Automation" (SFA)* eingeführt, der ebenfalls vorrangig die Steuerung des Außendiensts beschreibt. Mit der zunehmenden Verbreitung der Laptops im Außendiensteinsatz rückt dabei die Auftragserfassung beim Außendienst immer stärker in den Vordergrund der Funktionen von SFA-Systemen.

 *CAS- und SFA-Systeme wurden in erster Linie unter Rationalisierungsgesichtspunkten entwickelt. Ihre vorrangige Aufgabe ist es, die umständliche, papierorientierte Organisation durch Datentechnik zu ersetzen und Zeit durch die automatische Übertragung der Daten zu gewinnen. Außerdem dienen sie zur Überwachung und Steuerung großer Außendienstorganisationen.*

„Computer Aided Selling" und „Sales Force Automation" sind also Systeme, die ausschließlich die Vertriebsorganisation unterstützen, wobei es drei typische Anwendergruppen gibt:

1. Vertriebsmanagement, Vertriebscontrolling, Key Account Management
2. Vertriebsinnendienst
3. Vertriebsaußendienst, regionale Verkaufsleiter

Aus den Siebzigerjahren stammt ein Begriff, der heute noch weit verbreitet ist: das *„Database Marketing".* Dabei geht es schwerpunktmäßig um den Aufbau eines Informationskreislaufs, um aus nicht qualifizierten Adressen durch stufenweise Aktionen sukzessive qualifizierte Kundenprofile, die in Datenbanken verwaltet werden, aufzubauen. Mithilfe des Database Marketing werden Kampagnen zur gezielten Neukundengewinnung nach dem RADAR-Modell durchgeführt.

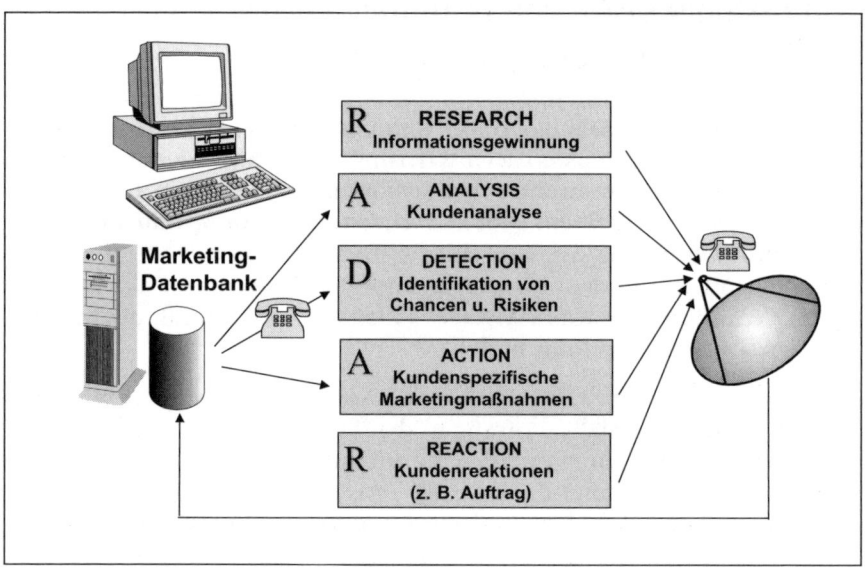

Abbildung 6:   Database Marketing – RADAR

Amerikanische Marktanalysten (Gartner Group, Aberdeen Group etc.) versuchen sich Mitte 1997 medienwirksam als Propagandisten neuer Technologien. Die Fachpresse berichtet über neue Termini, die einen inhaltlichen Wandel und neue Visionen zum Ausdruck bringen:

- „Technology Enabled Selling" (TES)
- „Customer Relationship Management" (CRM)
- „Technology Enabled Relationship Management" (TERM)
- „Customer Interaction Software" (CIS)

Hat man bislang unterschiedliche Begriffe benutzt, um verschiedenartige Ansätze und Philosophien zu beschreiben, ist nun die Verwirrung perfekt. Was dabei zum Ausdruck kommen soll, ist der grundsätzliche inhaltliche Wandel in Bezug auf die Ziele der Systeme. War die erste und zweite Generation der CAS- und SFA-Systeme noch unter Rationalisierungsgesichtspunkten entstanden und eingesetzt worden, weisen die neuen Begriffe auf einen weiteren Schritt hin: Es geht ab sofort darum, auch die Beziehung zum Kunden neu zu gestalten und entsprechend technisch zu unterstützen.

Die Kundenbeziehung (Customer Relationship) steht nun im Mittelpunkt des Interesses – und unter diesem Aspekt macht der Wandel der Begriffe sehr wohl Sinn. Hatten die Anwender von CAS- oder SFA-Systemen ohnehin immer wieder Schwierigkeiten mit der Akzeptanz, so ging diesmal die Zielsetzung in eine andere Richtung: vorbei an den Außendienstmitarbeitern hin direkt zum Kunden. Daher ist es verständlich und sinnvoll, dass sich die Bezeichnung „Customer Relationship Management" (CRM) mittlerweile weltweit durchgesetzt hat – zumal auch die global agierenden Softwareanbieter, wie SAP, Baan, Oracle und andere, diese Vereinheitlichung begrüßen.

- ☞ Vertriebssteuerung
- ☞ Computer Aided Selling CAS
- ☞ Vertriebs-Informations-Systeme VIS
- ☞ Sales Force Automation SFA
- ☞ Database Marketing
- ☞ Technology Enabled Selling TES
- ☞ Customer Relationship Management CRM
- ☞ Technology Enabled Relationship Management TERM
- ☞ Customer Interaction Software CIS

Abbildung 7:   Von der Rationalisierung zum Beziehungsmanagement

Was leisten CAS-Systeme?

Trotz der neuen Begriffe halten wir es für legitim — nicht zuletzt zum besseren Verständnis der historischen Entwicklung –, weiter von CAS zu sprechen, wenn es sich um Software zur Vertriebsunterstützung im bisherigen Sinne handelt. Auch ist der inhaltliche Wandel in vielen Systementwicklungen noch nicht umgesetzt worden, sodass die meisten am Markt angebotenen Programme noch folgende typische CAS-Merkmale aufweisen. Sie unterstützen vorrangig die Anwendergruppen Vertriebsmanagement, Innendienst und Außendienst innerhalb einer Vertriebsorganisation in drei wesentlichen Bereichen:

1. Vertriebssteuerung (Planung, Steuerung, Kontrolle)
2. Kommunikation mit dem Markt: Aufbau und Pflege der Beziehungen zu Marktpartnern
3. Administration/Disposition im Tagesgeschäft: Termine, Kontakte, Reporting, Präsentation

Mithilfe von CAS erarbeitet das Vertriebsmanagement gemeinsam mit dem Vertriebscontrolling Jahresziele und -pläne, steuert deren Umsetzung im Tagesgeschäft und analysiert Abweichungen. Die gleiche Aufgabe fällt jedem Mitarbeiter im Vertrieb zu, der für einen Bereich oder eine Region verantwortlich ist. Das bedeutet, dass auch ein Gebietsverkaufsleiter, ein Außendienstmitarbeiter und der Innendienst ihre Marktaktivitäten bezogen auf ihren jeweiligen Verantwortungsbereich planen und steuern. CAS ist also auch ein Instrument zur Selbststeuerung.

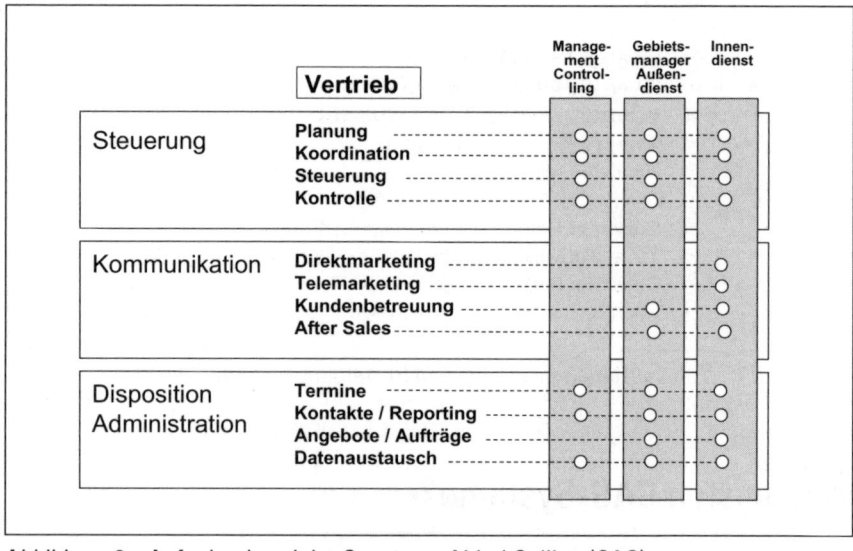

Abbildung 8: Aufgabenbereiche Computer Aided Selling (CAS)

Im täglichen Umgang mit CAS-Systemen beginnen Aufbau und Pflege von Beziehungen zu Marktpartnern wie Kunden, Interessenten, Verkaufsentscheidern und Meinungsbildnern (zum Beispiel Architekten in der Baubranche) in der Regel mit Messekontakten, Anfragen oder einem vom Innendienst versandten Mailing. Dieses Mailing basiert auf zugekauften Adressen oder einer oder mehreren gezielten Selektionen von Teilzielgruppen aus der Kundendatenbank („Database Marketing"). Alle damit verbundenen Aufgaben liegen schwerpunktmäßig beim Innendienst: das anschließende Qualifizieren – also zum Beispiel Nachfassaktionen zur Ermittlung der Höhe und Dringlichkeit eines Bedarfs, auch unter Einschaltung externer Dienstleister wie Call Center, die detaillierte Bearbeitung von Anfragen und natürlich auch der Versand von Informationsmaterial.

Stellt sich heraus, dass sich unter den Anfragen Kunden oder Interessenten mit hohem Potenzial befinden, wird meist der Außendienst aktiv. Er nimmt schnellstmöglich Kontakt zu diesen Kunden auf, die auf Grund ihres Potenzials oder der Bedeutung eines Entscheiders in die *Kategorie A* oder *B* fallen.

Demgegenüber werden Kleinkunden aus Kostengründen vom Innendienst über ein eigenes C-Kundenmanagement via Telemarketing und Call Center betreut.

Im Tagesgeschäft unterstützt das CAS-System den Verkaufsaußendienst bei der Terminverwaltung, Besuchsvorbereitung und -nachbereitung, bei der Angebotserstellung, Auftragserfassung sowie dem regelmäßigen Daten- und Nachrichtenaustausch mit der Zentrale. Die gleichen Funktionen stehen dem aktiven Innendienst bei der Betreuung der C-Kunden zur Verfügung.

Was leisten CRM-Systeme?

CRM-Systeme bauen auf der Erkenntnis auf, dass einzelne Lösungen für Vertrieb, Marketing und Service beziehungsweise Kundendienst nicht den gewünschten Erfolg bringen, weil durch die isolierte Sicht oft Informationsverluste entstehen, die eine unternehmensweite Kundenorientierung blockieren. CRM hat daher das vorrangige Ziel, die Mitarbeiter umfassend in den Bereichen Marketing, Vertrieb und Service im Sinne eines effizienten Kundenmanagements zu unterstützen. Und das bedeutet konkret: CRM-Lösungen verknüpfen alle Prozesse im Marketing, Vertrieb und Service miteinander. So kann jeder Mitarbeiter auf das gesamte Wissen einer gemeinsamen Kundendatenbank zugreifen und erhält damit einen umfassenden Einblick in die Kundenhistorie.

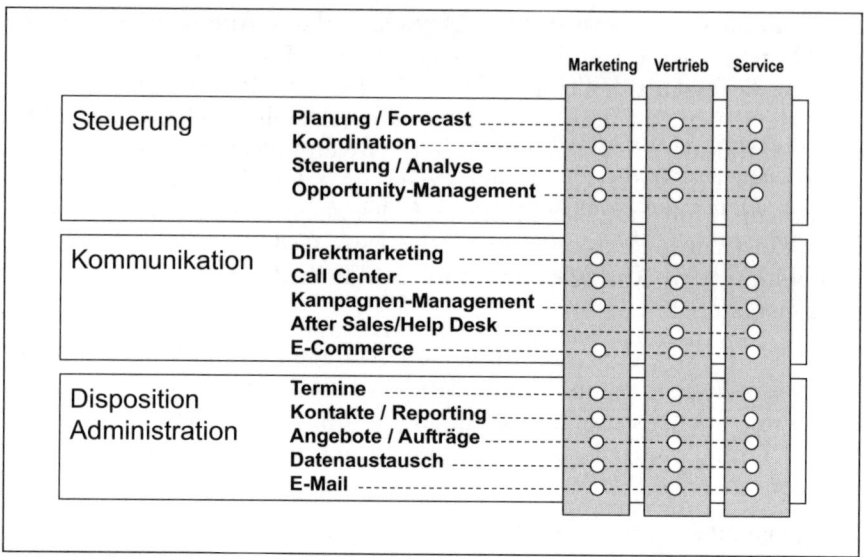

Abbildung 9: Aufgabenbereiche Customer Relationship Management (CRM)

Der technologische Fortschritt und die Attraktivität des überdurchschnittlich wachsenden CRM-Marktes ließen auch Anbieter anderer Softwarekategorien auf den CRM-Zug aufspringen. Datawarehouse und OLAP sind heute die Begriffe für „analytisches CRM", in erster Linie zur Datenaufbereitung und -analyse für Steuerungszwecke entwickelt. Unter „kooperativem CRM" versteht man die bisherigen Bereiche der Kommunikation mit dem Markt, erweitert um die Kanäle Call Center im Vertrieb und Service, Internet und WAP-Technologie bis hin zum E-Commerce und E-Business. Die administrative Unterstützung der Anwender im Tagesgeschäft wandelte sich zum „operativen CRM", ergänzt um die Komponenten Multimedia, E-Mail, Workflow und Dokumentenmanagement.

Der strategische Vorteil dieser Vorgehensweise liegt auf der Hand: Denn nur so lässt sich tatsächlich ein Wettbewerbsvorsprung bei den täglichen Kunden(neu)kontakten erzielen – sei es bei der zielgruppengerechten Planung einer Promotionkampagne, beim Vertrieb neuer Produkte an bestehende Kunden oder bei der zügigen Bearbeitung eines Serviceauftrags. Ein Beispiel soll verdeutlichen, wie CRM-Systeme innerhalb kurzer Zeit ein komplexes Beziehungsgeflecht aufbauen können und damit arbeiten:

Eine große, europaweit operierende Produktions- und Vertriebsorganisation von Sportkleidung, -geräten und Zubehör kauft regelmäßig Adressen zu, um den bestehenden Kundenstamm zu erweitern. Gemeinsam mit den eingehenden Anfragen oder Messekontakten werden diese Daten mit einer Reihe von Zusatzinformationen in der Kundendatenbank erfasst – die Basis für eine gezielte Kundenbetreuung, maßgeschneiderte Angebote und eine systematische Marktbearbeitung im ohnehin schon engen Freizeitmarkt.

Das Unternehmen legt daher besonderen Wert darauf, die eingegangenen Adressen zu qualifizieren. Der Verkaufsinnendienst, das Telefonmarketing oder ein Call Center werden deshalb damit beauftragt, jede neue Adresse zu qualifizieren, das heißt Bedarf und Potenzial sowie Wettbewerberanteile festzustellen und anschließend so weit wie möglich zu vervollständigen, also alle notwendigen Kommunikationsnummern festzustellen, die Entscheider und Bedarfsträger des Unternehmens ausfindig zu machen und deren Namen als Ansprechpartner in der Kundendatenbank mit Telefonnummer, Durchwahl und allen anderen wichtigen Informationen festzuhalten.

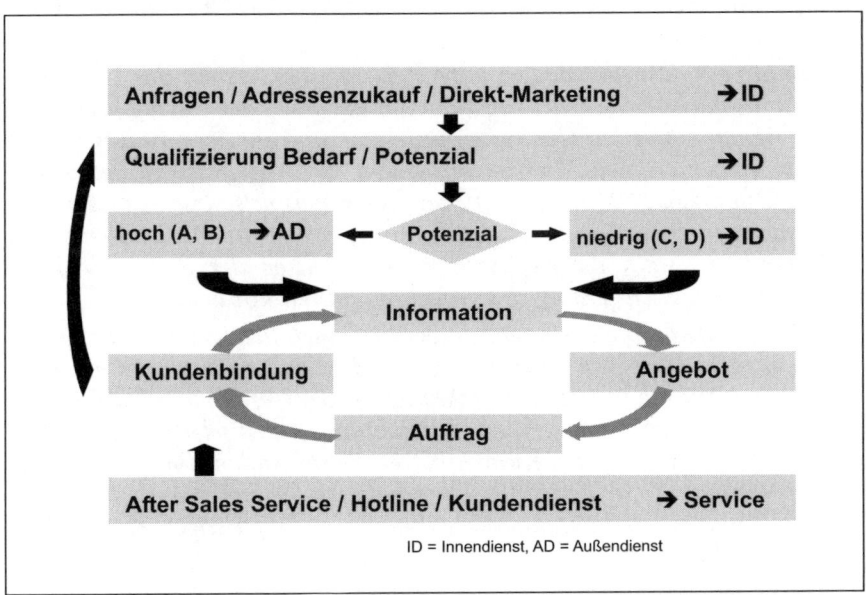

Abbildung 10: Beziehungen aufbauen

Was leisten CRM-Systeme?

27

Im Gegensatz zu vielen Mitbewerbern schaltet das Unternehmen in dieser Phase den Außendienst noch gar nicht ein, sondern wartet darauf, bis der Innendienst vollständige Kundenprofile mit Bedarfsschwerpunkten und Ansprechpartnern vorlegt. Denn erst dann stehen Ansprechpartner, deren Bedarf und das Potenzial des Unternehmens sowie idealerweise auch Informationen über den Bedarfszeitpunkt fest – und es ist möglich, eine Einteilung nach ABC-Klassifikation vorzunehmen. Diese Einteilung unterscheidet hier vor allem zwischen Großabnehmern aus der Textilbranche, kleineren Kaufhäusern und Geschäften und verschiedenen Anbietern aus dem Fitness-Segment und dient dazu, die Verantwortlichen für die künftige Betreuung dieser Interessenten festzulegen.

Hohe Potenziale (A- und B-Klassifikation) werden sofort an den Außendienst übertragen, während niedrige Potenziale (C, D) telefonisch vom Innendienst aus betreut werden.

Nun beginnt für das Unternehmen ein Informations- und Aktionskreislauf, der mithilfe einer Workflow-Steuerung systemunterstützt abläuft. So werden beispielsweise im Zuge der telefonischen oder persönlichen Kundenkontakte interessante Informationen mit potenziellen Kunden ausgetauscht, Prospekte verteilt und weitere qualifizierende Informationen gesammelt, um ein maßgeschneidertes Angebot abgeben zu können.

Konnte ein aktueller Bedarf festgestellt werden, erstellt das Unternehmen als nächsten Schritt Angebote auf der Basis der bislang festgestellten Bedarfssituation. Die Systemunterstützung auf der administrativen Seite erleichtert den Mitarbeitern dabei die Angebotsverfolgung und das Opportunity-Management: So finden beispielsweise in dieser Phase meist mehrere Kontakte der Kundenbetreuer im Außendienst und Innendienst statt, die zu weiteren Korrekturen der Bedarfssituation und einer Überarbeitung des Angebots führen können.

Wird ein Auftrag gewonnen, unterstützt auch hier wieder das System das weitere Vorgehen: Aus dem gespeicherten Angebot wird automatisch ein Auftrag generiert. Die Auftragsdaten werden anschließend per Datenaustausch zur internen Bearbeitung weitergeleitet und stehen dabei jederzeit auch den Kundenbetreuern im Außen- und Innendienst zur Verfügung. So kann das Unternehmen bereits unmittelbar nach dem Kunden-Erstkontakt Maßnahmen zur langfristigen Kundenbindung einleiten.

Dazu gehören unter anderem regelmäßige Kontakte während und nach der Auftragsabwicklung, die Nachfrage nach dem Grad der Zufriedenheit und die Vertiefung der Kundenbeziehung, um bei neuen Bedarfsfällen zum richtigen Zeitpunkt wieder mit einem maßgeschneiderten Angebot zur Stelle sein zu können. Ebenso selbstverständlich ist auch die regelmäßige Information über Neuigkeiten aus dem Produktsortiment, der Versand von Pressemitteilungen und Einladungen zu Veranstaltungen. Parallel dazu treten Service- und Kundendienstabteilungen mit einem speziellen After Sales Service und einer Hotline auf den Plan, um – vorrangig bei den Sportgeräten – eventuelle Anfragen nach Wartung, Gewährleistung, Reklamationen, Schulung etc. erfassen und verarbeiten zu können.

Kommt es übrigens zum Verlust eines Auftrags, geht das Unternehmen ähnlich intensiv mit den Kundendaten um. Denn nun werden selbstverständlich die Gründe für den Verlust untersucht und der Wettbewerber, der den Auftrag erhalten hat, im System festgehalten. So kann der Kreislauf mit dem nächsten, gegebenenfalls korrigierten, Bedarfsfall zu einem späteren Zeitpunkt wieder von vorne beginnen.

 **Unternehmen, die ihre Kundenbeziehungen in ein integriertes System zwischen Marketing, Vertrieb und Service einbringen, arbeiten und wirtschaften erfolgreicher. Denn nur so ist es möglich, die Informationen zwischen diesen drei Bereichen auch allen beteiligten Mitarbeitern jederzeit zur Verfügung zu stellen und dabei keine Informationsverluste entstehen zu lassen. „Wissen teilen" lautet die Devise künftig.**

Von Daten zu Aktionen

Integrierte CRM-Systeme unterstützen das Unternehmen in seinen Bemühungen, aus weitgehend anonymen Daten Informationen zu gewinnen, diese Informationen in Wissen umzuwandeln und daraus Entscheidungen abzuleiten. Diesen Entscheidungen müssen selbstverständlich Handlungen in Form gezielter Aktionen folgen – und damit schließt sich der Kreislauf, indem wieder neue Daten aus Kontakten mit den Marktpartnern, Kunden und Interessenten gesammelt und in das System eingegeben werden.

CRM-Systeme unterstützen dabei die Anwender auf dem Weg von der Datenerfassung bis hin zur Planung von Aktionen. Mit einer Vielzahl von Funktionen und Zusatzmodulen – von einfachen Suchfunktionen

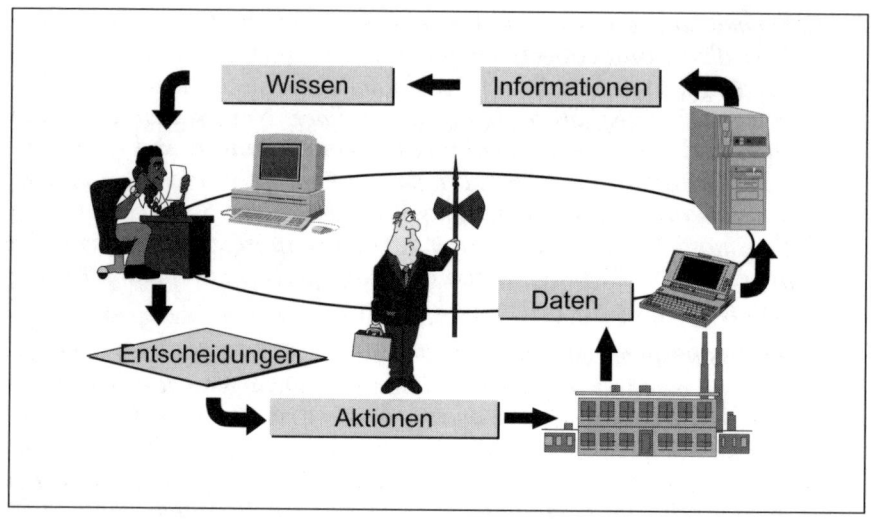

Abbildung 11: Von Daten zu Aktionen

nach Adressen und für die Besuchsvorbereitung, nach Umsatzgrößen-klassen bis hin zu komplizierten Analysen, für die es spezielle Analyse- und Auswertungswerkzeuge gibt – können alle betroffenen Mitarbeiter die vorhandenen Daten systematisch durchdringen. Spezialprogramme zur Entscheidungsunterstützung (Decision Support und Management Information Systeme) können den Entscheider, das Management oder den Außendienst außerdem mit gezielt zusammengestellten Informationen auf notwendige Entscheidungen hinweisen und die Daten entsprechend aufbereiten. Die meisten Werkzeuge und Zusatzmodule visualisieren dabei diese Tatbestände mit Balken- oder Kreisdiagrammen und zeigen erkennbare Trends für die Zukunft auf. Die Kundendatenbank des CRM-Systems liefert dazu nur die Grundlage für weitere Analysen und Auswertungen.

 Auch marktführende CRM-Systeme haben Grenzen. So zeigt die Erfahrung der vergangenen Jahre zwar eindeutig, dass alle Programme prinzipiell erhebliche Vorteile für Unternehmen mit sich bringen, dabei allerdings nicht sämtliche für den Markterfolg wichtigen Bereiche abdecken: Die Frage der Entscheidungsunterstützung sowie automatisch reagierende Frühwarnsysteme bei relevanten Plan-Ist-Abweichungen sind bislang weitgehend Zukunftsmusik.

CAS ist tot – es lebe CRM!

Auch wenn, wie die bisherigen Ausführungen gezeigt haben, sowohl von der historischen Entwicklung, den Zielen als auch den Inhalten sehr deutliche Unterschiede zwischen CAS 1990 und CRM 2000 bestehen, fanden bis vor kurzem in der täglichen Praxis, zumindest in Deutschland, beide Begriffe synonym Verwendung. Das liegt zum einen daran, dass es keine exakte und genormte Definition gibt, zum anderen daran, dass sich auch die Entwicklung der CAS-Philosophie im Laufe der Jahre Merkmale von CRM zu eigen gemacht hat, bevor 1997 die CRM-Welle aus den USA Deutschland überschwemmte. Denn auch hier in Europa steht schon lange nicht mehr die Rationalisierung nach innen wie beim Ursprung der CAS-Entwicklung, sondern die Kundenorientierung nach außen im Vordergrund der Bemühungen vieler Unternehmen, die die Zeichen der Zeit erkannt haben. Bei zahlreichen CAS-Projekten haben wir beispielsweise in der Vergangenheit bereits auf die Einbeziehung des Kundendiensts in die CAS-Konzeption auf der Basis einer einheitlichen Datenbank Wert gelegt, damit für den Kunden spürbar wird, dass endlich „die Linke weiß, was die Rechte tut". Außerdem waren dabei die vorrangigen Ziele schon lange nicht mehr die Rationalisierung, sondern Wettbewerbsvorteile und verstärkte Kundenorientierung durch ein auf Entscheidungsunterstützung ausgerichtetes Informationsmanagement. Und selbstverständlich deckten die meisten CAS-Systeme auch wesentliche Elemente des Marketing ab, wie es heute von CRM gefordert wird. Manche Marktbeobachter sprechen auch vom „alten Wein in neuen Schläuchen", wenn sie den Wandel von CAS zu CRM kommentieren.

Ein anderes Ereignis zeigt die Anfälligkeit einer ganzen Softwarebranche für Modetrends. Ein Jahr vor dem Beginn des CRM-Booms in Deutschland beispielsweise erreichte uns hier die SFA-Welle (Sales Force Automation) aus den USA und auf einmal nannten viele bisherige CAS-Anbieter ihre Softwarelösung „SFA". Einige deutsche Anbieter propagierten daraufhin in ihren Kundenzeitschriften SFA als etwas gänzlich Neues, obwohl es diesen Begriff seit Anfang der Achtzigerjahre in den USA gibt.

Ähnlich ergeht es uns jetzt mit CRM. Würden uns nicht diverse US-Analysten wie Forrester Group, Gartner Group und andere Mitte 1997 mit dem CRM-Virus geimpft haben, hätten sich die CAS-Systeme hierzulande – vielleicht etwas langsamer – aus eigener Erkenntnis in die gleiche Richtung bewegt wie unter dem massiven Druck deutscher Niederlassungen amerikanischer CRM-Anbieter. Denn die Masse der

CAS-Anbieter in Deutschland hat die Bedeutung der Kundenorientierung und des Kundenbeziehungsmanagements bereits erkannt und ihre Softwareentwicklung in diese Richtung gelenkt. Trotzdem verfügen die wenigsten heute schon über ein CRM-System in vollem Umfang, alle Funktionen des Marketing, Vertriebs und Service einschließend. Aber sie sind auf dem Weg dorthin.

Daher scheint es mir für die folgenden Ausführungen müßig, hier immer mit beiden Begriffen zu jonglieren. Auch möchte ich Ihren Lesefluss damit nicht hemmen und werde daher im Folgenden – von begründeten Ausnahmen abgesehen – nur noch von „CRM" sprechen, zumal wir immer stärker global denken und dieser Begriff sich inzwischen auch weltweit durchgesetzt hat.

Die Basis von CRM: der „gläserne" Kunde!

Entgegen häufig anzutreffender Praxis ist der Fokus von CRM-Systemen nicht die verstärkte Kontrolle des Außendiensts, sondern der „gläserne" Kunde. Denn die Akzeptanz des Außendiensts als einer der bedeutendsten Erfolgsfaktoren computerunterstützter Vertriebssteuerung ist natürlich nicht durch permanente Kontrollmechanismen zu erreichen. Im Gegenteil: Viele Außendienstmitarbeiter bekennen ihre Angst vor verstärkter Kontrolle, sehen sich als Datenerfasser der Zentrale missbraucht – und können so natürlich nicht mehr unbelastet und erfolgreich arbeiten.

Hier muss das Vertriebsmanagement umdenken und erkennen, dass die Ziele einer erfolgreichen Marktbearbeitung nicht durch eine Kontrolle des Außendiensts erreicht werden können. War es in der Vergangenheit, als man über den Markt beziehungsweise einzelne Kunden oft sehr wenig wusste, durchaus verständlich, die Leistung des Außendiensts an verschiedenen Kennzahlen zu messen und zu vergleichen, hat sich heute das Blatt gewendet. So sind die Einhaltung von Telefonbudgets, gefahrene Kilometer, Schulungsausgaben sowie die Anzahl der Kundenbesuche pro Woche heute nur noch relative Vergleichsgrößen, die nicht zwingend über Qualität und Erfolg Auskunft geben.

Unter Customer Relationship Management wird in erster Linie eine Geschäftsphilosophie der Kundenorientierung aller Unternehmensbereiche verstanden.

Ziel dieser Kundenorientierung ist eine systematische Neukundengewinnung und eine erhöhte Kundenbindung. Außerdem soll eine Kundenabwanderung vermieden werden.

Zentrales Element des Kundenbeziehungsmanagements bzw. Customer Relationship Management ist die Kundendatenbank, in der das Wissen über Kunden und Interessenten strukturiert und systematisch gesammelt und gespeichert wird.

Die gezielte Nutzung des Wissens über Kunden und Interessenten verschafft Wettbewerbsvorteile und ermöglicht die Steigerung der Kundenprofitabilität. Die Einführung dieser Geschäftsphilosophie erfordert einen Umdenkprozess und eine Reorganisation aller auf Kunden gerichteten Geschäftsprozesse. Die CRM-Software dient dann als Werkzeug zur Unterstützung der Geschäftsprozesse. Für einen reibungslosen und erfolgreichen Betrieb in der Praxis ist ein optimales Zusammenspiel der drei Komponenten Mensch, Organisation und Technik unerlässlich.

Die Prioritäten bei der Betreuung von Kunden und Interessenten ergeben sich im CRM aus dem Kundenwert (Customer life time value). Dieser stellt das Potenzial eines Kunden auf die erwartete Dauer einer Geschäftsbeziehung dar.

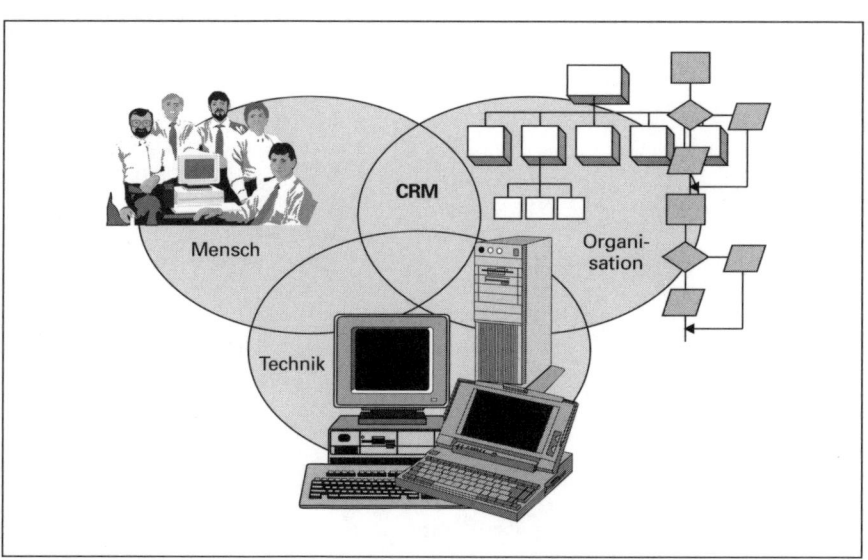

Abbildung 12: Zusammenspiel Organisation, Mensch und Technik

Die Basis von CRM: der „gläserne" Kunde!

CRM-Systeme setzen den Kunden in den Mittelpunkt ihrer Bemühungen und versuchen, möglichst viel Wissen über vorhandene und potenzielle Kunden zu sammeln. Höhere Umsätze hängen daher heute vor allem auch von gut gepflegten Kundendatenbanken ab – und nicht unbedingt von der Anzahl der Kundenbesuche eines Außendienstlers. Denn Verkaufsziele müssen heute nicht mehr nur am Außendienstbezirk, sondern direkt am Kunden selbst festgemacht werden. Und deshalb geht die Überwachung des Außendiensts an den eigentlichen Verkaufszielen vorbei. Dafür liefert das CRM-System genaue Hinweise bei Abweichungen von den Verkaufsplänen auf Kundenbasis und erlaubt nun auf dieser Ebene ein gezieltes Agieren – und erst hier kommt der für die Kundenbetreuung verantwortliche Mitarbeiter tatsächlich zum Einsatz.

 *Mit CRM-Systemen haben sich auch die Aufgaben des Vertriebsmanagements verändert. Die einstmals übliche Kontrolle des Außendiensts über Vergleichsdaten ist in den Hintergrund getreten und hat Platz gemacht für Fragen der Vertriebssteuerung auf der Basis fundierter Kundendaten. In vielen Unternehmen muss hier ein Umdenkprozess stattfinden, um die gewünschten Erfolgsfaktoren von integrierten CRM-Systemen nicht von vornherein auszuschließen!*

CRM in der Praxis – Voraussetzungen, Beispiele und Erfolgsstorys

Voraussetzungen für den Erfolg

Bei der Einführung und Überprüfung von CRM-Projekten steht die Frage nach der Wirtschaftlichkeit der Investitionen immer wieder im Vordergrund. Dabei hängt der Erfolg eines CRM-Systems weit weniger von der Investition in Software und Hardware ab als von vielen anderen unternehmensinternen Faktoren.

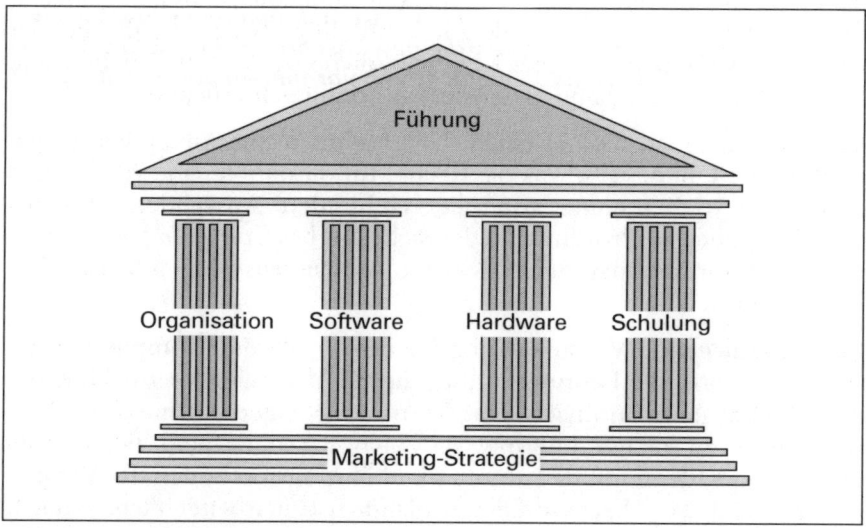

Abbildung 13: CRM-Erfolgsfaktoren

Definiert man Vertriebserfolg als Erhöhung des Marktanteils, Erhöhung des Unternehmensgewinns und Erhöhung des Umsatzes im betriebswirtschaftlichen Sinn, wird deutlich, dass auch die Rahmenbedingungen des Unternehmens und des Marktes eine entscheidende Rolle spielen. Grundlage des Markterfolges ist demnach eine den Markterfordernissen entsprechende Marketingstrategie, in der die Zielgruppenmärkte beschrieben und mögliche Problemlösungskompetenzen erarbeitet werden. Und das hat mit dem Kauf von Hard- und Software erst in einem zweiten Schritt der Umsetzung etwas zu tun!

Eine weitere – und entscheidende – Voraussetzung für den Erfolg des Computereinsatzes in Vertrieb, Marketing und Service ist die Motivation der Anwender, das CRM-System mit all seinen Möglichkeiten aktiv zu nutzen. Konkret bedeutet dies: Der Mitarbeiter muss nicht nur in der Lage sein, die für eine systematische Marktbearbeitung erforderlichen Daten aktuell und richtig zu erfassen, damit die nachfolgenden Stellen im Innendienst sie auch entsprechend weiterverarbeiten können, sondern er muss auch die höhere Qualität der Informationen über Kunden in der Kundendatenbank für eine strategisch bessere Marktbearbeitung nutzen lernen.

Auf der anderen Seite sollte dem motivierten Außendienst von Anfang an der ganz persönliche Nutzen dieses Vorgehens klar sein. Denn nur dann, wenn Marketing oder der Verkaufsinnendienst ihm regelmäßig Informationen aus der Zentrale zur Verfügung stellen, die ihn bei der Außendiensttätigkeit und bei Kundenbesuchen mit aktuellen Informationen unterstützen, kann er wiederum erfolgreich arbeiten.

Wie wichtig es ist, dass in einem Unternehmen mit Außendienstorganisation die Linke weiß, was die Rechte tut, bestätigte eine vor kurzem durchgeführte Befragung von über einhundert Anwendern. Danach erreichten über 80 Prozent eine deutliche Verbesserung und Aktualisierung des Informationsstandes zwischen Außendienst, Innendienst, Marketing und Service.

Eine grundlegende Voraussetzung für den Erfolg des Computereinsatzes ist eine positive Führungskultur, die CRM-Anwender zur Nutzung des CRM-Systems motiviert. Das Vertriebsmanagement muss die Notwendigkeit zu neuen Führungssystemen erkennen und bereit sein, umzudenken, denn mit den autoritären Führungsmethoden der Vergangenheit wird die Akzeptanz der Außendienstmitarbeiter nicht erreicht werden können. Das Coaching gilt heute als geeignetes Führungsprinzip der Zukunft. Dabei werden die Mitarbeiter schon früh in die Zielfindungsprozesse eingebunden und generell als Partner behandelt, mit denen man gemeinsame Ziele verwirklichen will. Deshalb lohnt es sich, in diesem Stadium der Unternehmensentwicklung auf allen Ebenen über Unternehmenskultur, Führungsstile und interne Kontrollmechanismen nachzudenken.

Zu den wesentlichen Erfolgsfaktoren innerhalb des CRM-Projekts gehören außerdem vielfältige organisatorische Maßnahmen. Deren vorrangiges Ziel ist es, den Sollzustand der künftigen Prozesse in Vertrieb, Marketing und Service abzubilden und die Umsetzung mit entsprechenden Schulungsmaßnahmen zur Beherrschung der Hardware, der CRM-Software sowie einem strategischen Anwendungstraining der neuen Datenbankinformationen zu unterstützen.

Eines sollte jedoch jedem vor der Entscheidung für Customer Relationship Management klar sein: Ein CRM-System kann aus schlechten Verkäufern keine Verkaufskanonen machen! Der Erfolg hängt letztendlich immer von den Menschen ab, die mit diesem Werkzeug arbeiten. Werbewirksame Versprechungen von Programmentwicklern und Händlern, die Umsatzzuwächse auf Grund der Qualität eines CRM-Systems prognostizieren, sind daher mit Vorsicht zu genießen. Denn einen kausalen Zusammenhang zwischen Computereinsatz an sich und Umsatzsteigerung gibt es bislang nicht.

Kundennähe per Telefon – Entfernung spielt keine Rolle

▶ **Der Fall:**
Ein Vertriebsunternehmen für medizinische Spezialprodukte mit Service-Telefon, dem Anspruch sensibler Patientenbetreuung und einem Anrufvolumen von 30 bis 50 Anrufen pro Tag (Durchschnittsdauer zwei bis fünf Minuten) wickelt den gesamten Kundenkontakt über Servicekräfte am Telefon ab, die den Bedarf handschriftlich notieren. Die Notizen werden an externe Partner weitergeleitet, die die Adressen erfassen und die gewünschten Muster und Informationen an die Patienten verschicken.

▶ **Das Problem:**
Viele Patienten rufen mehrfach an, haben zum Beispiel nach ersten Produkterfahrungen noch Fragen. Der Telefonservice ist nicht in der Lage, Mehrfachanrufe zuzuordnen und entsprechend spontan zu reagieren. Auf dem Weg zwischen Zentrale und Außendienst kommt es immer wieder zu Fehlern im Informationsfluss; einzelne Patienten beschweren sich über Langsamkeit und fehlenden Service.

Da die Anrufertypen grundsätzlich nicht klassifiziert werden, landen alle Kundengruppen – also Patienten, Ärzte und Fachhandel – zuerst einmal handschriftlich auf einem Sammelzettel und später in einer allgemeinen Kundendatei. Gezielte Marketingaktionen sind kaum beziehungsweise nur mit immensem Aufwand möglich.

▶ **Die Lösung:**

Das Unternehmen entscheidet sich für ein CRM-System, das durch einen speziellen Telesales-Service erweitert wird. Das System deckt dabei die wichtigsten Kernprozesse ab, sodass sämtliche Prozesse für alle Beteiligten transparenter ablaufen.

Ruft beispielsweise ein bereits in der Kundendatenbank erfasster Patient mit ISDN-Anschluss an, erscheint bei Annahme des Gesprächs automatisch die Kundenhistorie auf dem Bildschirm; bei Anrufern ohne ISDN-Kennung genügt ein einfacher Befehl zum Aufruf der Kundenstammmaske aus der Kundendatenbank. Der Anrufer kann so intensiver, kompetenter und besser betreut werden. Da die Daten für den Außendienst ebenfalls sofort verfügbar sind, erreichen die gewünschten Muster und Informationen schneller und zielgruppengerechter ihr Ziel.

Sowohl Innen- als auch Außendienst sind jederzeit über den Informationsstand jedes einzelnen Anrufers genauestens informiert, da der gesamte Versand über das System läuft.

Kernstück des gesamten Systems ist die so genannte Kundendatenbank, die komplett neu erfasst werden musste. Sie ist unterteilt in verschiedene Datenbanksegmente (Stammdaten, Zusatzangaben, Ansprechpartner, Kontakte, Termine, Angebote etc.), die die komplexe Kundenstruktur des Unternehmens optimal auffangen. Marketingaktionen wie Telesales, personalisierte Mailings oder andere Serienbriefe können nun dank Intranet von jeder Stelle im Unternehmen initiiert werden – und erleichtern das Verwaltungsaufkommen der Zentrale erheblich. Außerdem konnte die zeitaufwendige Suche nach Informationen damit deutlich reduziert werden.

▶ **Das Ergebnis:**

Das Unternehmen ist heute für seine außerordentliche Kundennähe bekannt und genießt den Ruf, besonders schnell und flexibel auf jede Anfrage zu reagieren. Erhebliche Umsatzsteigerungen und ein herausragend gutes Verhältnis zu Lieferanten und Kunden zeigen, dass das CRM-System erfolgreich eingeführt werden konnte.

Mehr Freiräume für den Innendienst – und trotzdem mehr verkauft

▶ **Der Fall:**

Ein großer Versicherungskonzern hat auf aktuelle Trends reagiert und bietet nun auch verstärkt Versicherungspakete für unverheiratete Paare oder Wohngemeinschaften an. Das Angebot wird von Konsumenten aller Altersklassen begeistert aufgenommen.

▶ **Das Problem:**

Während der Außendienst über große Umsatzsteigerungen berichtet und sich über entsprechend positive Wochenberichte freut, klagt der Innendienst über einen kaum zu bewältigenden Arbeitszuwachs. Denn der Außendienst nimmt die vielen neu gewonnenen Vertragspartner zwar auf – die Vertragsausführung liegt jedoch beim Innendienst. Dies ist insofern besonders problematisch, als der Aufwand pro Vertrag im Verhältnis zur oft sehr geringen Vertragssumme viel zu hoch ist – und sich praktisch nicht lohnt. Denn gerade im Studentenbereich der Versicherungsnehmer gibt es oft mehrere Vertragspartner, die beispielsweise eine Einbruch-/Diebstahl-Versicherung über eine vergleichsweise geringe Summe abschließen. Hinzu kommt, dass nun nicht mehr hauptsächlich pro Kunde mehrere Versicherungsscheine zugeordnet werden müssen, sondern der Innendienst muss nun auch in der Lage sein, jedem Versicherungsschein auf Abruf alle Vertragspartner zuzuordnen – eine für das Unternehmen kaum zu bewältigende Aufgabe. Andererseits ist es natürlich Unsinn, ein derart großes Marktsegment, dem offensichtlich eine gute Prognose zukommt, aus diesen Gründen wieder abzustoßen.

▶ **Die Lösung:**

Bei der Einführung eines CRM-Systems wird darauf geachtet, den Innendienst besonders intensiv in die Analysephase und die Formulierung der Zielvorstellungen einzubinden. Während die meisten Funktionen des Systems auf Standardprogrammen basieren, erarbeitet das Unternehmen im Bereich der Kundendatenbanken spezielle Eingabemasken, die erheblich mehr Querverweise zulassen als gängige Systeme.

Außerdem wird der Außendienst gleichzeitig mit einer einfach handhabbaren Software ausgerüstet, die es ihm ermöglicht, Neuverträge ohne viel Aufwand direkt vor Ort beim Kunden auszufertigen. Via Datenübermittlung landen diese Dokumente allabendlich beim Innendienst, der nun wieder vorrangig für die Pflege der Vertragsdaten verantwortlich ist.

▶ **Das Ergebnis**

Auf Grund der vorhandenen Verknüpfungen in der Kundendatenbank sind für den Vertrieb nun nicht nur die Vertragsdaten pro Kunde, sondern auch umgekehrt die Querverbindungen einzelner Versicherungsnehmer auf Knopfdruck transparent. Dies entlastet die Bearbeitung enorm und ermöglicht zusätzlich gezielte Analysen über noch ungenutzte Verkaufschancen.

Kundenspezifische Produktkonfigurationen – Individualität „en masse"

▶ **Der Fall:**

Ein Zulieferunternehmen der Automobilbranche expandiert im Rahmen des Börsenganges gemeinsam mit Subunternehmern zu einem weltweit operierenden Konzern. Der steigende Bekanntheitsgrad und die guten wirtschaftlichen Prognosen führen dazu, dass immer mehr Automobilhersteller aus dem Pkw-, Lkw- und Nutzfahrzeugbereich einzelne Baukomponenten und vormontierte Sets für ganz unterschiedliche Fahrzeugtypen anfragen.

▶ **Das Problem:**

Von den technologischen Voraussetzungen, den Produktionslinien und dem Know-how der Mitarbeiter her gesehen ist das Unternehmen durchaus in der Lage, jede individuelle Produktkonfiguration zu liefern – auch in großen Mengen. Es gelingt der Geschäftsführung jedoch nicht, die in dieser Branche fast immer erforderliche Just-in-Time-Lieferung sicherzustellen – da Angebots- und Auftragsabwicklung bei den vielen individuellen Konfigurationen einfach zu lange dauern und dabei unübersichtlich sind.

▶ **Die Lösung:**

Das Unternehmen entscheidet sich für eine CRM-Lösung, die vorrangig das Thema Produktkonfiguration optimiert. Das System besteht im Wesentlichen aus einem so genannten Konfigurator für den

Vertrieb sowie einem Pflege- und Entwicklungssystem für den Innendienst. Mithilfe des integrierten Produktkonfigurators wählt der Verkäufer nun im Kundengespräch die gewünschten Produkteigenschaften aus, und das System prüft automatisch die technische Machbarkeit und die Verfügbarkeit – Angebot inklusive.

▶ **Das Ergebnis:**

Das Unternehmen hat sich dank CRM und Produktkonfiguration mittlerweile auch bei der Just-in-Time-Produktion etabliert – und gehört heute zu einem der weltweit führenden Anbieter.

Direktmarketing im Schuhhandel – Kundenbindung mit der Kundenkarte

▶ **Der Fall:**

Der auf orthopädische Schuhe spezialisierte Schuhhändler, Franz S., führt jedes Jahr mit seinen rund 10 000 Adressen eine Briefaktion durch, um auf sein spezielles Angebot für „Problemfüße" hinzuweisen. Sein Einzelhandel in der Zentrumslage der kleineren Großstadt läuft zwar nicht schlecht, hat aber doch gegen die Konkurrenz der überregional tätigen Filialbetriebe zu kämpfen, die zunehmend auch in Randbereiche seines Spezialgebiets eindringen. Er versucht seit Jahren, mit Mailingaktionen – auch im Einzugsgebiet der Stadt, seine spezielle Zielgruppe direkt zu erreichen.

▶ **Das Problem:**

Das ist ihm zwar gelungen, aber leider weiß er nicht, welche der von ihm angeschriebenen Personen in sein Geschäft kommen, da an der Kasse keine Möglichkeit besteht, die Namen der Kunden zu erfassen und so den Erfolg seiner Briefaktionen zu analysieren.

▶ **Die Lösung:**

Die Lösung bestand in der Einführung einer Kundenkarte, über die der Umsatz und das Kaufverhalten seiner Kunden in einem Kontaktmanagementsystem erfasst werden können. Übrigens keine teure Lösung, da es sich um ein Standardprogramm handelt und nur wenige Lizenzen im Netzwerk benötigt werden.

▶ **Das Ergebnis:**

Mit den detaillierten Kundenprofilen ist es nun möglich, diesem Kundenkreis spezielle Angebote zu unterbreiten. Seit außerdem den Briefaktionen Antwortkarten zur Erfassung spezieller Anforderungen und Wünsche beigefügt werden, weiß der Inhaber, bei welchen seiner Adressen seine Werbeaktionen angenommen werden und welchen Umsatz er aus diesen Adressen erzielt. Schrittweise wird nebenbei der Adressbestand bereinigt und damit auch die jährlichen Mailingkosten reduziert. Die Beziehungen zu seinen Stammkunden haben sich seither spürbar vertieft und die Angebotserfolgsquote steigt auf Grund der besseren Kenntnis der Kundenprofile deutlich.

Dialogmarketing per Telefon – Kundenbindung durch Maßarbeit

▶ **Der Fall:**

Ein mittelständischer, auf verschiedene Länder spezialisierter Reiseveranstalter gibt jedes Jahr einen hohen sechsstelligen Betrag aus, um einen attraktiven Katalog seiner neuen Urlaubsangebote an rund 10 000 Adressen zu versenden. Insgesamt umfasst der Adressenstamm 30 000 Einträge, von denen nur die Adressen bekannt sind, die teilweise auch sehr schlecht gepflegt sind. Feedback von den Empfängern der Kataloge gibt es fast keines, denn die Kunden gehen ins nächste Reisebüro und buchen ihre Reisen aus dem Katalog direkt. Die Reisebüros wiederum haben aus Wettbewerbsgründen auch kein Interesse, dem Veranstalter diese Adressen mitzuteilen.

▶ **Das Problem:**

Auch wenn die angebotenen Reisen guten Absatz finden, bleibt doch die Ungewissheit über den Anteil des Katalogversands am Erfolg des Veranstalters. Außerdem fehlt es damit auch an Möglichkeiten, die Kunden nach der Rückkehr von ihrer Reise nach Zufriedenheit und Kritik zu befragen. Zudem kann man mit den ungepflegten Adressen keine erfolgreichen Werbeaktionen mehr durchführen. Eine Bereinigung tut dringend Not.

Die Lösung:

Mit der Einführung einer Antwortkarte im Katalog und eines kleinen Call Centers wird seitdem gezielt bei den Katalogempfängern nachgefragt und die Ergebnisse werden in der Kundendatenbank eines CRM-Systems gespeichert. Sukzessive erfolgt auch per Telefon die Bereinigung und Qualifizierung des alten Adressenmaterials. Nun kennt das Unternehmen nicht nur die Namen aller Familienmitglieder und ihr Alter. Auch spezifische Interessen und typische Urlaubswünsche wie Sandstrand, Liebhaber klassischer Musik und bevorzugte Sportarten werden registriert. Bei den Telefonkontakten können nun gezielt maßgeschneiderte Angebote wie Sprachreisen und Golfurlaube unterbreitet werden. Außerdem schätzen die Kunden die wichtigen Tipps und Empfehlungen für die einzelnen Reisen. Umgekehrt werden die Kunden durch Preisausschreiben ermuntert, sich nach der Reise mit einem kurzen Bericht wieder zu melden. Für die besten Storys und Fotos hat man attraktive Preise in Aussicht gestellt. All diese Daten werden in den Kundenprofilen des CRM-Systems gespeichert und daraus Trendauswertungen und Marktanalysen durchgeführt.

Das Ergebnis:

Die Auswertung der Ergebnisse hat neben einer gezielten Verbesserung des Leistungsangebots zu einer deutlichen Reduzierung des Versandumfangs des Katalogs geführt. Vor allem erhalten ihn heute nur Adressen, von denen bekannt ist, dass sie die speziellen Angebote auch wirklich interessieren. Alle anderen können ihr Interesse anhand eines wesentlich preiswerteren Flyers bekunden. Gleichzeitig hat man nun eine Basis für die Messbarkeit des Erfolgs und registriert eine erfreuliche Steigerung der Kundengewinnung und -bindung. Damit hat sich die Investition in das Call Center und das CRM-Programm in kurzer Zeit amortisiert.

Ersatzteilgeschäft durch aktiven Kundenservice

Der Fall:

Ein Hersteller von High-Tech-Anlagen sucht nach neuen Strategien gegen die tendenziell rückläufigen Umsätze und sinkenden Margen. Eine Befragung von Kunden hat einen hohen Bedarf an Dienstleistungen nach dem Kauf der Anlagen ergeben. Bisher wurde der technische Kundendienst nur bei aufgetretenen Störungen aktiv.

▶ Das Problem:

Die Dienstleistungen des weitgehend passiven Kundendiensts wurden nicht vermarktet. Ein Qualitätsmanagement fehlte ebenso wie Informationen über Marktpotenziale des zur Kundenzufriedenheit notwendigen Servicebereiches. Die Techniker reagierten immer nur in Schadensfällen und verhielten sich sonst passiv.

▶ Die Lösung:

Aus dem isolierten technischen Kundendienst wurde ein aktiver Servicebereich, der auch über Vertriebs- und Ergebnisverantwortung verfügte und die Instrumente der aktiven Marktbearbeitung voll nutzte. Erstens erfüllte man damit die Forderungen der Kunden nach besserem Service. Zweitens führte die Aktivierung des Kundendiensts zu einer Ankurbelung des Ersatzteilgeschäfts. Dazu war natürlich ein Umdenkprozess – verbunden mit intensiven Schulungsmanahmen – erforderlich.

▶ Das Ergebnis:

Aus dem passiven Reparaturdienst ist ein verkaufsaktiver Servicebereich entstanden. Durch die aktive Vermarktung der Service-Produkte und Ersatzteile sowie die Verbesserung des Qualitätsmanagement konnten zusätzliche Umsatzpotenziale erschlossen werden. Auf der Basis der vollständigen Information über die Kundenhistorie konnten gezielt Marketinginstrumente eingesetzt werden, die einerseits die Kundenzufriedenheit erhöhten, andererseits zur Steigerung des Umsatzes im Servicebereich beitrugen.

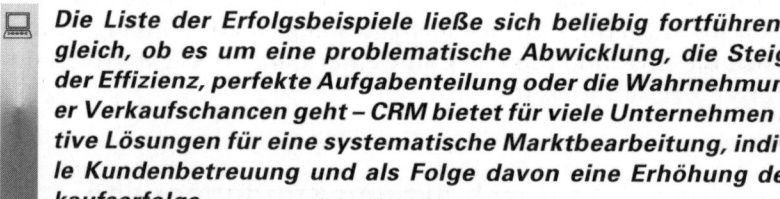

Die Liste der Erfolgsbeispiele ließe sich beliebig fortführen. Ganz gleich, ob es um eine problematische Abwicklung, die Steigerung der Effizienz, perfekte Aufgabenteilung oder die Wahrnehmung neuer Verkaufschancen geht – CRM bietet für viele Unternehmen attraktive Lösungen für eine systematische Marktbearbeitung, individuelle Kundenbetreuung und als Folge davon eine Erhöhung des Verkaufserfolgs.

Der Erfolg gibt CRM Recht: So zeigt eine 1999 durchgeführte Befragung von Vertriebsleitern verschiedener Branchen, dass nach dem Einsatz eines CRM-Systems vorrangig folgende Verbesserungen erreicht wurden:

- eine Erhöhung der Kundenbindung,
- eine stärkere Kundenorientierung,
- eine systematische Marktbearbeitung und
- eine raschere Auftragsabwicklung.

Bei den genannten Punkten lagen die Ergebnisse über den definierten Zielen.

Hinsichtlich der qualitativen Verbesserungen wurden von den knapp 200 Vertriebsverantwortlichen vorrangig bessere Kontroll- und Steuerungsmöglichkeiten, eine höhere Beratungskompetenz beim Kundenkontakt, bessere Entscheidungsfindung, Fehlerreduzierung in den Vertriebsprozessen, ein beschleunigtes Angebotswesen und eine Reduzierung administrativer Tätigkeiten festgestellt. Nach quantitativen Verbesserungen befragt, gaben die Vertriebsleiter vorrangig eine Erhöhung der Kundenbindung, eine Steigerung der Angebotserfolgsquote sowie Umsatzsteigerungen an.

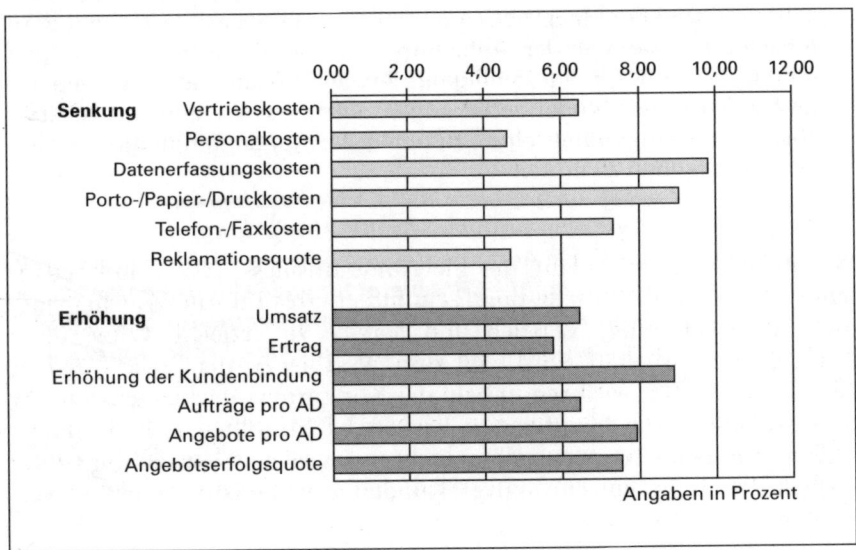

Abbildung 14: Quantitative Verbesserungen – branchenübergreifend

Die Frage nach Kosteneinsparungen ergab an erster Stelle die Reduzierung der Datenerfassungskosten, Reduzierung der Telefon- und Faxkosten, eine Senkung der Reklamationsquote und eine Reduzierung der Porto-/Papier- und Druckkosten, wobei der Sachkostenbereich insgesamt keine Größenordnung in Euro erreicht, welche eine Wirtschaftlichkeit des CRM-Einsatzes rechtfertigen würde.

🖳 TIPP

Fangen Sie morgen an! Auch wenn heute erst schätzungsweise zehn Prozent der infrage kommenden Unternehmen mit einem professionellen CRM-System arbeiten, bestätigen die steigende Nachfrage und die hohen Wachstumsraten von bis zu 50 Prozent pro Jahr bei den marktführenden Softwareanbietern in diesem Marktsegment, welch hohe Bedeutung der integrierte Computereinsatz für Marketing, Vertrieb und Service künftig haben wird. So, wie es sich heute kein Supermarkt mehr erlauben kann, auf Scannerkassen mit angeschlossenem Warenwirtschaftssystem zu verzichten, ist das Management der Kundenbeziehungen zum zentralen Thema geworden. Speziell in Branchen mit einem hohen Wettbewerbsdruck und weitgehend austauschbaren Produkten wird das Wissen über Kunden zum entscheidenden Erfolgsfaktor. Die zunehmende Bedeutung des Internet und die Möglichkeiten, sich dort sehr preiswert per Mausklick einen Überblick über das Marktangebot zu machen, müssen von den Anbietern von Waren und Dienstleistungen genutzt werden, um auf intelligente Art und Weise maßgeschneiderte und individuelle Kundenbeziehungen aufzubauen – und mit zusätzlichen Serviceangeboten eine Erhöhung der Kundenbindung und Kundenzufriedenheit zu erreichen.

Wir stehen erst am Anfang des Electronic Business. Noch sind bedeutende Wettbewerbsvorteile durch ein integriertes Informationsmanagement für Marketing, Vertrieb und Service zu erzielen. Ohne diese Techniken zu arbeiten, wird bald zum Wettbewerbsnachteil. Wer hier allzu lange wartet, wird schon bald der Konkurrenz nachlaufen statt ihr davonzulaufen. Die Skeptiker in Sachen CRM sollten sich die Frage stellen, was es kostet, wenn sie es nicht tun, welche Chancen ungenutzt bleiben, wenn sie auf ein aktives Kundenbeziehungsmanagemnet verzichten.

CRM – So können auch Sie profitieren

Warum es ohne CRM nicht mehr geht

Keine Frage: Ohne moderne Computerunterstützung lassen sich die in vielen Vertriebsorganisationen bestehenden wettbewerbsbedingten Defizite und Engpässe nicht mehr beseitigen. CRM-Systeme helfen ihnen dabei, auf der Basis einer Reorganisation des Vertriebs und der Vertriebsprozesse diese Schwierigkeiten in Zukunft zu verringern und erfolgreicher zu wirtschaften.

Die Grundvoraussetzung für den erfolgreichen Umgang mit CRM-Systemen ist zuerst einmal die angemessene Selbsteinschätzung Ihres Unternehmens in Bezug auf den Markt und die genaue Definition Ihres Geschäftsgegenstandes mit all seinen Facetten und Optionen. Denn ehe Sie ins Detail gehen, sollten Sie Ihre individuellen Rahmenbedingungen abstecken – und gegebenenfalls modifizieren.

Vergleichen Sie, wo Ihr Marketing und Ihr Vertrieb heute stehen, und nehmen Sie die Defizite in Ihre CRM-Konzeption mit auf. Wenn Sie alle Fragen gewissenhaft überprüft haben – und das nimmt sicherlich einige Zeit in Anspruch –, werden Sie wahrscheinlich feststellen, dass Sand im Getriebe auch bei Ihnen zum Unternehmensalltag gehört. Ein typisches Beispiel ist der Informationsfluss, der erstaunlicherweise auf allen Ebenen immer wieder ins Stocken gerät. Dabei ist es eigentlich absurd: Einerseits ertrinken wir in einer Informationsflut – und trotzdem hungern wir nach Wissen. So kann man immer wieder beobachten, dass in einem Unternehmen zwar sehr viele Informationen vorhanden sind, aber dann, wenn es wirklich darauf ankommt, stehen diese nicht zur Verfügung oder können nicht genutzt werden, weil sie nicht greifbar sind. Die Folge: Wichtige Entscheidungen werden oft ohne oder auf der Grundlage falscher Informationen getroffen.

Außerdem hat der verschärfte Wettbewerb zu einem erheblichen Druck auf die Gewinnsituation geführt. Als Folge versucht natürlich jeder, die Kosten – vor allem im Vertrieb – zu minimieren. Gleichzeitig wird jedoch die intensive Kundenbeziehung zum Erfolgsfaktor Nummer eins – und das, obwohl man eigentlich schon aus Kostengründen zu wenig Zeit zur Verfügung hat.

Standortbestimmung Vertrieb

○ Wo liegt unser strategischer Schwerpunkt – Massenproduktion und Technologiefortschritt oder kundenspezifische Problemlösungen?

○ Wie bearbeiten wir bislang den Markt – zielgruppenspezifisch-systematisch oder intuitiv nach „Gießkannenprinzip"?

○ Gibt es eine genaue Jahresplanung für den Vertrieb bis auf Kundenebene und Spartenebene innerhalb der Kunden, zumindest für Kunden mit A-Potenzial?

○ Berücksichtigt die ABC-Klassifikation nur Vergangenheitsumsätze oder auch das Potenzial der Kunden?

○ Wie läuft bei uns Neukundengewinnung ab – intuitiv oder via Database Marketing?

○ Was wissen wir über unsere Kunden – Umsatzdaten, Wettbewerberanteile oder Potenzial?

○ Wie sehen unsere Angebote aus – standardisiert oder individuell?

○ Werden unsere Besuchsberichte gelesen?

○ Sind unsere Besuchsberichte aktuell verfügbar – und wenn ja, sind sie auch auswertbar?

○ Arbeitet das Vertriebscontrolling mit periodischen Statistiken oder permanent mit aktuellen Soll-Ist-Vergleichen?

○ Welche Hauptaufgaben hat eigentlich unser Außendienst – Auftragsabholung oder Neukundengewinnung, Kundenbindung und Markt- und Wettbewerbsbeobachtung?

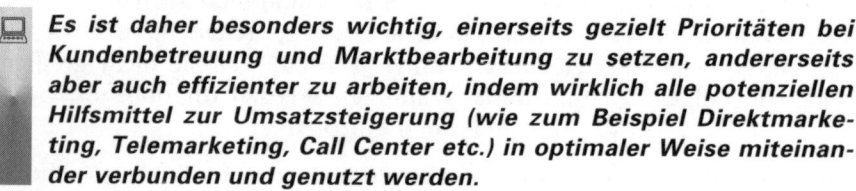

Es ist daher besonders wichtig, einerseits gezielt Prioritäten bei Kundenbetreuung und Marktbearbeitung zu setzen, andererseits aber auch effizienter zu arbeiten, indem wirklich alle potenziellen Hilfsmittel zur Umsatzsteigerung (wie zum Beispiel Direktmarketing, Telemarketing, Call Center etc.) in optimaler Weise miteinander verbunden und genutzt werden.

Warum Prioritäten so wichtig sind

Befragungen von Mitarbeitern mit regelmäßigem Kundenkontakt erge-ben immer wieder Schwachstellen und Defizite in der täglichen Ver-triebsarbeit. Dabei konnte bei fast allen Unternehmen festgestellt wer-den, dass sehr viel Zeit aufgewendet werden muss, um benötigte Infor-mationen zu beschaffen. Weiter dominierte bei den verkaufsfremden Tätigkeiten die Administration, also das Anlegen und Verwalten neuer Kunden, Terminüberwachung, Ablage, Besuchsberichte, Datenpflege, Kopieren und Post verteilen, Monatsplanung, Projektverwaltung, Rech-nungskontrolle, Reisen- und Spesenberichte und Wochenabschluss.

Abbildung 15 zeigt deutlich: Bei den meisten Unternehmen fallen bei Mitarbeitern im Verkauf zwischen 60 Prozent und 70 Prozent verkaufs-fremde Tätigkeiten an. Erst an dritter Stelle kommen dann verkaufsspe-zifische Aufgaben, wie Angebotserstellung, Akquisition, Verkaufsab-rechnungen, Auftragsabwicklung usw.

Bei vielen Unternehmen liegt bei der Einführung von CRM-Systemen in einer Optimierung der Vertriebsprozesse ein extrem großes Rationa-lisierungspotenzial, das der reinen Vertriebstätigkeit sowie der Kunden-orientierung und damit dem Vertriebserfolg zugute kommt!

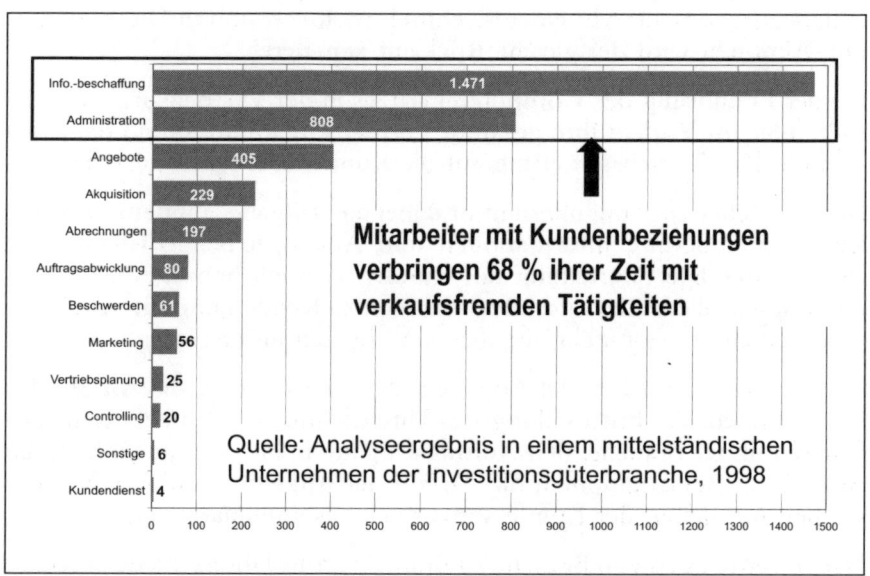

Abbildung 15: Verkaufsfremde Tätigkeiten nach Zeitaufwand

Zu den organisatorischen Voraussetzungen für ein erfolgreiches und systematisches Kundenmanagement im Rahmen eines CRM-Systems gehören im Besonderen folgende Themenschwerpunkte, für die Sie in der Konzeptionsphase Ihres CRM-Projekts einen Ihren individuellen Bedürfnissen entsprechenden Lösungsansatz erarbeiten müssen:

1. Vertriebsplanung
2. ABC-Klassifikation
3. Das Informationsmanagement
4. Die Vertriebskosten
5. Neue Aufgabenschwerpunkte im Außendienst

1. Aller Anfang ist notwendig – die Vertriebsplanung

In vielen Vertriebsorganisationen wird die jährliche Vertriebsplanung auf Außendienstbezirksebene gemacht, indem die Vorjahresumsätze aus der Buchhaltung mit einem bestimmten Prozentsatz hochgerechnet werden. Dass diese recht oberflächliche Methode wohl kaum zu einer kundenindividuellen Betreuung führen kann, leuchtet ein. Nur zum Vergleich: Aus Direktmarketing-Aktionen sind die ebenfalls hohen Streuverluste bekannt. Mithilfe sorgfältig recherchierter Kundenprofile lassen sich jedoch Responsequoten von zehn und mehr Prozent erreichen. Oder anders ausgedrückt: Mit einem Zehntel der Investition in Direktmarketing-Aktionen wird der gleiche Rücklauf generiert.

Bei der Einführung des Computereinsatzes in der Vertriebsorganisation sollten Sie im Vorfeld Ihre gesamte Vertriebsorganisation und die Konzeption der Vertriebssteuerung auf die Kundenebene neu ausrichten.

Die Vertriebssteuerung übernimmt dabei die Aufgabe, auf dem Weg zur Kundenorientierung Informationen und Aussagen bereitzustellen, die eine vollständige Beurteilung des Kunden ermöglichen. Deshalb ist es unerlässlich, alle Daten und Informationen zu Kunden und Interessenten gewissenhaft zu sammeln, die dieses Vorgehen unterstützen.

Gemeint sind zum Beispiel Angaben über den Umsatz, die Anzahl der Beschäftigten, die Entwicklung des Unternehmens, die Bedeutung des Kunden in der Branche, den Auftragseingang in der Vergangenheit, die Anzahl der Reklamationen, die Anzahl der Angebote und die Wettbewerber, mit denen der Kunde sonst noch zusammenarbeitet.

Dabei werden sich von Branche zu Branche große Unterschiede ergeben. Beim Einzelhandel könnte die Lage der Geschäfte, die Anzahl der Outlets, die Größe der Schaufenster, die Größe der Ausstellungsfläche sowie die Zugehörigkeit zu Einkaufsverbänden eine große Rolle spielen, während im Dienstleistungsbereich vielleicht Service-Aspekte und Flexibilität eher im Mittelpunkt stehen.

Im Business-to-Business-Bereich werden es Angaben über Produktionskapazitäten, der Jahresbedarf und genaue Informationen über die Entscheidungsprozesse im Beschaffungswesen sein, die hier von besonderem Interesse sind. Der Pharma-Außendienst wiederum benötigt die Fachrichtung des Arztes sowie das monatliche Patientenaufkommen zur Beurteilung der Absatzchancen.

Mit einer Jahresplanung auf Außendienst-Bezirksebene ist es jedoch in der Regel noch nicht getan. Will man am modernen, sich ständig wandelnden Markt bestehen, müssen noch weitere Ebenen der Vertriebssteuerung hinzugezogen werden, die sich wesentlich detaillierter mit allen Kunden beschäftigen und dabei auch zusätzliche Aspekte einbeziehen.

Verschiedene Ebenen der Vertriebssteuerung

Wenn Sie Ihre einzelnen Kunden einmal genauer betrachten, werden Sie wahrscheinlich feststellen, dass es innerhalb einer an sich gleichen Kundenzielgruppe oft große Unterschiede gibt, die Sie für eine erfolgreiche Vertriebssteuerung berücksichtigen sollten – vorausgesetzt, Sie wollen nicht mehr nach dem Gießkannenprinzip arbeiten.

🖥 BEISPIEL

Ein Hersteller von Zahnrädern für die Kfz-Industrie bietet ein nach unterschiedlichen Einsatzgebieten differenziertes und zu Produktgruppen zusammengefasstes Sortiment an. Seine Kunden aus der Automobilindustrie verfügen über mehrere Sparten, in denen diese Zahnräder in unterschiedlicher Ausführung zum Einsatz kommen: nämlich bei Lkw, Bussen, Motorrädern, Nutzfahrzeugen oder Pkw.

Die einzelnen Sparten bzw. Einsatzgebiete der einzelnen Kunden aus der Kfz-Industrie wiederum besitzen unterschiedliches Potenzial und einen unterschiedlichen Bedarf an den einzelnen Produktgruppen des Zahnradherstellers. Während ein Kunde in der Sparte Busse oder Lkw vielleicht einen sehr hohen Umsatz tätigt, liefert der Zahnradhersteller in die Pkw-Sparte deutlich weniger, bei den Motorrädern kaum.

Für die Vertriebssteuerung und eine maßgeschneiderte Kundenbetreuung bedeutet dies, dass die Ebene „Kunde" offensichtlich nicht ausreicht. Relevante Informationen gewinnt man in diesem Fall auf einer tieferen Ebene, welche die Sparte oder Produktgruppe beziehungsweise Einsatzgebiete innerhalb eines Kunden näher beschreibt. Die Notwendigkeit dieser Unterscheidung liegt auf der Hand: Denn je nach Produktgruppen und Einsatzgebieten wird man am Markt mit anderen Zielgruppen und Wettbewerbern und innerhalb eines Kunden mit anderen Bedarfsstrukturen konfrontiert. Meist stellt sich außerdem heraus, dass innerhalb des Kunden unterschiedliche Ansprechpartner, ein unterschiedliches Potenzial, ein unterschiedlicher Umsatz und eine unterschiedliche Wichtigkeit nach ABC-Klassifikation je Produktgruppe und -sparte vorliegen.

Als weiterer Aspekt der differenzierten Vertriebsplanung nach Produktgruppen innerhalb eines Kunden kommt die unterschiedliche Wertigkeit eigener Produktgruppen hinzu. So setzt sich zum Beispiel das Sortiment eines Herstellers medizintechnischer Geräte aus hochwertigen und sehr teuren Apparaten für Röntgen und Analysen zusammen, gleichzeitig werden aber auch geringwertigere Investitionsgüter sowie Verbrauchsmaterial und Ersatzteile benötigt.

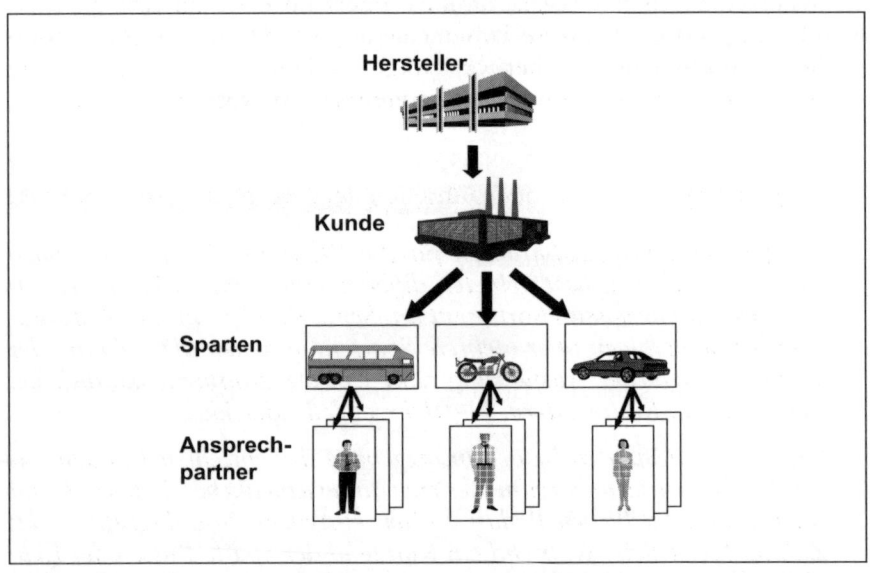

Abbildung 16: Planungs- und Steuerungsebenen pro Kunde

Diesen Differenzierungsmerkmalen entsprechend ist auch eine flexible Vertriebsstrategie angebracht, um die individuellen Betreuungsanforderungen von Kunden und Interessenten zu erfüllen.

Nun kann es bei einem indirekten Vertrieb natürlich vorkommen, dass man selbst über die Endverbraucher wenig erfährt, da alles über den Großhandel abgewickelt wird und dieser wenige Informationen über seine Kunden durchlässt. Wenn es sich um austauschbare Massengüter handelt, wie beispielsweise standardisierte Papiersorten oder Schrauben, ist diese Frage nicht ganz so wichtig. Man wird zweckmäßigerweise nur zu wichtigen Großabnehmern direkte Kontakte aufbauen. Bei Herstellern oder Anbietern individueller Problemlösungen für Kunden kann jedoch nur eine sehr enge Kooperation mit dem Vertriebspartner den gewünschten Erfolg beim Kunden bringen. Im Zweifelsfall ist man sonst gezwungen, ein eigenes Vertriebsnetz aufzubauen, um an die Kundenbedürfnisse näher heranzukommen.

Die Planungsinhalte setzen auf allen Ebenen an

Keine Frage: Bei aller differenzierten Betrachtung des Kunden nach einzelnen Sparten oder Produktgruppen darf die Übersicht nicht verloren gehen. Deshalb sollten Sie sich hier vorerst auf die oberste Ebene mit maximal zehn Produktgruppen oder Sparten beschränken. Denn in die Planung und Steuerung sollten wirklich nur Daten und Informationen einfließen, zu denen man auch entsprechende Istwerte aus dem Tagesgeschäft erhält beziehungsweise im Rahmen der integrierten Auftragsabwicklung beschaffen kann. So lobenswert es auf der einen Seite ist, hier auch Daten wie „Kundenzufriedenheit" zu planen, so schwierig kann es auf der anderen Seite sein, aus dem Tagesgeschäft tatsächlich verbindliche Istwerte zu erhalten.

🖵 **TIPP**

Verfolgen Sie stets den Grundsatz „keep it simple" – Datenfriedhöfe nützen niemandem!

Wenn Sie Ihre Produktgruppen und Sparten eingeteilt haben, müssen Sie hier die Elemente der Vertriebssteuerung verankern. Dazu ist es notwendig, die für die detaillierte Vertriebsplanung und -steuerung erforderlichen Daten und Informationen der Kunden auf die Ebene der

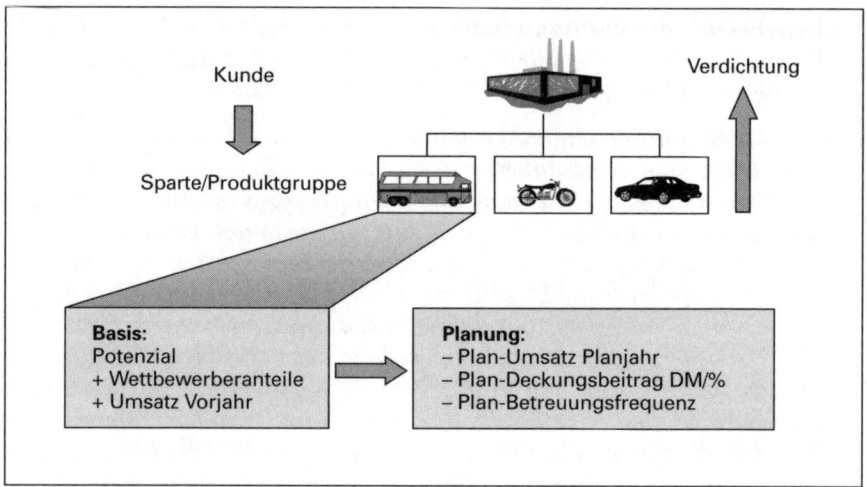

Abbildung 17: Planungsinhalte

Produktgruppe pro Kunde zu transferieren. Wesentliche Planungsgrundlagen sind dabei das Potenzial, die Wettbewerberanteile und der Eigenumsatz aus dem Vorjahr bezogen auf die jeweilige Produktgruppe innerhalb eines Kunden.

Im jährlichen Planungszyklus können Sie nun Ihre Inhalte erarbeiten: den Planumsatz im Planjahr, der Plandeckungsbeitrag in EUR und/oder Prozent sowie die Planbetreuungsfrequenz in Abhängigkeit von der ABC-Klassifizierung.

 Im Vorfeld der Einführung von CRM-Systemen ist es notwendig, sich im Rahmen der Konzeptionsphase gezielt mit der Art und Weise und vor allem den Kriterien der Vertriebssteuerung zu beschäftigen. Da es je nach Branche und Unternehmen große Unterschiede gibt, lassen sich diesbezüglich außer den Werten für Umsatz, Absatz oder Deckungsbeitrag keine allgemein gültigen Vorgaben machen.

Weitere Ebenen der Vertriebsplanung

Die Planung pro Produktgruppe oder Geschäftssparte pro Kunde können Sie nun auf die *Personen* in Ihrer Vertriebsorganisation übertragen, die sich mit der laufenden Kundenbetreuung befassen. Dies wird in der Regel der Außendienst sein. Für die Kapazitätsplanung des eigenen Vertriebspersonals stellen die Informationen über die Planbetreuungsfrequenz der einzelnen Kunden eine wichtige Grundlage dar.

Denn daraus lässt sich über eine Hochrechnung ermitteln, wie die einzelnen Vertriebsmitarbeiter ausgelastet sind und welche Reserven zur Neukundengewinnung überhaupt noch zur Verfügung stehen – zweifellos eine wichtige Information in der Planungsphase! Es kommt übrigens immer wieder vor, dass im Laufe eines Planungszyklus Veränderungen der Planungsparameter, wie die Planbetreuungsfrequenz für A-, B-, C-Kunden, durchgeführt werden müssen, um so kurzfristig erforderliche Kapazitäten für die Neukundengewinnung bereitstellen zu können.

Eine weitere Detaillierung der Vertriebsplanung stellen, besonders im beratungsintensiven Verkauf, auch *Projekte* in Form konkreter Ziele dar. Die detaillierte Betrachtung einzelner Kunden und deren Sparten beziehungsweise Produktgruppen ermöglicht Ihnen nämlich bereits in einer frühen Planungsphase, sich Gedanken zu Aktionen und Angeboten für den angestrebten Planumsatz im kommenden Jahr zu machen.

Wenn Sie noch tiefer in mögliche Vertriebsplanungs-Ebenen einsteigen möchten, können Sie Ihre gesetzten Ziele dann in einem weiteren Schritt auf die *Aktivitäten- und Kontaktebene* projizieren, um bereits in der Planungsphase Termine für Aktionen, für Wiedervorlagen und für Besuchskontakte festzulegen. Am Ende eines solchen bis ins Detail durchgezogenen Planungszyklus stehen Budgets, Aktionen und Terminpläne, wie der Monatsplan oder der Wochenplan – bereits mit konkreten Aktivitäten gefüllt. Für Top-A-Kunden ist dieser Detaillierungsgrad ein Muss in der jährlichen Planung.

Im Vergleich mit der bei vielen Unternehmen praktizierten Vertriebsplanung auf Außendienstbezirksebene, bei der der Vorjahresumsatz global um einen bestimmten Prozentsatz erhöht wird, erfährt man mit diesem Vorgehen über Soll-Ist-Vergleiche nicht erst zum ersten Quartalsende, wo die Planung dem Tagesgeschäft hinterherläuft oder einfach falsch ist, sondern täglich durch ein permanentes Controlling. Der entscheidende Vorteil für Sie: Sie können auf diese Weise frühzeitig entsprechende Gegenmaßnahmen in Angriff nehmen.

Kritiker wenden an dieser Stelle übrigens immer wieder ein, dass eine derart detaillierte Planung rein zeitlich für mehrere Hundert oder sogar Tausend Kunden und Interessenten nicht durchführbar ist. Behelfen Sie sich anfangs ganz einfach mit dem Pareto-Prinzip (80:20-Regel), indem Sie sich zunächst nur auf Kunden und Interessenten mit einem großen Potenzial beschränken – dies sind pro Verkäufer oft nicht mehr als fünfzig – und alle anderen Kunden und Interessenten weiter wie bisher planen. Allerdings sollten Sie dabei Ihr Ziel nicht aus dem Auge verlieren, auch hier schrittweise immer feiner und besser zu werden.

💻 **CHECKLISTE**

Vertriebsplanung

O Schauen Sie sich Ihre Kunden und deren Bedarf an Ihren Produkten ganz genau an, und klassifizieren Sie diese detailliert nach Sparten oder Produktgruppen.

O Dringen Sie Schritt für Schritt immer tiefer in mögliche Planungsebenen ein. Berücksichtigen Sie Aspekte wie Projekte und konkrete Ziele oder zu planende Aktivitäten und Kontakte.

O Auch wenn dies alles auf den ersten Blick sehr komplex klingt – verzetteln Sie sich nicht! Überlegen Sie deshalb ganz genau, nach welchen Kriterien eine Unterteilung wirklich Sinn macht und notwendig ist, um eine kundenindividuelle Betreuung sicherzustellen. Oft ist eine Vereinfachung nämlich besser und effektiver!

O Beziehen Sie in die Planungen auf Kundenebene und die sich daraus ergebende Soll-Besuchsfrequenz auch genügend zeitliche Reserven für Neukundenakquisition ein und vergleichen Sie die Soll-Besuchsanzahl mit der zeitlichen Kapazität Ihres Außendiensts.

2. ABC-Klassifikation – die Kunst der richtigen Kundeneinschätzung

Mit ABC-Klassifikation ist die Einteilung der Kunden nach Prioritäten gemeint. Die Skala ist dabei beliebig erweiterbar – im täglichen Handling hat sich allerdings die Klassifizierung von A (sehr wichtig) bis C und D (weniger wichtig) bewährt. Die Kriterien zur Klassifizierung hängen natürlich in erster Linie von Ihrem Unternehmen und Ihrer Kundenstruktur ab.

Diente in der Vergangenheit der Eigenumsatz als Maßstab für die ABC-Klassifikation, reicht dies für einen zukunftsbezogenen Ansatz heute nicht mehr aus. Denn wenn Sie auch in Zukunft am Markt bestehen wollen, müssen Sie auch das Potenzial berücksichtigen. „Gezielte Qualifizierung der Kunden und Interessenten" lautet heute die Devise, wobei das Wissen über Kunden und Interessenten nicht wie früher den Ergebnissen der eigenen Finanzbuchhaltung entspricht, sondern – quasi als Zusatzleistung des Außendiensts – Informationen aus der Marktbeobachtung des Wettbewerbs und aus seinen Kundenbeziehungen integriert.

Zur Verdeutlichung: Eine ABC-Klassifikation nach dem eigenen Umsatz aus der Finanzbuchhaltung hat mehrere Nachteile: So wird auf diese Weise nur der Eigenumsatz für die Einteilung nach Priorität oder Wichtigkeit des Kunden herangezogen. Potenzielle Kunden und Interessenten bleiben weitgehend außerhalb der Betrachtung, weil diese in der Buchhaltung meist nicht geführt werden. Ebenfalls unberücksichtigt bleibt bei dieser Klassifikationsweise das für eine zukunftsbezogene Betrachtung entscheidende Potenzial der bestehenden Kunden und Interessenten – auch im Hinblick auf den gesamten Markt und die Mitbewerber.

Die Planung mit Vergangenheitsumsätzen aus der Buchhaltung könnte man mit einem Autofahrer vergleichen, der ständig nur in den Rückspiegel sieht. Die Zukunft kann man nicht im Rückspiegel sehen, und auch die Buchhaltung gibt nur Auskunft über Vergangenes.

So klassifizieren Profis

Wer seine bislang vielleicht ein wenig vernachlässigten C-Kunden genauer untersucht, erlebt möglicherweise ein böses Erwachen. Denn viele Unternehmer stellen auf einmal fest, dass diese vermeintlich zweite Wahl über ein riesiges (bislang ungenutztes!) Potenzial verfügt. Es ist deshalb im Sinne einer zukunftsorientierten individuellen Kundenbetreuung und Vertriebssteuerung unbedingt erforderlich, die Potenzialdaten und Wettbewerberanteile zu den einzelnen Kunden sowie pro Sparte innerhalb eines Kunden in Erfahrung zu bringen und zu erfassen. Dazu gehören selbstverständlich auch die Potenziale der Interessenten und künftigen Kunden. Wenn Sie nun Ihre ABC-Klassifikation nach Eigenumsatz und Potenzial einander gegenüberstellen, werden Sie wahrscheinlich gravierende Unterschiede feststellen, die letztendlich erhebliche Defizite Ihrer Kundenbetreuung in der Vergangenheit aufdecken.

Für eine zukunftsorientierte Betreuungsstrategie erfordern CRM-Systeme eine potenzialorientierte Vertriebsplanung, aus der eine der Bedeutung der Kunden entsprechende Besuchsplanung aufgebaut wird. Dies bedeutet natürlich nicht, dass Sie die ABC-Klassifikation nach Eigenumsatz gänzlich vernachlässigen sollen. Sinnvoll ist es vielmehr, eine Kombination aus beiden Klassifikationen für die künftige Kundenbeurteilung und Kundenbewertung heranzuziehen.

Abbildung 18 zeigt, wie dies zu verstehen ist: So sagt die Kombination B-A zum Beispiel aus, dass es sich bei dem Kunden um ein mittleres Potenzial handelt, welches man selbst bereits zum größten Teil abdeckt. Die Kombination A-C verdeutlicht hingegen, dass man das A-Potenzial des Kunden bislang nur geringfügig abdecken konnte, man selbst also als Lieferant unter „ferner liefen" rangiert. Wichtig wäre in dieser

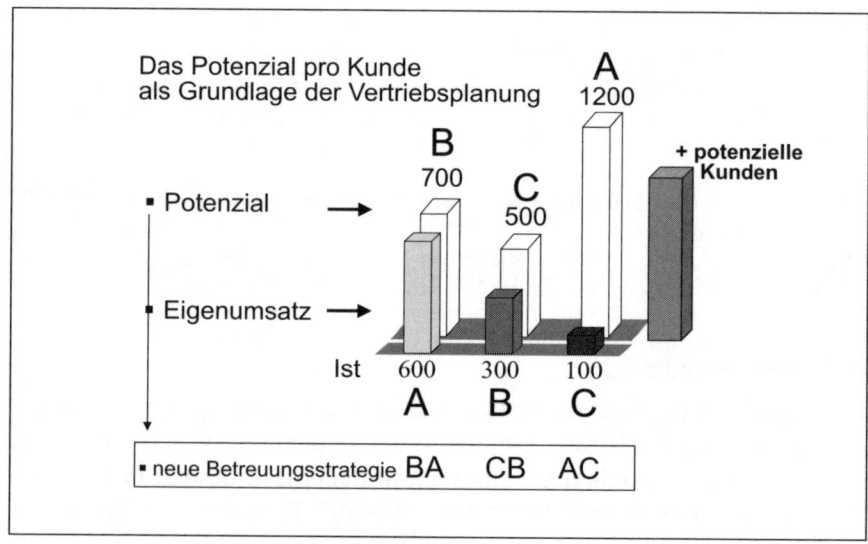

Abbildung 18: Richtige ABC-Klassifikation

CRM – So können auch Sie profitieren

Situation zu wissen, welchen Anteil die wichtigsten Wettbewerber bei diesen Kunden haben. Diese Werte, auch wenn sie zu Beginn nur grob vorliegen, müssen ebenfalls in der Kundendatenbank pro Sparte gespeichert und von den zuständigen Kundenmanagern gepflegt werden.

Keine Frage: Diese Art der Betrachtung von Kundenklassifikationen wird wahrscheinlich auch Ihnen ganz neue Perspektiven für eine differenzierte Betreuungsstrategie eröffnen, die Sie dann auf der Ebene Kunde und Produktgruppe oder Sparte ansetzen können.

So werden Sie beispielsweise bei einem C-Kunden mit A-Potenzial überlegen, welche Verdrängungsstrategie hier Sinn macht – und ein Wachstum von einigen 100 Prozent anstreben. Demgegenüber reicht für den B-Kunden, bei dem man bereits zu den Hauptlieferanten zählt, ein durchschnittliches Wachstum durch Kundenbindungsmaßnahmen aus, denn die Strategie heißt hier „Kunde halten".

Eine durchdachte ABC-Klassifizierung, die neben Umsatzzahlen vor allem auch sparten- und produktgruppenorientierte Potenziale berücksichtigt, ist das ideale Instrument für eine maßgeschneiderte Kundenbetreuung. CRM-Systeme bieten hierzu in der Regel keine fertigen Modelle an, aber mit Workflow-Systemen lassen sich individuelle Betreuungsschemata für die unterschiedlichen Potenzialgrößen aufbauen.

CHECKLISTE

ABC-Klassifizierung

○ Untersuchen Sie ganz genau, wie Sie Ihre Kunden bislang klassifiziert haben.

○ Was wissen Sie über das Potenzial Ihrer heutigen C-Kunden?

○ Erarbeiten Sie gegebenenfalls eine neue Klassifizierung, die alle Potenziale auf der Kundenebene in Bezug auf Produkte oder Sparten berücksichtigt.

○ Stellen Sie diese neue Klassifizierung der bisherigen gegenüber und leiten Sie daraus neue Betreuungsstrategien ab.

○ Ganz wichtig: Integrieren Sie diese neuen Betreuungsstrategien sofort in Ihre Vertriebsplanung!

3. Informationsmanagement – je dichter und detaillierter, desto besser

In einem CRM-System bewegen sich Unmengen von Informationen über Kunden, den Markt, Wettbewerber, Vertriebsorganisationen etc. Zur Beseitigung dieser Informationsflut sollten Ihre Informationen über Klassifikationsmerkmale, über die Möglichkeit zur Verdichtung nach oben und zur Detaillierung nach unten verfügen.

Die meisten Unternehmen legen für die Vertriebsplanung nach dem Top-down-Verfahren einen Gesamtwert (den Planumsatz des Folgejahres) fest, den sie nun über die gesamte Vertriebsorganisation, die einzelnen Länder und Regionen bis hin zum Außendienstbezirk und die Kundenebene verteilen.

Das Verteilungsschema orientiert sich dabei üblicherweise an der Zugehörigkeit der Kunden zu den einzelnen Vertriebsregionen.

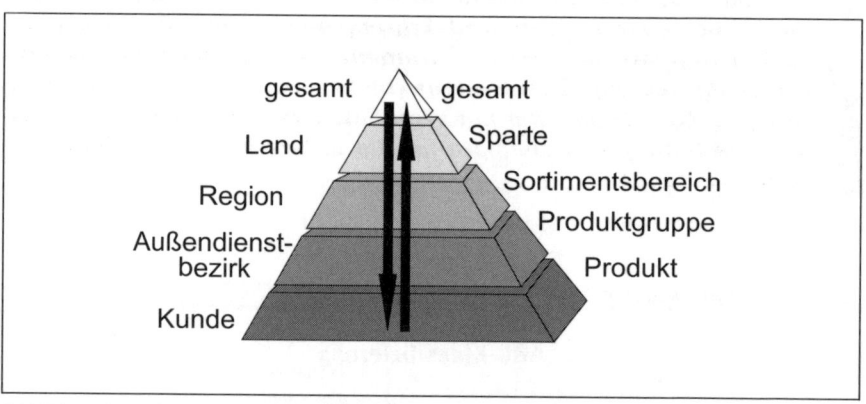

Abbildung 19: Top-down-/Bottom-up-Informationspyramide

Das Problem: Die Verteilung des Planumsatzes lässt sich in der Praxis nicht bis auf Kundenebene automatisieren. Deshalb ist es sinnvoll, wenn Sie beispielsweise auf regionaler Ebene in mehreren Planungszyklen versuchen, Ihren Sollumsatz entsprechend der Potenziale und möglichen Wachstumschancen bei einzelnen Kunden zu verteilen. Eine Verdichtung nach oben auf Regionalebene und nach Ländern bis hin zum Gesamtunternehmen zeigt Ihnen dann ganz genau, wie weit Ihre Vertriebsmitarbeiter es geschafft haben, den Sollumsatz beziehungsweise das Sollergebnis für das kommende Jahr im ersten Planungslauf zu übernehmen.

Auch auf Sortimentsebene lässt sich der Planumsatz nach Sparten, Sortimentsbereichen, Produktbereichen, Produktgruppen bis hin zum einzelnen Produkt verteilen und wieder nach oben verdichten.

Wie bereits erläutert, führt Sie das Pareto-Prinzip (80:20-Regel) zu einer Konzentration auf das Wesentliche und zu einer Reduzierung des Arbeitsaufwands auch in dieser Planungsphase. Besonders dann, wenn Sie die Planung auf Kunden- und Spartenebene zunächst nur für A-Kunden im Detail durchführen und alle anderen Kunden des Verkaufsgebiets wie bisher in Summe planen. Wenn jeder Außendienstmitarbeiter also nur 20 Prozent seiner Kunden im Detail plant, sind dies in der Regel ungefähr 50 bis 100 Kunden. Da es sich um seine Top-Kunden handelt, über die er in der Regel sehr genau Bescheid weiß, hält sich der Arbeitsaufwand in Grenzen. Erfahrungsgemäß benötigt man etwas Übung, bis die Top-down-Verteilung sowie die anschließende Bottom-up-Verdichtung zufrieden stellende Ergebnisse liefern.

Keine Frage: Die Jahresplanung ist eine zeitaufwendige und mitunter auch schwierige Angelegenheit, da viele einzelne Kunden nach ihrem Bedarf und ihrem Potenzial analysiert werden müssen. Im Tagesgeschäft sieht das ganz anders aus: Ein CRM-System liefert hier automatisch über die Auftragsabwicklung und Buchhaltung die tatsächlichen Istwerte, die natürlich in gleicher Weise verdichtet werden können. So können Sie auf jeder Hierarchieebene Ihres Unternehmens die gewünschten Informationen in dem geforderten Detaillierungs- oder Verdichtungsgrad abfragen:

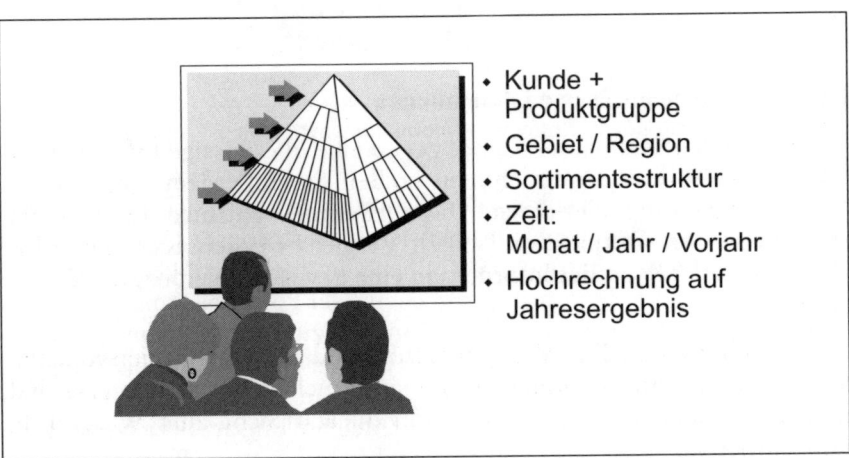

* Kunde +
  Produktgruppe
* Gebiet / Region
* Sortimentsstruktur
* Zeit:
  Monat / Jahr / Vorjahr
* Hochrechnung auf
  Jahresergebnis

Abbildung 20: Individuelle Sicht auf Informationen

Ist für Ihre Planung die kleinste Einheit der Kunde plus Produktgruppe, liefert Ihnen die Auftragsabwicklung aus der Auftragsposition die Informationen über Kunde, Produkt, Umsatz, Deckungsbeitrag, Datum des Auftragseingangs und Datum des Umsatzes.

Moderne CRM-Systeme verfügen dabei über leistungsfähige Analyse- und Auswertungstools, nicht selten so genannte OLAP-Systeme (On-line-Analytical-Processing-Systeme) oder auch Data-Warehouse, die als Management-Informationssysteme die gewünschten Informationen auf Abruf zur Verfügung stellen können.

Um jedem Mitarbeiter in Vertrieb, Marketing und Service alle benötigten Informationen auf Knopfdruck zur Verfügung stellen zu können, ist es notwendig, entsprechende Informationsstrukturen in den Analyse- und Auswertungssystemen beziehungsweise OLAP-Tools anzulegen. Wichtige Verdichtungsebenen für Vertriebsanalysen sind Regionen, Sortiment und Zeit sowie Kombinationen dieser Elemente.

Damit lassen sich zum Beispiel Auswertungen nach Kundengruppen, Branchen, Vertriebsgebieten und Regionen sowie nach Artikeln, Produktgruppen und Sortimentbereichen und in Bezug auf die Zeit als Vorjahresvergleiche, Monatszahlen und Hochrechnung der Ergebnisse auf das Jahresergebnis darstellen. Beispiele von Fragestellungen könnten etwa lauten: Wie hat sich das Produkt XY gegenüber dem Vorjahr in der Region Norddeutschland entwickelt? Wie sieht der Umsatz im Plan-Ist-Vergleich des 1. Quartals bei der Zielgruppe Industriekunden in den einzelnen Regionen aus?

Filter dämmen überflüssige Informationen

Als weitere Maßnahme im Kampf gegen eine überflüssige Informationsflut innerhalb Ihres Unternehmens sollten Sie außerdem Filter für die Vertriebssteuerung einrichten. Diese Filtermechanismen können beispielsweise den Output von Soll-Ist-Vergleichs-Ergebnissen unterdrücken, wenn der Wert der Information eine gewisse Toleranzgrenze nicht erreicht.

So überschütten Sie Ihre Vertriebsleitung und auch die Gebietsverkaufsleiter nicht mit Informationen, die für sie aktuell nicht von Interesse sind, und jeder kann sich aus seiner individuellen Sicht aufs Wesentliche konzentrieren.

Über einen Informationsfilter kann die Vertriebsleitung alle Informationen über Soll-Ist-Vergleiche unter 50 000 EUR unterdrücken, während der Gebietsverkaufsleiter sich nicht für Soll-Ist-Abweichungen unter 10 000 EUR pro Jahr interessiert. Gleichermaßen kann der Außendienstmitarbeiter solche Filter stellen und somit beispielsweise alle Abweichungen vom Plan unter fünf Prozent unterdrücken.

Die Möglichkeit, derartige Filter zu setzen, bringt für jede Ihrer Vertriebsebenen und sogar für jeden einzelnen Anwender Vorteile – vor allem dann, wenn sie flexibel auszulegen sind. Wichtig ist dabei lediglich, dass Ihre Filter miteinander kombinierbar sind: So sollten Sie in der Lage sein, einzelne Werte sowohl auf einzelne Kunden zu beziehen als auch auf Regionen oder Sortimentsbereiche. Auch unterschiedliche Zeiträume müssen separat zu berücksichtigen sein, wie zum Beispiel Umsätze in einzelnen Monaten, aufgelaufene Umsätze oder hochgerechnete Umsätze bis zum Jahresende.

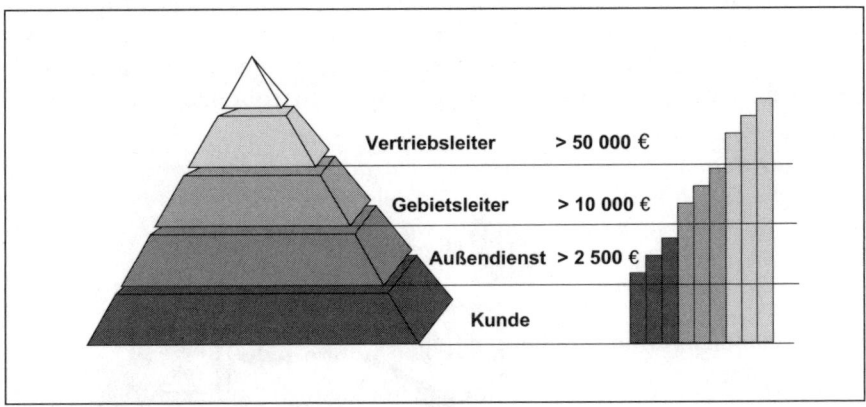

Abbildung 21: Filter für Soll-Ist-Vergleiche

🖵 **TIPP**

Leider unterstützen die üblichen CRM-Systeme eine derartige Parametersteuerung in der Regel nicht standardmäßig. Hier sollten Sie bei Bedarf auf die OLAP-Systeme ausweichen, die ohnehin über einen höheren Grad an Professionalität bezüglich der Möglichkeiten für Analysen und Auswertungen verfügen.

Plan-Ist-Abweichungen – dank CRM sofort erkannt

Wenn Sie Ihre gesamte Vertriebsplanung in der beschriebenen Art und Weise auf Kunden- und Produktgruppenebene durchgeführt haben und die Filter nach der jeweiligen Hierarchie im Unternehmen besetzen, kann das CRM-System nun im Rahmen eines Frühwarnsystems ganz gezielt jedem Mitarbeiter die ihn betreffenden Soll-Ist-Abweichungen anzeigen. Die außerhalb der Toleranzschwellen liegenden Werte bleiben dabei selbstverständlich unberücksichtigt. Auf diesem Weg unterdrücken Sie künftig aufwendige Sucharbeiten in Kundenumsatzartikelstatistiken nach entscheidungsrelevanten Abweichungen – und können sich auf die Bedeutung und Wichtigkeit der ermittelten Abweichung konzentrieren.

Und so funktioniert das Frühwarnsystem: Es stellt zuerst einmal die Planwerte den Istwerten in der jeweils gewünschten Aktualität und Verdichtungsform (Umsatz pro Monat, Kunde, Region etc.) gegenüber und ermittelt nun die Differenzen.

Im nächsten Schritt untersucht das Programm, ob die ermittelten Differenzen zwischen Plan und Ist innerhalb der individuell festgelegten Toleranzgrenzen liegen. Ist dies der Fall, wird der Output unterdrückt. Werden hingegen die Toleranzwerte überschritten, geht automatisch eine Abweichungsinformation an die jeweils betroffenen Mitarbeiter.

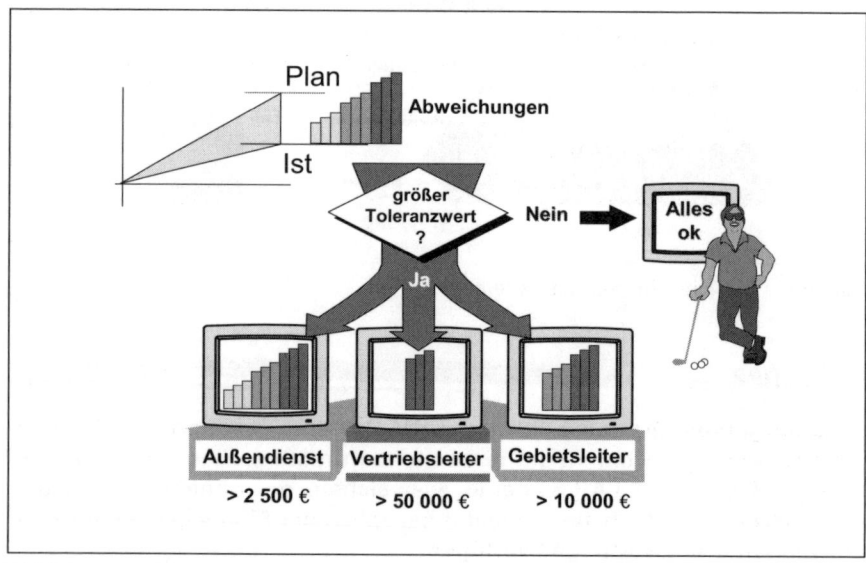

Abbildung 22: Plan-Ist-Abweichungen – Frühwarnsystem

CRM – So können auch Sie profitieren

So erhält der Außendienstmitarbeiter gezielt die Abweichungen zu seinen Kunden, die oberhalb seiner Toleranzgrenze liegen. Der Gebietsverkaufsleiter bekommt sämtliche Abweichungen oberhalb der von ihm festgelegten Toleranzgrenze zu allen Kunden seines Gebiets – einschließlich der Verdichtungen über Außendienstbezirke und Regionen. Die Vertriebsleitung wiederum erhält alle Informationen oberhalb der Toleranzgrenze, die Ihrer individuellen Sicht entsprechen. Will die Vertriebsleitung beispielsweise alle Soll-Ist-Abweichungen über 50 000 EUR erfahren, wird sie je nach dem festgelegten Verdichtungsschema Einzelkunden mit diesem Wert, Kundengruppen, die Summe aller Kunden einer Region verdichtet mit diesem Wert sowie Hochrechnungen auf das Jahresendergebnis erhalten.

Das Prinzip des Frühwarnsystems baut auf Transparenz bezüglich der Verteilung der Plan-Ist-Abweichungen. Das bedeutet konkret, dass ein Außendienstmitarbeiter genau weiß, welche Informationen auch dem Gebietsverkaufsleiter vorliegen und welche nur ihm angezeigt werden. Gleichzeitig ist allen bekannt, dass Plan-Ist-Abweichungen oberhalb einer bestimmten Toleranzschwelle sowohl dem Außendienst als auch der Vertriebsleitung und dem Gebietsverkaufsleiter ausgegeben werden.

___

🖳 TIPP

Sorgen Sie von Anfang an dafür, dass sich Ihre Mitarbeiter durch diese Transparenz nicht stärker kontrolliert fühlen, als dies vielleicht in der Vergangenheit der Fall war. Machen Sie allen Betroffenen klar, dass die aktuelle Verteilung der Frühwarninformationen alle Empfänger in die Pflicht nimmt, Überlegungen anzustellen, was sie selbst dazu beitragen können, die vereinbarten Ziele zu erreichen. Es geht also primär um die Unterstützung des Außendiensts und erst in zweiter Linie um dessen Kontrolle.

___

Gezielte Einzelinfos zur sofortigen Bearbeitung

In welchem Rhythmus das Frühwarnsystem die Plan-Ist-Abweichung analysieren sollte, ist unternehmensindividuell natürlich unterschiedlich. In manchen Branchen genügt eine wöchentliche Analyse der Abweichungen, manchmal ist aber auch ein täglicher Soll-Ist-Vergleich sinnvoll. Hier sind Sie beziehungsweise Ihre Geschäftsführung gefragt – auf der Basis Ihrer Erfahrungswerte wird sich schnell eine sinnvolle Lösung finden. Nicht ausreichend im Sinne einer verbesserten Vertriebssteuerung ist allerdings der Monatsrhythmus, da hier die Reaktionszeiträume zu lang sind. Möglich sind jedoch Varianten, bei denen das Frühwarnsystem für das Management nur in längeren Zeiträumen aktiv ist, während es für den Außendienst täglich die Abweichungen vom Plan analysiert und ausgibt.

Ebenso denkbar ist eine Automatik, die sich ähnlich der Wiedervorlage jeden Morgen beim Einschalten des PCs selbständig meldet, wie dies beispielsweise auch von Terminvorlagen oder eingegangenen E-Mails bekannt ist.

🖥 TIPP

Mit einigen freundlichen Worten beginnt der Tag netter! Sorgen Sie also in diesem Fall für eine ansprechende Formulierung, wie beispielsweise „Guten Morgen, lieber Anwender, für Sie liegen heute vor: drei wichtige Plan-Ist-Abweichungen, zwei Terminwiedervorlagen und sechs E-Mails."

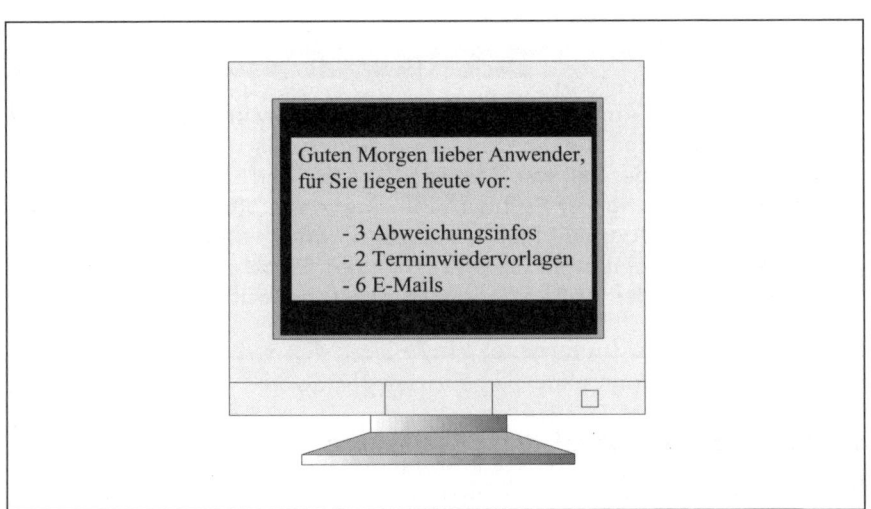

Abbildung 23: Einzel-Informationen statt Papierflut

Nun sollten die einzelnen Anzeigen bearbeitet werden, bevor das Tagesgeschäft beginnt – leider untergräbt das Läuten des Telefons oft die besten Vorsätze. Schaffen Sie sich eine „anruffreie" Zeit, um die

CRM – So können auch Sie profitieren

wichtigen, hier angezeigten Informationen auch abarbeiten zu können. Erfahrungsgemäß stellt sich dieser benötigte Zeitaufwand erst im Lauf der Zeit individuell für jeden Anwender heraus – Sie oder Ihre Mitarbeiter müssen wahrscheinlich erst lernen, das hinter den Informationen stehende Arbeitspensum einzuschätzen. Wenn Sie den tatsächlich benötigten durchschnittlichen Zeitraum für die Bearbeitung der hier angezeigten Informationen ermittelt haben, sollten Sie Ihre Tagesplanung dementsprechend darauf abstimmen. Es kann dann also vorkommen, dass eventuell nur 60 Prozent der allgemeinen Arbeitszeit für das normale Tagesgeschäft zur Verfügung stehen – und der Rest für die hier aufgerufenen Plan-Ist-Abweichungen, Wiedervorlagen und E-Mail-Nachrichten.

Der Vorteil dieser morgendlichen „Begrüßungsautomatik" liegt darin, dass ein gewisser Zwang auf den Anwender ausgeübt wird, die hier anstehenden und angezeigten Aufgaben sofort in Angriff zu nehmen. Selbstverständlich kann von jedem CRM-System zu jedem beliebigen Zeitpunkt aus eine Selektion nach fälligen Terminen oder großen Soll-Ist-Abweichungen gestartet werden. Es leuchtet jedoch ein, dass wohl niemand am Tagesende noch Lust dazu hat, sich abschließend mit einer solchen Analyse zu beschäftigen – wenn man in Gedanken vielleicht schon beim Feierabend ist.

Im Idealfall erhält jeder Mitarbeiter im Vertrieb bis hinauf zur Vertriebsleitung täglich oder auch wöchentlich die drei wichtigsten Abweichinformationen aus dem Frühwarnsystem angezeigt. Weniger ist dabei mehr – hier kommt es entscheidend auf die Auswahl der relevanten Daten an. Denn die Wichtigkeit kann für jeden Anwender durchaus unterschiedlich sein. Während es beispielsweise für die Vertriebsleitung der Deckungsbeitrag in der Region XY ist, möchte das Produktmanagement den Umsatz einer bestimmten Produktgruppe im Auge behalten – und ein Außendienstmitarbeiter interessiert sich vielleicht mehr für den Auftragseingang oder seine Angebotserfolgsquote.

Abgesehen von den individuellen Analysewünschen stehen natürlich die Unternehmensziele wie Absatz und Umsatz bei den Abweichungsinformationen im Vordergrund.

Automatische Abweichungsinformationen sparen Zeit

Selbst dann, wenn Sie in Zukunft 40 Prozent Ihrer zur Verfügung stehenden Arbeitszeit für die Bearbeitung von täglichen Abweichungsinformationen aufwenden müssen, sparen Sie unter dem Strich Zeit.

Und zwar ganz erheblich: Entscheidend ist hier, dass im Frühwarnsystem nur Informationen zu einzelnen Kunden ausgegeben werden, die eine relevante Plan-Ist-Abweichung aufweisen. Was früher mit dem zeitaufwendigen Durchforsten von umfangreichen Umsatzstatistiken erreicht wurde, übernimmt nun das System durch die Selektion der Abweichungsinformationen nach vorgegebenen Parametern. Außerdem ermöglichen Ihnen CRM-Systeme, dass Sie zu jeder einzelnen Abweichungsinformation deren Ursache und auf Wunsch auch weitere detaillierte Informationen aus der Kundendatenbank, der Auftragsabwicklung oder dem Statistikbereich spontan abfragen können. Die in vielen Unternehmen noch übliche Methode, in diesen Fällen oft mehrere Hundert Seiten starke Verkaufsstatistiken nach kritischen Informationen zu durchforsten, um die eine, entscheidende Information zu finden, entfällt in Zukunft.

Abbildung 24: Abweichungsinformation

Auch Ihr Reaktionsspielraum strafft sich erheblich: So sind Sie in der Lage, über das permanente Controlling durch die Überwachung der Plan-Ist-Vergleiche im Zweifelsfall sofort einzugreifen – und zwar zeitnah und in Kenntnis des jeweiligen Verantwortungsträgers. Praktischerweise erhalten auch andere Stellen im Unternehmen, für die diese Informationen relevant sind, den gleichen Informationsstand und können nun ihrerseits ihren Beitrag zur Unterstützung des Vertriebs beziehungsweise des Außendiensts leisten.

CRM – So können auch Sie profitieren

Informationsmanagement relevanter Daten

○ Denken Sie bereits vor der Implementierung eines CRM-Systems über mögliche Klassifizierungsmerkmale, Informationsverdichtung nach oben und Detaillierung nach unten nach. Nutzen Sie dazu immer wieder Top-down-Verfahren, die Sie auf allen Ebenen ansetzen können. So wird auch aus Ihrem Jahres-Planumsatz eine reale Größe!

○ Integrieren Sie unbedingt Analyse- und Auswertungssysteme (zum Beispiel OLAP-Tools) in Ihr CRM-System. Das spart später viel Zeit und Geld.

○ Dämmen Sie überflüssige Informationen mit Filtern – nicht jedes Detail ist für jeden Mitarbeiter von Interesse.

○ Nutzen Sie ein Frühwarnsystem, das Plan-Ist-Abweichungen so aufbereitet und darstellt, dass jeder die für ihn relevante Information erhält. Gezielte Einzelinfos in Form einer täglichen automatischen Abweichungsinformation zur sofortigen Bearbeitung sparen hier viel Zeit und sind am effektivsten.

Datenbeschaffung – die Qual der Wahl

Bei der Konzeption von CRM-Systemen wird immer wieder vor zu umfangreicher Datenspeicherung im Kundenstamm gewarnt – zu Recht. Denn es nützt Ihnen letztendlich überhaupt nichts, wenn Sie euphorisch, ohne detaillierte Planung und frei nach dem Motto „nice to have" Ihren Kundenstamm mit Informationen über Kunden und Ansprechpartner überfrachten, die Sie später entweder nicht benötigen, nicht pflegen können oder deren Beschaffung bereits überdurchschnittlich zeitaufwendig ist.

Gehen Sie von Anfang an systematisch vor – und lassen Sie sich nicht von all jenen irritieren, die auf Datenflut setzen! Kundenorientierung ist nämlich vor allem eine Frage der Qualität – und weniger der Quantität.

Wenn Sie Potenzialdaten beschaffen wollen, haben Sie mehrere Möglichkeiten. Der einfachste Weg ist sicherlich der der Auskunft durch den Kunden selbst. Hier zeigt sich, wie wichtig gute und vertrauensvolle Kundenbeziehungen sind.

Weitere Informationen über das Potenzial eines Kunden oder Interessenten bekommen Sie über die Konkurrenz Ihres Kunden sowie über Konkurrenzvergleiche, indem Sie durch Vergleich der Größenordnung von Ressourcen und Kapazitäten vom Potenzial des einen Kunden auf das Potenzial des anderen Kunden schließen. Dabei sollten Sie darauf achten, sich anfangs nicht in Details zu verrennen, sondern diese Daten erst im Lauf der Zeit mit mehr Erfahrungswerten zu verfeinern.

Informationen über Wettbewerber und deren Umsatzanteile bei einem Kunden können Sie aus Branchenvergleichen und Veröffentlichungen gewinnen, wenn sie der Kunde nicht selbst mitteilen will. In puncto Wettbewerb zeigt sich übrigens, dass es sinnvoll ist, auch Informationen von Service und Kundendienst in die Kundendatenbank aufzunehmen. Oft haben Kundendiensttechniker nämlich einen besseren Zugang zum Kunden – und sie können so im Zuge ihrer Kundenbesuche Aufzeichnungen über dort installierte Wettbewerbsprodukte machen.

Die Marketingabteilung eines Unternehmens sollte zudem regelmäßig Veröffentlichungen über Wettbewerber aufzeichnen, auswerten und ebenfalls in die Kundendatenbank einbringen. Damit motivieren Sie den Außendienst, das System als Informationsquelle zu nutzen und erhöhen so die Akzeptanz durch die Anwender.

Istdaten zu Ihrem Kundenstamm und den Umsätzen erhalten Sie mühelos über eine Schnittstelle zur Buchhaltung und Auftragsabwicklung. Im Übrigen werden sie in CRM-Systemen von dort ohnehin im Rahmen des regelmäßigen Datenaustauschs in die Kundendatenbank übertragen und den Plandaten gegenübergestellt.

Die Praxis zeigt: Weniger ist oft mehr

Es gibt viele Wege, um zu Daten für die eigene Kundendatenbank zu kommen. Eines sollten Sie jedoch auf keinen Fall initiieren: Verzichten Sie auf eine umfassende Erhebungsaktion! Erfahrungen aus der Praxis haben nämlich gezeigt, dass der Außendienst dies nur sehr ungern unternimmt und dafür überdurchschnittlich viel Kapazität und Zeit benötigt. Außerdem stellt sich im Nachhinein meist heraus, dass ein

Großteil der vermeintlich neuen Daten bereits im Unternehmen an anderer Stelle vorhanden ist. Die mühevolle Arbeit des Abgleichens steht dabei in keinem Verhältnis zum Nutzen.

Auch übertriebener Perfektionismus hilft Ihnen bei einer sinnvollen Datenbeschaffung nicht weiter. Im Gegenteil: Bewährt hat sich hier eine Vorgehensweise nach dem Pareto-Prinzip. Nach der 80:20-Lösung sollten Sie in der Anfangsphase bei jenen 20 Prozent der Kunden beginnen, Daten für die Vertriebssteuerung zu beschaffen, die 80 Prozent des Umsatzes (besser: des Potenzials) ausmachen. Dies sind in vielen Fällen gerade einmal 50 Top-Kunden pro Außendienst, und für diese scheint der Erhebungsaufwand durchaus gerechtfertigt – einmal abgesehen davon, dass hier die meisten der benötigten Informationen beim Außendienst bereits bekannt sind.

Auch dem oft vorgeschobenen Einwand des zu großen Zeit- und Kostendrucks können Sie mit dem Pareto-Prinzip begegnen. Wenn Sie nämlich pro Kunde nur mit den wichtigsten Produktgruppen beginnen, sich also auf jene konzentrieren, die Ihre größten Umsätze (besser: Potenziale) ausmachen, erhalten Sie schnell eine aussagefähige Datenbank, mit der Sie erfolgreich arbeiten können.

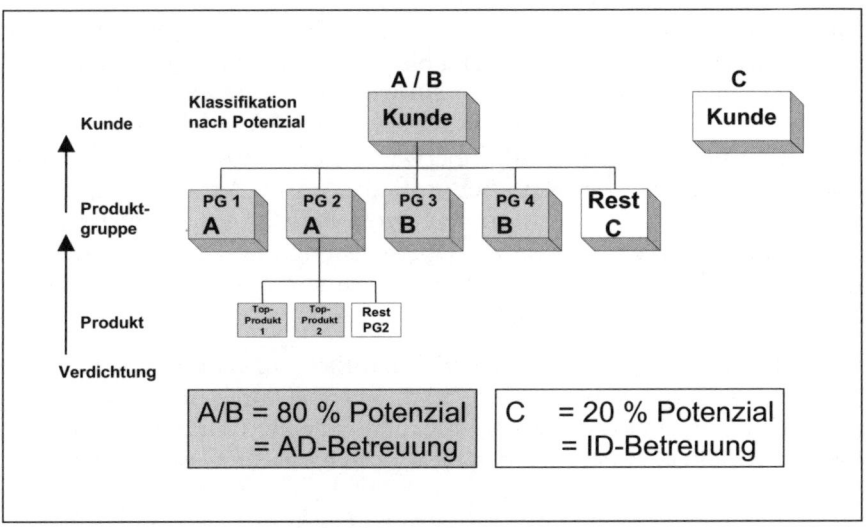

Abbildung 25: Schema für Planung und Steuerung

Damit dann später bei der Verdichtung nach oben innerhalb eines Kunden der gesamte Umsatz beziehungsweise das gesamte Potenzial repräsentiert wird, müssen die nicht berücksichtigten Produktgruppen zu einer Restgruppe zusammengefasst werden, um insgesamt wieder 100 Prozent zu erreichen. Ein Schema für eine solche Planungsstruktur innerhalb eines Kunden wird in Abbildung 25 erläutert.

🖳 TIPP

Auch Sie werden wahrscheinlich von Ihrem Außendienst immer wieder hören, dass Daten nicht bekannt sind oder nicht beschafft werden können. Die Erfahrung hat allerdings gezeigt, dass ein guter Außendienst vor allem seine Stammkunden so gut kennt, dass ihm auch ohne tägliche Aufzeichnung oder Auswertung alles Wissenswerte wie Potenzial und Wettbewerber bekannt ist. Außerdem bietet sich auch hier im Zweifelsfall wieder ein Vergleich mit ähnlichen Kunden an, um die Größenordnung des Potenzials zu ermitteln.

Bessere Aktionssteuerung mit Workflow-Systemen

Damit der administrative Aufwand bei der Überwachung der einzelnen Kundenaktivitäten möglichst gering bleibt, verfügen führende CRM-Systeme über die Möglichkeit, Geschäftsprozesse und einzelne Arbeitsabläufe sowie Teilaktivitäten im Rahmen eines Workflow-Systems im Voraus zu planen. Gleichzeitig überwacht das System diese Vorgänge dabei automatisch. Vor allem bei groß angelegten Aktionen, an denen mehrere Personen an verschiedenen Orten beteiligt sind, erweisen sich Workflow-gestützte Systeme zur Überwachung der Termine, zur Erinnerung an fällige Aktivitäten und zur Information über den augenblicklichen Status als wertvolle Helfer.

Derartige Workflow-Systeme können natürlich nur funktionieren, wenn Sie Ihre Kunden vorab sorgfältig nach Sparten unterteilt haben. Denn je nachdem, ob es sich um einen A-Kunden in einer Produktgruppe oder einen C-Kunden handelt, werden Sie unterschiedliche Geschäftsprozesse und Aktivitäten vorsehen.

Die Workflow-Methode bietet Ihnen bei der Planung von Aktionen eine Reihe von individuell zu definierenden Arbeitsabläufen und Geschäftsprozessen, die eine logische und zeitliche Struktur von Tätigkeiten analog der Netzplantechnik ermöglicht. Dabei werden Sie für A-Potenziale mit großer Wahrscheinlichkeit andere Aktionsinhalte planen als für B-und C-Potenziale, wenn es um die Qualifizierung von Adressen und die Bearbeitung von Anfragen geht.

Workflow-Systeme eignen sich vor allem bei vernetzten Vertriebsorganisationen dazu, die einzelnen Aktivitäten zwischen den unterschiedlichen Anwendern, wie zum Beispiel Außendienst, Innendienst und Call Center, zuzuordnen und automatisch zu überwachen – Dokumentation und Abschlusstermin in der Kundenhistorie inklusive.

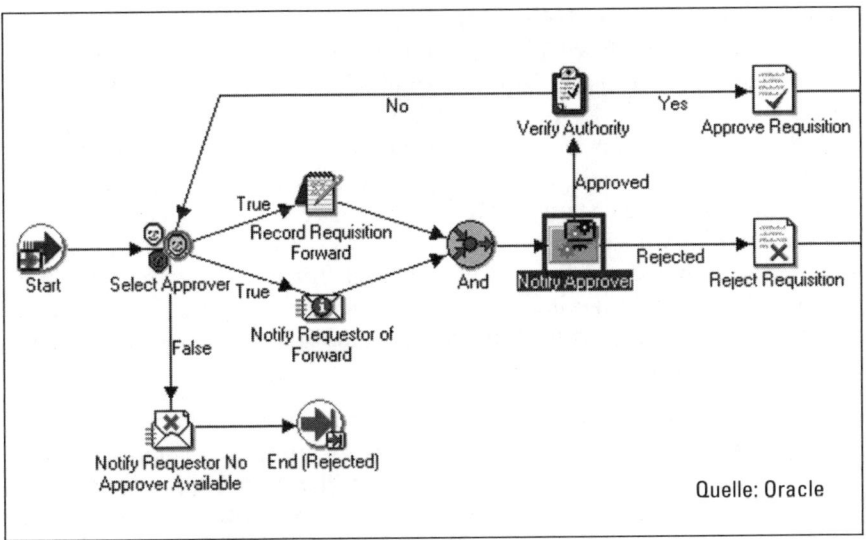

Abbildung 26: Automatisierter Workflow

💻 **TIPP**

Die Grundvoraussetzung für die Einführung von Workflow-Systemen sind definierte Regeln für die einzelnen Geschäftsprozesse. Wenn dieser Bereich bei Ihnen bislang zu kurz kam, sollten Sie besonders sorgfältig im künftigen Sollzustand die Verkettung von Anfragen, Informationsversand, Angebotserstellung, Angebotsverfolgung, Nachfassen, Präsentation, Auftragsabschluss etc. prüfen oder neu anlegen.

Planung und Steuerung durch Bewertung der Chancen (Opportunity Management)

Eine weitere Möglichkeit zur Reduzierung der täglichen Informationsflut steht Ihnen mit der Bewertung jedes Kontakts im Rahmen des Verkaufstrichters zur Verfügung. Das Prinzip des Verkaufstrichters ist eine stufenweise Qualifizierung jedes Kontakts bis zum Auftragsabschluss. Solche Stufen können sein: Erstkontakt, Interessent, Angebot, Präsentation und Auftragsabschluss. Mit der Bewertung jedes Kontakts auf dem Weg zum (ersten) Auftrag wird die Transparenz des Verkaufsprozesses erhöht, und man kann frühzeitig erkennen, in welchem Maße die gesteckten Ziele am Ende des Trichters erreicht werden und in welchen Verkaufsphasen Engpässe (zum Beispiel zu wenig Angebote) bestehen. Dies ist vor allem in Branchen mit längeren Entscheidungszeiträumen und Projektgeschäften interessant und wichtig, wie zum Beispiel im Investitionsgütervertrieb. Hier werden alle Daten genau geprüft – vom Erstkontakt über das Stadium des Interessenten, der Angebotsstufe bis hin zur Angebotspräsentation und dem Auftragsabschluss. Die einzelnen Stufen unterscheiden sich selbstverständlich für jede Branche und können unternehmensindividuell variieren. Auch können Sie dieses Prinzip auf jede Verkaufsstufe oder Hierarchieebene in der Vertriebsorganisation in verdichteter Form projizieren.

Beim Einsatz von so genannten Verkaufstrichtern sollten Sie darauf achten, dass Sie bereits im Zuge der Jahresplanung aus Erfahrungswerten der Vergangenheit in Verbindung mit Planwerten für die Zukunft festlegen, wie viele Erstkontakte mit einem wie hohen Potenzial notwendig sind, um am Ende des Trichters eine bestimmte Anzahl von Aufträgen mit einem bestimmten Auftragswert/Umsatz zu erreichen.

Anwendung in der Praxis

Pro Verkaufsstufe werden Planwerte hinsichtlich Anzahl und Wert in EUR erstellt. Sie werden bei den Soll-Ist-Vergleichen dem Status jedes Kontakts und seiner Bewertung hinsichtlich Abschlusswahrscheinlichkeit und Abschlusszeitpunkt gegenübergestellt. Dabei muss die Abschlusswahrscheinlichkeit in Prozent steigen, wenn die nächste Stufe im Verkaufstrichter erreicht wird. Das heißt, der Status der Verkaufsstufe und die Abschlusswahrscheinlichkeit müssen korrespondieren.

Selbstverständlich sind im Laufe der Kundenbetreuung immer Korrekturen möglich. Es ist daher besonders wichtig für die systematische

Nachbearbeitung und ein systematisches Controlling, dass alle Kontakte in bewerteter Form ihrem Status entsprechend in den Verkaufstrichter einfließen.

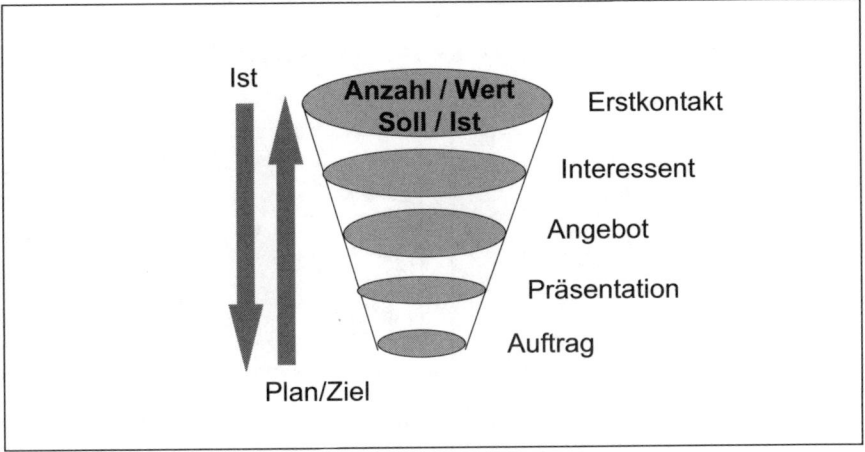

Abbildung 27: Steuerung auf jeder Stufe des Verkaufszyklus

💻 **TIPP**

Sollten Sie mit dem Einwand konfrontiert werden, dass die Bewertung der Kontakte nach Abschlusswahrscheinlichkeit individuell sehr unterschiedlich und daher eine Auswertung nur sehr ungenau sein kann, weisen Sie einfach auf die Anfangsphase hin. Denn natürlich müssen Sie auch mit diesem Instrument erst üben, bis im Lauf der Zeit die Angaben immer genauer werden und sich als unentbehrliches Analysewerkzeug herausstellen.

Auf jeden Fall kann die Bedeutung des Verkaufsstufenmodells als Frühwarnsystem für den Vertrieb nicht hoch genug eingestuft werden. Denn nicht nur der Vertrieb profitiert von den laufenden Informationen aus dem Verkaufstrichter, sondern auch die Produktion erhält Hinweise über drohende Unterbeschäftigung oder mangelnde Kapazitätsauslastung.

Ein Frühwarnsystem liefert aussagefähige Prognosen

Abbildung 28: Frühwarnsystem mit der „Opportunity-Zeit/Wert-Analyse"

Die Darstellung der Verkaufschancen nach dem jeweiligen Status der einzelnen Adressen, Kunden und Interessenten ist sicher sehr wichtig. Noch aussagefähiger ist jedoch die Darstellung gewichteter Angebotswerte auf der Zeitachse mit der „Opportunity-Zeit/Wert-Analyse". Dabei werden den Planwerten pro Kunde und Produktgruppe innerhalb eines Verkaufsgebiets die gewichteten Angebotswerte auf der Zeitachse gegenübergestellt. Jedes Angebot wird dazu mit dem Prozentsatz der Auftragsabschluss-Wahrscheinlichkeit multipliziert und ergibt somit einen gewichteten Angebotswert, der in dem Monat auf die Zeitachse übertragen wird, welcher der Einschätzung des Verkäufers mit dem erwarteten Abschlusszeitpunkt entspricht. Auf diese Weise können Sie zu einem sehr frühen Zeitpunkt eine Unterdeckung oder eine drohende Unterbeschäftigung in der Produktion feststellen und entsprechende Gegenmaßnahmen einleiten. Selbstverständlich lassen sich die Werte pro Verkaufsgebiet innerhalb der Vertriebshierarchie nach oben verdichten oder – bei Bedarf – ausschließlich nach der Produkthierarchie darstellen.

CRM – So können auch Sie profitieren

Übrigens können Sie ein derartiges Frühwarnsystem bereits mit einer Tabellenkalkulation mit einfachen Mitteln aufbauen. Der Vorteil gegenüber der statischen Verkaufstrichtermethode liegt in der Berücksichtigung des Zeitfaktors. Ein mit 90-prozentiger Wahrscheinlichkeit erwarteter Auftragsabschluss über ein Projekt von 50 000 EUR in 15 Monaten hat für den Umsatz des laufenden Jahres keine Bedeutung, hingegen ein mit nur 25 Prozent bewertetes Angebot über 25 000 EUR mit einem erwarteten Auftragsabschluss in vier Wochen sehr wohl.

4. Die Vertriebskosten – dank CRM eine kalkulierbare Größe

Die Erhöhung der Außendienst-Produktivität

Sicherlich geht es Ihnen auch so: Mit der Einrichtung eines CRM-Systems in Ihrer Außendienstorganisation wollen Sie vor allem eine Erhöhung der so genannten Außendienst-Produktivität erreichen. Darunter versteht man im Allgemeinen die Nettozeit des Außendiensts, die er für seine Kundenbesuche aufwendet. Üblicherweise geht man dabei – quer durch alle Branchen und regionalen Unterschiede – von einem Durchschnittswert von nicht mehr als 20 Prozent der zur Verfügung stehenden Arbeitszeit für Face-to-Face-Kontakte aus. Dies ist nur scheinbar ein niedriger Wert, der sich aber bei vielen Vertriebsorganisationen als durchaus zutreffend erweist. Regionale Unterschiede und daher die differierende Kundendichte pro Außendienstbezirk sowie branchenspezifisch sehr unterschiedliche Besuchsanforderungen spielen eine große Rolle.

Im Konsumgütervertrieb sind sechs bis acht Kundenbesuche pro Tag üblich, während bei beratungsintensiven Produkten des Investitionsgütersektors kaum mehr als zwei Besuche möglich sind.

Untersuchungen haben ergeben, dass der Außendienst im Durchschnitt 60 000 Kilometer pro Jahr unterwegs ist, um Kunden zu besuchen. Ausgehend von 200 Arbeitstagen zu je zehn Stunden beträgt die Bruttoarbeitszeit des Außendiensts somit 2 000 Stunden pro Jahr. Rechnet man mit einer durchaus realistischen Durchschnittsgeschwindigkeit von 60 Stundenkilometern, ergibt sich hieraus ein Anteil von 50 Prozent für die Reisetätigkeit des Außendiensts.

An diesem immensen Anteil können Sie kaum etwas verändern – es sei denn, Sie überdenken Ihre Außendienstbezirke und die Tourenplanung. Es ist allerdings falsch, die Reisezeit Ihres Außendiensts gänzlich als

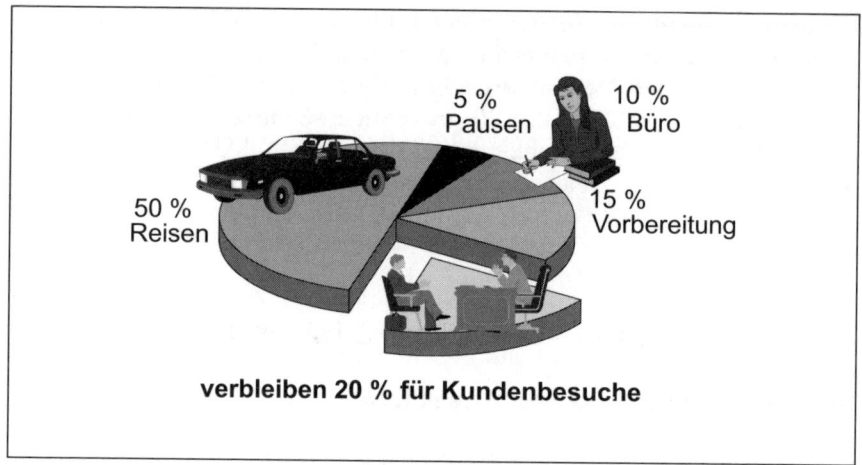

5 %
Pausen

10 %
Büro

50 %
Reisen

15 %
Vorbereitung

verbleiben 20 % für Kundenbesuche

Abbildung 29: Außendienstproduktivität

unproduktiv zu bewerten. Denn während er im Auto unterwegs ist, erledigt Ihr Außendienst heute einen Teil seiner telefonischen Kontakte. Außerdem könnte er, wenn möglich, die Zeit im Auto produktiv nutzen, indem er auf Tonband gesprochene Produktneuigkeiten und andere interessante Informationen aus der Zentrale abhört.

Gesteht man für die rechnerische Überlegung dem Außendienst täglich 30 Minuten Pause zu, addiert sich dieser Wert auf 100 Stunden pro Jahr, was gleichbedeutend mit fünf Prozent ist. Für allgemeine Bürotätigkeiten, Meetings und Schulungen benötigt er im Durchschnitt täglich eine Stunde, was insgesamt zehn Prozent der Gesamtarbeitszeit pro Jahr entspricht.

Für die Vorbereitung seiner Kundenbesuche, die Besuchsplanung und andere Tätigkeiten für die Verkaufsvorbereitung wendet der Außendienst nach allgemeiner Erfahrung täglich im Durchschnitt 1,5 Stunden auf. Dieser Wert addiert sich insgesamt auf 15 Prozent der Gesamtarbeitszeit pro Jahr. Dabei ist unerheblich, ob der Außendienst, wie in manchen Vertriebsorganisationen üblich, einen Bürotag pro Woche einlegt oder ob sich diese Zeit auf die gesamte Woche gleichmäßig verteilt.

CRM – So können auch Sie profitieren

Als Ansatzpunkte für eine Reduzierung der Zeitanteile verbleiben Ihnen die allgemeinen Verwaltungstätigkeiten, die Büroarbeitszeit und die Vorbereitung von Kundenbesuchen mit insgesamt 25 Prozent. Dafür gibt es grundsätzlich zwei sich ergänzende Möglichkeiten: 1. Sie delegieren mehr Aufgaben an den Verkaufsinnendienst (vgl. S. 81 ff., 102), und 2. Sie delegieren mehr Aufgaben an den Computer – im Rahmen eines CRM-Systems.

Einer der Hauptansatzpunkte des CRM-Systems ist die Entlastung des Außendiensts von Routinetätigkeiten. Darunter ist nicht nur weniger Belastung durch den Wegfall von Aufgaben zu verstehen, sondern viel mehr: So ermöglichen Sie Ihrem Außendienst durch ein verbessertes Informationsmanagement zum Beispiel die schnelle Verfügbarkeit von aktuellen Informationen auf dem Notebook oder Frühwarnmeldungen, die Ihren Mitarbeiter gezielt auf Plan-Ist-Abweichungen hinweisen. Der Vorteil liegt auf der Hand: Ihr Außendienst muss nicht erst umständlich seine Kundenakten durchsuchen, um festzustellen, wo ein dringendes Eingreifen erforderlich ist.

Wenn Sie optimistisch an die Sache herangehen (und die Erfahrung gibt Ihnen hier Recht!) können Sie mit CRM den Zeitanteil für Bürotätigkeiten und Kundenadministration um 30 bis 50 Prozent senken! Damit stünde Ihrem Außendienst plötzlich rund 50 Prozent mehr Zeit für Kundenbesuche zu Verfügung, was etwa 30 Prozent seiner Arbeitszeit oder im Durchschnitt täglich drei Stunden entspricht. Er hätte somit eine Stunde für persönliche Kundenkontakte gewonnen.

🖳 TIPP

Befreien Sie Ihren Außendienst von Routinearbeiten, die andere Mitarbeiter in der Zentrale besser und vielleicht sogar auch kostengünstiger durchführen können.

Neben der rein quantitativen Arbeitserleichterung für Ihren Außendienst sollten Sie auch qualitative Überlegungen einbeziehen, da sie damit einen noch größeren Effekt erzielen können. Stellen Sie sich einfach vor, dass mit einem CRM-System Ihre Prioritäten für die Kundenbesuchsplanung und die Kundenkontakte des Außendiensts verstärkt nach qualitativen Gesichtspunkten vorgenommen werden. Er besucht also künftig nicht mehr Kunden, sondern konzentriert sich darauf, die richtigen zu besuchen.

Konzentration auf das Wesentliche bringt's! Wenn sich Ihr Außendienst schwerpunktmäßig auf jene Kunden konzentriert, bei denen die Chancen und die Erfolgswahrscheinlichkeiten besonders hoch sind, er also die „richtigen Kunden" besucht, dann bedeutet dies für den Verkaufserfolg weit mehr als die reine Reduzierung auf der administrativen Seite.

Was kostet ein Außendienst-Besuch?

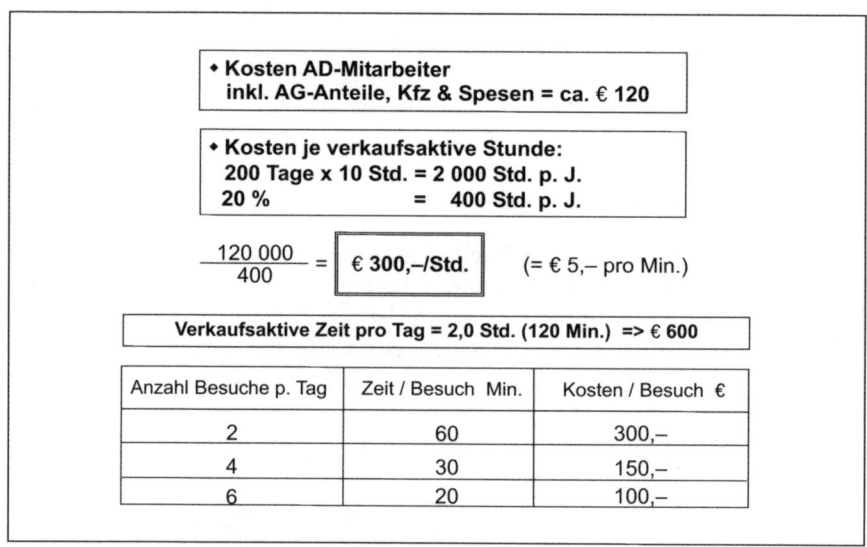

Abbildung 30: Wie teuer ist ein AD-Besuch?

Wissen Sie eigentlich, wie teuer ein Besuch Ihrer Außendienstmitarbeiter ist? Wahrscheinlich nicht. Wer sich bewusst macht, welche Kostengrößenordnungen hier erreicht werden, erkennt sofort, dass hier noch einiges zu tun ist: So deckt längst nicht jeder Kundenbesuch von seinem Ergebnis her die Kosten ab, wenn vorab keine Prioritäten bei der Besuchsplanung und -durchführung vorgenommen wurden.

▶ **Rechenbeispiel:**

Als Ausgangsbasis dient ein Kostenansatz von ca. 120 000 EUR pro Jahr, der sämtliche Kosten des Außendienst-Mitarbeiters, wie Lohn, Provision, Kfz, Spesen sowie die Arbeitgeberanteile, abdeckt. Verteilt man nun diese Kosten auf die 20 Prozent Außendienstzeit für Kundenbesuche, dann erhält man einen Betrag von 300 EUR pro Stunde. Das entspricht 5 EUR pro Minute. Dabei wird übrigens unterstellt, dass es neben den reinen Kundenbesuchen nur verkaufsfremde Aktivitäten gibt, was sicherlich nicht der Realität entspricht.

Der Außendienst hat nach dieser Formel über ein Budget von 600 EUR bei seiner Besuchsplanung zu entscheiden, da er ja insgesamt nur zwei Stunden für Face-to-Face-Kontakte pro Tag zur Verfügung hat. Dementsprechend stehen bei zwei Besuchen pro Tag pro Besuch 60 Minuten zur Verfügung, wobei jeder Besuch 300 EUR kostet. Bei einer Erhöhung der Besuchsanzahl auf vier halbieren sich die Ansätze, bei sechs Besuchen pro Tag dauert kein Besuch länger als 20 Minuten und es fallen 100 EUR pro Besuch an.

In vielen Außendienstorganisationen ist man sich dieser Größenordnungen überhaupt nicht bewusst. Schon aus diesem Grund sollte es Ihnen wichtig sein, die Sensibilität Ihres Außendiensts auf die Kostenseite zu lenken. Denn die Praxis zeigt: Bei vielen Kundenbesuchen werden Aufträge abgeschlossen, deren Deckungsbeitrag weit unter den Kosten pro Besuch bleibt.

Allerdings sollten Sie bei dieser Überlegung natürlich auch nicht übersehen, dass so mancher Besuch strategische Bedeutung haben kann – und der Kostenaspekt somit in den Hintergrund tritt. Dies gilt in Fachkreisen bereits als echter Zukunftstrend: Viele Kunden werden einen Großteil der Aufträge direkt dem Innendienst übermitteln, sodass die Außendienstbesuche nicht mehr vorrangig dem Auftragsabschluss dienen. Und das hat Auswirkungen auf die Berechnung der Wirtschaftlichkeit des Außendienstbesuchs: Denn so gibt es keinen direkten Vergleich pro Kundenbesuch mehr, sondern einen Ganzjahresvergleich im Verhältnis zur erreichten Kundenbindung und Kundenzufriedenheit.

Der Kostenvergleich beweist: mehr Aufgaben für den Innendienst!

Der Kostenvergleich zwischen Außendienst und Innendienst zeigt sehr deutlich, wie wichtig es ist, bestimmte Aufgaben an den Innendienst zu delegieren.

▶ **Rechenbeispiel:**
Geht man von einem durchschnittlichen Kostensatz von 40 000 EUR pro Jahr und einer 80-prozentigen Verfügbarkeit des Innendiensts aus, erhält man 31,25 EUR an Kosten je verkaufsaktiver Stunde im

Innendienst. Das Kostenverhältnis zum Außendienst beträgt somit fast 1:10! Anders ausgedrückt kostet ein Brief, für den der Innendienst 30 Minuten benötigt, lediglich 15,63 EUR oder ein Telefonat von zehn Minuten genau 5,20 EUR.

Berücksichtigt man außerdem, dass Innendienstmitarbeiter in der Regel besser in der Textverarbeitung am Computer ausgebildet sind und daher administrative Tätigkeiten und Korrespondenz schneller als der Außendienst abwickeln können, liegt die Effizienzproblematik auf der Hand. Die logische Konsequenz: Lassen Sie die Aufgabendurchführung dort stattfinden, wo die besten Kenntnisse und die beste Infrastruktur vorhanden sind – und somit auch die höchste Effizienz von der Kostenseite her vorliegt.

	Außendienst	Innendienst
Personalkosten inkl. AG-Anteile und Nebenkosten	€ 120 000	€ 40 000
Gesamtzeit 200 Tage * 10 Stunden	200 Tage x 10 Stunden = 2 000 Stunden/Jahr	200 Tage x 8 Stunden = 1 600 Stunden/Jahr
Verkaufsaktive Zeit pro Jahr pro Tag	20 % 400 Stunden/Jahr 2 Stunden	80 % 1 280 Stunden/Jahr 6,4 Stunden
Kosten je verkaufs-aktiver Stunde	**€ 300,00**	**€ 31,25**
Verhältnis	≈ 10	1
Kosten eines Kontakts	Kundenbesuch = € 100 bis € 300	Brief 30 Min. = € 15,63 Telefon 10 Min. = € 5,20

Abbildung 31: Kostenvergleich Außendienst – Innendienst

🖳 TIPP

Achten Sie trotz allem darauf, dass sich die Aufgabenverteilung zwischen Außendienst und Innendienst nicht sklavisch nach Kostengesichtspunkten oder nach der vorhandenen Infrastruktur richtet. Denn vielfach sprechen andere Gründe dafür, dass auch der Außendienst in besonderen Fällen Briefe schreibt und andere administrative Aufgaben wahrnimmt. Dies sollten Sie im Einzelfall genau abwägen, um gegebenenfalls Unstimmigkeiten zu vermeiden.

Vertriebskosten

○ Erhöhen Sie die Außendienst-Produktivität, indem Sie Ihre Mitarbeiter vor Ort von administrativen Aufgaben weitgehend befreien.

○ Legen Sie besonderen Wert auf eine detaillierte Kundenkontaktplanung – das spart Zeit und Geld.

○ Versuchen Sie im Zweifelsfall, Ihre individuellen Außendienstkosten zu ermitteln – bis hinunter auf den Stundensatz.

○ Vergleichen Sie diese Ergebnisse mit den Daten des Innendiensts – und ziehen Sie entsprechende Konsequenzen!

5. Neue Aufgabenschwerpunkte im Außendienst

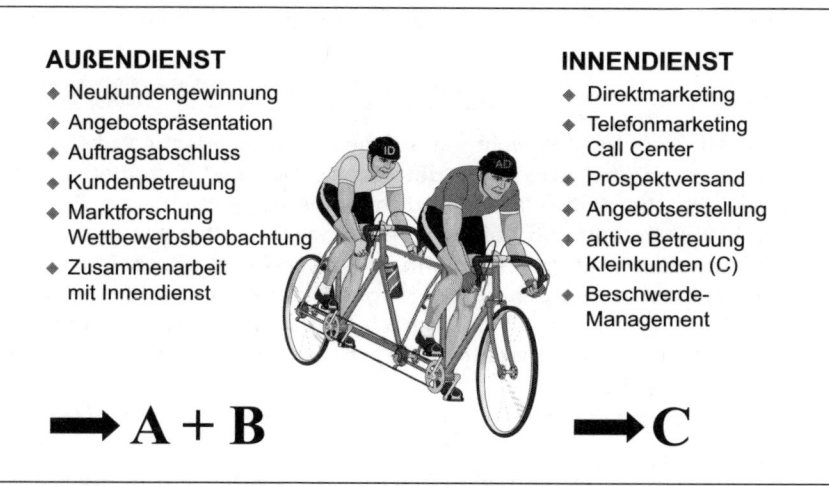

AUßENDIENST
- ◆ Neukundengewinnung
- ◆ Angebotspräsentation
- ◆ Auftragsabschluss
- ◆ Kundenbetreuung
- ◆ Marktforschung
  Wettbewerbsbeobachtung
- ◆ Zusammenarbeit
  mit Innendienst

INNENDIENST
- ◆ Direktmarketing
- ◆ Telefonmarketing
  Call Center
- ◆ Prospektversand
- ◆ Angebotserstellung
- ◆ aktive Betreuung
  Kleinkunden (C)
- ◆ Beschwerde-
  Management

➡ **A + B**   ➡ **C**

Abbildung 32: Das TANDEM-Modell

Keine Frage: In modernen Vertriebsorganisationen, die mit einem integrierten CRM-System arbeiten, steht die Kundenorientierung ganz klar im Vordergrund. Konkret bedeutet dies für Sie: Es geht nicht nur um Kosten- oder Rationalisierungsfragen, sondern auch – nicht zuletzt im Interesse Ihrer Kunden – um die bessere Aufgabenverteilung und eine intensivere Zusammenarbeit zwischen Außendienst und Innendienst.

Nach dem so genannten Tandem-Modell kümmert sich im Idealfall Ihr Außendienst verstärkt um Kunden und Interessenten mit einem hohen Potenzial (A, B), während der Innendienst sich vorrangig um Kunden mit kleinem Potenzial (C) bemüht.

Daraus ergeben sich die in Abbildung 32 beschriebenen Aufgaben-schwerpunkte für Außendienst und Innendienst. Entscheidend ist dabei, dass Ihr Innendienst nicht passiv agiert und auf Anrufe und Aufträge wartet, sondern durch organisatorische Maßnahmen und eine entspre-chende Ausbildung zu einem aktiven Innendienst „umerzogen" wird. Denn vor allem das aktive C-Kundenmanagement erfordert ein ähnli-ches Engagement wie beim Außendienst.

Auch Sie werden bei derartigen Umstrukturierungen immer wieder auf „Gewöhnungsprobleme" beim Außen- und Innendienst stoßen – das lässt sich praktisch nicht vermeiden. Vor allem dann, wenn bislang beide Bereiche weitgehend nebeneinander agiert haben und Barrieren aufge-baut wurden, ist es für viele nicht einfach, sich mit der neuen Aufga-benverteilung nach dem Modell des Teamselling zu identifizieren.

🖳 **TIPP**

Konzentrieren Sie sich nicht nur auf die organisatorische Aufgabenver-teilung, sondern fördern Sie den Teamgedanken! Schaffen Sie bei-spielsweise für Außendienst und Innendienst gemeinsame Ziele und eine Erfolgsbeteiligung bei Zielerreichung. Dabei betreut in der Regel ein Innendienstmitarbeiter mehrere Außendienstmitarbeiter und ist möglicherweise dadurch selbst Mitglied in mehreren Verkaufsteams. Aber Achtung: Der Kunde sollte nach Möglichkeit immer den gleichen Ansprechpartner im Innendienst haben, nur so ist langfristige Kunden-bindung garantiert.

Gibt es in Ihrem Unternehmen neben dem Außendienst und Innendienst auch noch einen Service oder Kundendienst, müssen Sie diesen natürlich auch in das Customer Service Center einbeziehen. Dementsprechend wird aus dem Tandem-Modell schließlich ein Tridem, das nach den gleichen Prinzipien funktioniert. Allerdings hat hier Ihr Kundendienst selbstverständlich andere Aufgaben bei der Kundenbetreuung wahrzu-nehmen.

Manchmal ist es sinnvoll, in der ersten Phase der Einführung eines CRM-Systems nur die Kundendienstzentrale in den Anwenderkreis einzubeziehen und den Service-Außendienst wie bisher mit Papier zu versorgen – allerdings mit allen Informationen aus der gemeinsamen Kundendatenbank. Ebenso müssen über die Berichte der Kundendiensttechniker und des Service-Außendiensts alle Informationen wieder über die Kundendienstzentrale zurück in Ihre Kundendatenbank fließen, um sie dem Vertrieb und Marketing zur Verfügung stellen zu können. Sie werden sehen, Ihr Team wird Schritt für Schritt immer besser – und bald erreichen Sie Ihren individuellen Idealzustand, bei dem „die Linke weiß, was die Rechte tut".

Die Folgen für den Außendienst

Die Veränderungen, die sich für den Außendienst bereits jetzt und verstärkt auch in Zukunft ergeben werden, sind das Resultat des zunehmenden Wettbewerbsdrucks und der ständigen Bemühungen um eine verstärkte Kundenbindung. Hinzu kommt die immer engere Zusammenarbeit zwischen Kunden und Lieferanten aus Rationalisierungsgründen. Das Stichwort hierfür heißt EDI (Electronic Data Interchange). Es setzt sich derzeit vor allem in den Branchen der Konsum- und Markenartikelindustrie zur Rationalisierung der Auftragsabwicklung durch und funktioniert folgendermaßen:

Kunde und Lieferant verständigen sich auf genormte Datenaustauschformate, über die dann Bestellungen abgesendet und direkt in die Programme der Auftragsabwicklung des Lieferanten eingespielt werden können. Im Gegenzug erhält der Kunde über die EDI-Schnittstelle die Rechnungsdatensätze automatisch übertragen. Für beide Seiten ergeben sich dadurch enorme Rationalisierungspotenziale, da die mehrfache Datenerfassung auf beiden Seiten (und damit auch die Fehlerquellen) auf ein Minimum reduziert wird, der unnötige Papierkram entfällt, und die gesamte Logistikkette wird beschleunigt.

Das bedeutet für den Außendienst im Konsumgüterbereich, dass sich sein Aufgabenfeld vom Auftragsabholer zunehmend zum Gebietsmanager wandelt, der seine Kunden in regelmäßigen Touren besucht. Bei diesen Besuchen geht es dann nicht nur um die Erfassung der Regalbestände und neuen Bestellungen, sondern verstärkt darum, gemeinsam mit dem Kunden Aktionen für den Abverkauf der Ware zu planen und ihn dabei zu unterstützen. Da moderne CRM-Systeme außerdem eine Fülle von betriebswirtschaftlichen Auswertungen für den Kunden bieten, können diese auch im Rahmen der Kundengespräche vorgestellt und erläutert werden, um daraus weitere Aktivitäten für die Zusammenarbeit abzuleiten.

Der Idealfall: Workgroup-Computing

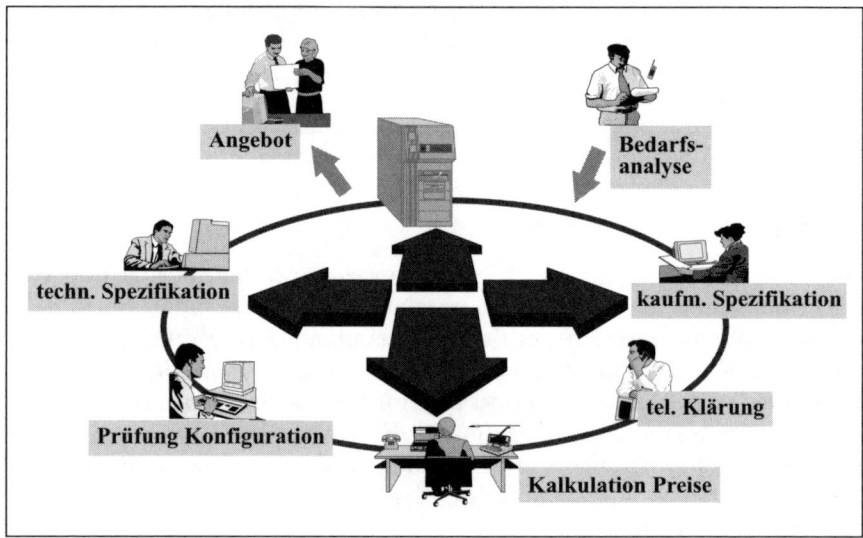

Abbildung 33: Workgroup-Computing

Eine allgemeine Arbeitsentlastung für alle am Vertrieb beteiligten Stellen eines Unternehmens bietet das Workgroup-Computing. Es beschreibt innerhalb einer vernetzten Organisation den gleichzeitigen Zugriff auf gemeinsame Daten sowie die gleichzeitige Bearbeitung unterschiedlicher Aufgabenpakete auf der Grundlage der gemeinsamen Datenbank. Dabei spielt es keine Rolle, ob die einzelnen Anwender des Systems im gleichen Raum oder Gebäude sitzen oder aber im Homeoffice oder in einer im Ausland befindlichen Niederlassung ihren Aufgaben nachgehen.

Mithilfe dieser Arbeitsweise können Sie zum Beispiel die Zeit für die Angebotserstellung drastisch reduzieren, indem die Bedarfsprofile vom Außendienst per Datenfernübertragung an den Server der Zentrale übertragen werden und dort im Customer Service Center sowie in angrenzenden Bereichen die einzelnen Teilaufgaben für die Angebots-

CRM – So können auch Sie profitieren

erstellung gleichzeitig in Angriff genommen werden können. Während dann der Verkaufsinnendienst die kaufmännischen Spezifikationen zum Angebot erstellt, klärt die Service-Hotline noch ausstehende Details ab. In einem anderen Bereich werden die Preise auf Grund der gespeicherten Kundenkonditionen kalkuliert, während die Kollegen in den technischen Büros die technischen Spezifikationen vervollständigen und die Konfiguration prüfen. Alle Beteiligten können während der Bearbeitung der Detailaufgaben auf die Daten der anderen Kollegen zugreifen, und nur in Ausnahmefällen muss man sich wie in der Vergangenheit zwecks Abstimmung persönlich treffen.

 *Mit Workgroup-Computing weichen die zeitraubenden und an einen Ort gebundenen Abstimmgespräche einer sequenziellen Abarbeitung von Teilaufgaben dem Netzwerk der dezentral überall verfügbaren Datenbestände, was zu Zeiteinsparungen von 50 Prozent und mehr führt.*

Wenn Sie Ihre Kunden über das Internet aktiv in das System einbeziehen, können diese im Rahmen des Electronic Commerce sogar einige wesentliche Aufgaben selbst durchführen. Dazu gehört unter anderem die Eingabe des Bedarfsprofils, das online in der Zentrale sofort auf Plausibilität und Vollständigkeit geprüft werden kann und somit aufwendige Rückfragen vermeidet. Auch die Konfiguration von Angeboten kann vom Kunden durch Auswahl entsprechender Parameter vorgenommen werden. Einige führende Computerhersteller wie Dell, IBM und Compaq praktizieren dieses System der Online-Bestellung und Konfiguration seit Jahren erfolgreich und entlasten damit ihren Innendienst.

Ihre Visitenkarte: das Customer Service Center

Im Customer Service Center kommt die Kundenorientierung Ihrer Vertriebsorganisation so richtig zum Ausdruck. Denn über zentral verfügbare Datenbanken können Sie hier sowohl räumliche als auch zeitliche Restriktionen aufheben. Somit ist es nicht mehr notwendig, dass Ihr Verkaufsinnendienst, der Kundendienst, die Hotline und der Service, das Call Center sowie der Marketingbereich an einen Ort gebunden sind. Im Gegenteil: Über die Zeitzonen des Erdballs verteilt können Sie und Ihre Mitarbeiter die Aufgaben global rund um die Uhr wahrnehmen, wie dies beispielsweise bei großen Softwareanbietern wie SAP oder auch Hardwareherstellern wie Compaq Standard ist.

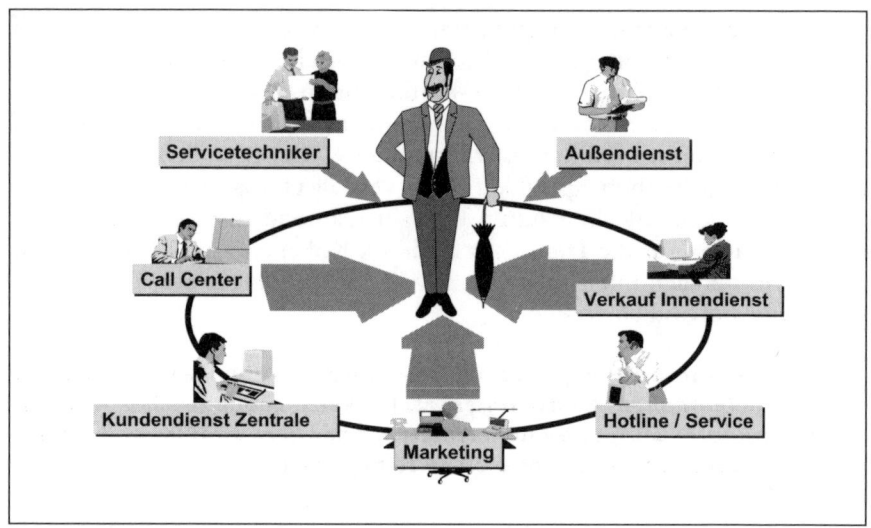

Abbildung 34: Customer Service Center

Der Clou: Ohne dass der Kunde dies merken muss, wird er in den frühen Morgen- und späten Abend- und Nachtstunden automatisch in die Hotline der entsprechenden Zeitzone in anderen Erdteilen verbunden und erhält im wahrsten Sinne des Wortes einen Rundum-Service. Der zuständige Kundenbetreuer findet am nächsten Morgen in den Kundenkontakten auch die Ergebnisse nächtlicher Kundenkontakte mit dem internationalen Service in seiner Kundendatenbank vor und ist somit ständig auf dem aktuellen Stand.

 Ohne moderne Computertechnik gibt es keinen systematischen Verkaufserfolg.

Der Trend ist eindeutig: Die bestehenden Defizite und Engpässe in Bezug auf Wettbewerb, Kosten, Zeit und Informationsflut können mit herkömmlichen Methoden, also ohne integrierte Computersysteme und entsprechende organisatorische Vorkehrungen nicht beseitigt werden. Auf der anderen Seite wird die Computer- und Kommunikationstechnologie zunehmend leistungsfähiger und preiswerter. So findet derzeit alle zwei Jahre eine Verdoppelung des Preis-Leistungs-Verhältnisses bei der PC-Hardware statt. Daher bieten sich diese Instrumente dazu an, die Schlagkraft einer Vertriebsorganisation in puncto Kundenorientierung zu erhöhen – natürlich immer in Verbindung mit den entsprechenden organisatorischen Maßnahmen.

Der Einsatz dieser Technologien setzt bestimmte organisatorische Anpassungen voraus. Das kann nicht oft genug betont werden. Denn wenn Sie es unterlassen, Ihre Organisation rund um Hard- und Software den neuen Werkzeugen entsprechend anzupassen und zu gestalten, elektrifizieren Sie nur den oft beklagten Istzustand, erzielen allenfalls da und dort kleine Rationalisierungserfolge – aber können ganz sicher nicht insgesamt und umfassend besser werden. Sie müssen sich von Anfang an darüber im Klaren sein: Das Vorhaben, die Vertriebs- und Serviceorganisation mithilfe eines integrierten CRM-Systems effizienter zu gestalten, gleicht einem grundlegenden Renovierungsprozess. Diesen Prozess sollten Sie jedoch nicht allein aus Wirtschaftlichkeitsgründen initiieren, sondern er sollte von allen Betroffenen auch als allgemeine Aufgabe zur Erhaltung der Wettbewerbsfähigkeit und Zukunftssicherung für das gesamte Unternehmen – vom obersten Management bis zum Außendienst – und als wichtiger Umdenkprozess angenommen werden.

🖥 CHECKLISTE

Veränderte Aufgaben des Außendiensts

О Stellen Sie sich ganz ehrlich die Frage, ob es einen Grund gibt, einen so wichtigen Teil Ihres Unternehmens wie den Außendienst nicht mit optimalen Arbeitsbedingungen auszustatten.

О Versuchen Sie, die Bedeutung des Außendiensts bei den herrschenden Wettbewerbsverhältnissen richtig einzuschätzen – und werten Sie seine Leistungen auf!

О Bauen Sie Vorurteile gegen Kontrollängste zugunsten der verborgenen Chancen und Erfolgspotenziale eines integrierten Informationsmanagements ab – rechtzeitige und umfassende Aufklärung ist hier die Devise!

О Überdenken Sie zugunsten einer höheren Akzeptanz durch den Außendienst Ihr Führungsverhalten und verlagern Sie die Steuerung weg vom Außendienst und hin zum Kunden.

О Erarbeiten Sie mit Ihren Mitarbeitern gemeinsam eine Strategie, wie man Computer im Vertrieb, Marketing und Service so einsetzen kann, dass damit nicht nur Rationalisierungserfolge, sondern auch Wettbewerbsvorteile erzielt werden.

О Verteilen Sie gegebenenfalls Ihre internen Aufgaben neu und informieren Sie sich vorab über die Möglichkeit von Arbeitserleichterungen, wie zum Beispiel Workgroup-Systeme.

О Kontaktieren Sie Fachleute, die sich auf dieses Thema spezialisiert haben – und fragen Sie!

Technologieeinsatz zum Management der Kundenbeziehungen

Die Entwicklung der mobilen Mikrocomputer

Der Blick auf die Geschichte der mobilen Mikrocomputertechnologie speziell unter Gesichtspunkten des Einsatzes in Vertriebsorganisationen, reicht bis in die Sechzigerjahre. Außendienstmitarbeiter in Konsumgüter- und Markenartikelbranchen nutzten damals so genannte MDE (Mobile Datenerfassungsgeräte), um Aufträge direkt vom Verkaufsregal des Kunden zu erfassen und anschließend über Akustikkoppler von der nächsten Telefonzelle aus an die Zentrale zu übertragen. Diese Geräte verfügten über einen Prozessor mit acht Bit und einen Speicher von maximal zwei MB. Das Display umfasste gerade zwei Zeilen und die Zehnertastatur war teilweise auch mehrfach belegt, um entsprechende Steueranweisungen erfassen zu können. Neben Kundennummern waren auch Artikelstammdaten abrufbar.

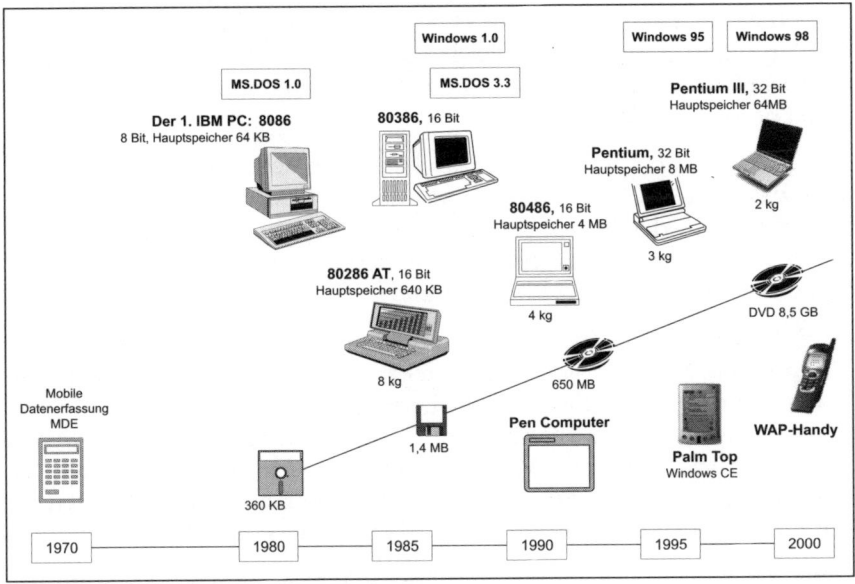

Abbildung 35: Entwicklung der mobilen Mikrocomputer

Allerdings beschränkte sich die Logik auf die Plausibilitätsprüfung von Kundennummer, Artikelnummer und Mengen. Immerhin arbeiteten in den Siebzigerjahren mehrere Hunderttausend Außendienstmitarbeiter in Deutschland mit MDE-Geräten. Auch heute sind sie noch im Einsatz – wenn auch in technologisch weiterentwickelter Ausstattung. Teilweise wird heute im Außendienst auch kombiniert mit MDE-Geräten und Laptop gearbeitet, wobei sich das MDE-Gerät wegen seines Gewichts und seiner geringen Abmessungen für die Aufnahme von Beständen und Bestellungen am Verkaufsregal besonders gut eignet. Meist werden die Daten vom MDE-Gerät anschließend per Infrarotschnittstelle an das Notebook des Außendiensts übertragen und dort weiter bearbeitet.

1981 löste IBM mit dem ersten PC inklusive Prozessor 8086 und einem Monochrombildschirm mit 80 Zeichen mal 24 Zeilen eine Revolution aus. Nur wenige hatten dem Personalcomputer damals jene Entwicklung vorausgesagt, die er in der Folge nicht nur für den Vertrieb nahm. Die ersten Geräte verfügten damals noch nicht über Festplattenspeicher.

Für den Vertrieb selbst begann die Laptop-Zeit 1985 mit dem 80286iger AT mit 16 MHz Taktfrequenz, wahlweise bereits auch mit Color-Display, einem Hauptspeicher von 640 KB und einer Magnetplattenkapazität von 40 MB. Diese Speicherkapazität entsprach etwa 300 Seiten Schreibmaschinentext. Der Kaufpreis eines Laptop lag damals bei rund 10 000 Mark (entspricht 5 000 EUR). Viele Außendienstorganisationen wurden damit ausgerüstet. Allerdings mussten sich die ersten Laptops auf Grund ihres Gewichts von acht bis neun Kilogramm den Spitznamen „Schlepptop" gefallen lassen.

Das erste Betriebssystem mit grafischer Oberfläche, MS Windows 1.0, kam zwar bereits 1986 auf den Markt, brauchte allerdings für seinen Durchbruch in der Praxis bis zum Jahr 1992. Bis dahin dominierte in vielen Unternehmen das zeichenorientierte Betriebssystem MS DOS. 3.3, das 1987 auf den Markt gelangte.

Die Entwicklung der Hardware beschleunigt sich in atemberaubendem Tempo. Das Miniaturisieren der integrierten Schaltungen (IC) hat eine früher unvorstellbare Leistungssteigerung ermöglicht. Während 1990 der 4-Megabit-Chip als Schallgrenze für die Bauweise der ICs galt, wurde zwei Jahre später der 64-Megabit-Chip zur Marktreife entwickelt. In zehn Jahren fielen die Preise für ICs um mehr als das Hundertfache, während die Leistung um etwa das Hundertfache gestiegen ist.

1990 erschienen die ersten Notebooks mit 80486iger Prozessoren, wahlweise Mono- oder Color-Display in VGA-Grafik. Der Hauptspeicher umfasste zu diesem Zeitpunkt bereits vier MB. Der 16-Bit-Prozessor arbeitete mit einer Taktfrequenz von 25 MHz. Die Magnetplatte konnte immerhin schon 80 MB Daten speichern. Und das wohl interessanteste Detail für den Einsatz im Vertrieb war das Gewicht, das nun auf drei bis vier Kilogramm reduziert werden konnte. Allerdings besteht auch heute noch das Problem, dass zu geringe Akku-Kapazitäten von zwei bis drei Stunden den Außendienst unnötig stressen.

Abbildung 36:
Pen Computer am Point of Sales
(Quelle: Fujitsu)

1991 erschienen die ersten Pen-Computer, auch Notepad genannt. Die mit ähnlicher Technologie wie die Notebooks ausgestatteten Rechner benötigten keine Tastatur zur Datenerfassung, sondern wurden mithilfe eines Griffels bedient, der anstelle der Mouse direkt auf dem Bildschirm ähnlich dem Bleistift auf dem Auftragsblock zum Einsatz kam. Mit dem Notepad in der linken und dem Griffel in der rechten Hand konnte der Außendienst analog seiner gewohnten Arbeitsweise mit dem Auftragsblock im Stehen arbeiten. Der Siegeszug blieb den Pen-Computern versagt, da die Hardwareindustrie lange Zeit nicht in der Lage war, das Gewicht der Geräte unter drei Kilogramm zu reduzieren, was auch für einen durchtrainierten Außendienstmitarbeiter auf die Dauer zu viel war.

Neben den klassischen Pen-Computern ohne Tastatur gab es Anfang der Neunzigerjahre auch Hybridgeräte, an die wahlweise eine Tastatur angeschlossen werden konnte. Alle maßgeblichen PC-Hersteller wie IBM, NCR, Compaq, Toshiba oder Fujitsu boten mehr oder weniger identische Geräte an. Allerdings zogen sich fast alle führenden Notebook-Hersteller aus diesem Markt zurück — angeblich wegen fehlender

Nachfrage. Hier kehrten allerdings die Hardwarehersteller Ursache und Wirkung um. So gesehen bestand tatsächlich kein Bedarf an (ungeeigneten) Geräten. Wer legt sich schon freiwillig mehrere Stunden pro Tag ein drei Kilogramm schweres Paket auf den ausgestreckten Unterarm?

Der Bedarf an handlichen Geräten, die im Stehen mit einer Hand (wie der Notizblock des Außendiensts) zu bedienen sind, ist sicherlich auch heute noch vorhanden. Fujitsu hat deshalb heute mit seinen Pen-Computern, zum Beispiel dem Stylistic PenCentra 130 mit einem Gewicht von 900 Gramm, fast eine Monopolstellung am deutschen Markt.

Diese Miniaturisierung der Mikrocomputer kommt auch in den Handheld-Computern und Windows-CE-Notebooks zum Ausdruck. 1993 erreichten die Bemühungen um eine Gewichtsreduzierung auf 2,5 Kilogramm mit den Subnotebooks einen weiteren Höhepunkt. Immerhin waren diese Subnotebooks mit 80486 Prozessoren und einer Taktfrequenz von 33 MHz mit bereits 190 MB Magnetplattenkapazität ausgestattet.

Ab 1992 begann auch für den CRM-Markt der Siegeszug des Betriebssystems MS-Windows. Die ersten Pentium-Prozessoren bescherten uns 1995 die 32-Bit-Technologie, anfangs mit acht MB RAM und einer heute antiquarisch anmutenden Taktfrequenz von 60 MHz. In nur wenigen Jahren kamen Pentium-II- und Pentium-III-Prozessoren auf den Markt – und heute gehört eine Taktfrequenz von über 1 000 MHz und eine Hauptspeichergröße von 256 MB RAM sowie Magnetplattenkapazität ab zehn GB zum Standard von PCs in der Preisklasse ab 1 000 EUR.

- ◆ Ziel: gleiche Technologie wie Desktops
- ◆ Festplatten bis 20 GB
- ◆ Taktfrequenz ab 1 000 MHz
- ◆ MMX-Prozessoren ab 1 000 MHz
- ◆ Farbdisplays bis 15˝
- ◆ Netzunabhängigkeit < 3 Stunden
- ◆ Gewicht: 1,1 kg
- ◆ Bauhöhe: 24 mm
- ◆ Preise: Tendenz sinkend, ab 1 500 €

➔ größtes Problem = Hitze und Stromverbrauch

Abbildung 37: Entwicklungstrends auf dem Notebook-Markt

Die Entwicklungstrends bei den Notebooks

Bei den Notebooks bemühen sich die führenden Hardwarehersteller mit zunehmendem Erfolg um den Einsatz der gleichen Technologien wie bei Desktops, was auf Grund der weiter voranschreitenden Miniaturisierung eine große Herausforderung darstellt. Mittlerweile sind Festplatten bis 10 GB durchaus üblich. Taktfrequenzen bei den Pentium- und MMX-Prozessoren jenseits der 800 MHz gehören ebenso zum Standard wie hochauflösende Farbdisplays bis 15 Zoll. Als Mouse-Ersatz dienen je nach Hersteller das gewöhnungsbedürftige Touchpad sowie der nicht weniger konzentrationsintensive Gummistift zwischen den Buchstaben G, H und B – was dazu führt, dass die meisten Notebook-Anwender zur externen Mouse greifen.

Hinsichtlich der Abmessungen sind inzwischen Bauhöhen von 24 Millimetern und ein Gewicht von knapp über einem Kilogramm für normale Notebooks keine Seltenheit mehr.

Die Netzunabhängigkeit hat auch bei den neuen Entwicklungen von Nickelkadmium-Akkus nicht viel mehr als drei Stunden gebracht. Und dies bleibt nach wie vor die Achillesferse der mobilen PCs.

Der Hitzeentwicklung und dem großen Stromverbrauch versucht man mittlerweile durch Absenkung der Spannungen und Aufteilung in einzelne Units zu begegnen, die man bei Bedarf im Sleep-Modus durch ein ausgefeiltes Energiemanagement auf minimalen Verbrauch abschalten kann. Die Preisentwicklung geht auf Grund des ruinösen Wettbewerbs für professionelle Einsteigergeräte bereits unter die 1 500-EUR-Grenze.

Standardnotebooks verfügen neben einem eingebauten CD-ROM-Gerät üblicherweise auch noch über zwei Einsteckschübe für PC-Cards – wahlweise für Netzwerk und/oder Modem vorgesehen. Ebenso zum Standard gehört mittlerweile eine eingebaute Soundkarte mit Mikrofon und Lautsprechern.

Klein, aber fein: Handheld-PCs, die neuen Portables

Der Trend zu kleinen Abmessungen mit fast gleicher Leistungsfähigkeit hat die führenden Hardwarehersteller zu gigantischen Leistungsschüben motiviert. Als Beispiel sei hier Compaq mit dem 2010C, Hewlett Packard mit dem HP Jornada 420 oder Casio mit dem Cassiopeia genannt.

Wer es noch kleiner und handlicher haben und unterwegs nicht auf seine Daten verzichten möchte, greift zu einem Palmcomputer oder PDA (Personal Digital Assistant). Mit diesen Geräten im Taschenkalenderformat, beispielsweise von Marktführer 3COM oder Psion, muss man zwar auf seine gewohnte Windows-Umgebung verzichten. Die Hersteller haben jedoch durch Schnittstellen erreicht, dass man seine Daten aus dem Microsoft-Outlook-Adressbuch und -Terminkalender ständig aktualisieren und somit auch unterwegs immer griffbereit haben kann.

Da bei diesen kleinen Geräten eine Tastatureingabe fast nicht mehr möglich ist, hat sich hier die Stifteingabe etabliert. Die PDAs liegen in der Preisklasse von 250 bis 500 EUR und sind in der Lage, Daten mit PCs per Infrarot-Schnittstelle oder Kabelverbindung auszutauschen. Wer also sein Notebook unterwegs nicht benötigt, überträgt aus dem aktuellen Stand der Kundendatenbank Adressen, Telefon-Nummern, Kontaktberichte und den Kalender aus MS Outlook auf seinen Westentaschencomputer und hat somit auch unterwegs immer Zugriff auf die wichtigsten Kundendaten. Demnächst wird man mit diesen „Winzlingen" auch telefonieren und das Internet aufrufen können. Die unterwegs erfassten Gesprächsnotizen und Termine werden nach der Rückkehr an den heimischen Arbeitsplatz automatisch mit der CRM-Datenbank synchronisiert.

PC-Marktanteile im Überblick

Zu den führenden Herstellern von stationären und mobilen PCs gehören unter anderem Compaq, Fujitsu-Siemens, die Direktverkäufer Dell und IBM sowie HP. Toshiba nimmt zwar keine führende Position auf dem Markt stationärer PCs ein. Aber weltweit und auch in Deutschland führt Toshiba vor IBM, Compaq, Fujitsu-Siemens, Dell, Acer, Sony und HP den Notebook-Markt an.

Die Gesamtstückzahl betrug im dritten Quartal 1999 weltweit 27,9 Millionen Einheiten, was einem Zuwachs von 25 Prozent entspricht. In Europa wurden im gleichen Zeitraum 6,5 Millionen PCs verkauft. Das sind um 19,3 Prozent mehr als im Vorjahreszeitraum.

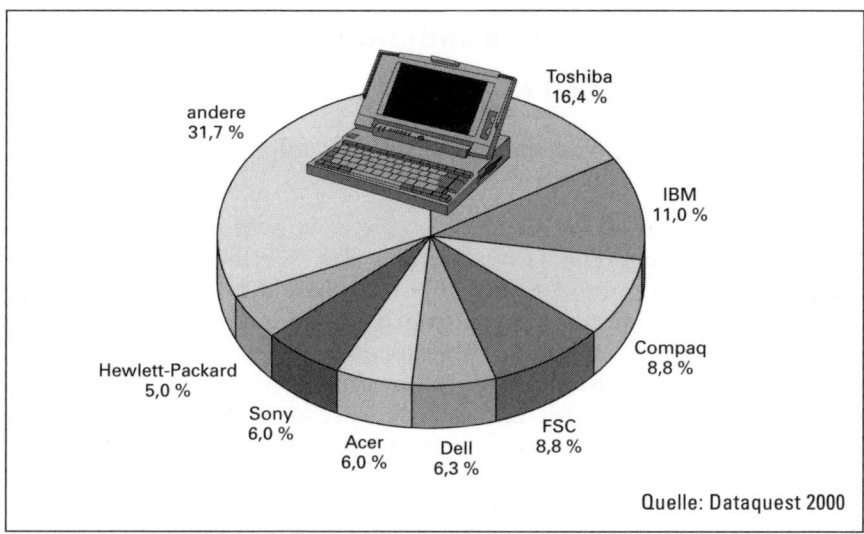

Abbildung 38: Notebook-Marktanteile in Deutschland (2000)

Daten- und Nachrichtenaustausch

Parallel zu der Hardwareentwicklung wurden in den letzten Jahren leistungsfähige Kommunikationssysteme entwickelt, die eine Übertragung von Daten und Text (Fax, E-Mail) über das Telefonleitungs- oder die verschiedenen Funknetze erlauben. Mit ISDN hat die Telekom ein leistungsfähiges digitales Netz zur gleichzeitigen Übertragung von Daten, Text und Sprache entwickelt, welches sukzessive das analoge Telefonnetz ablöst. Damit können auch große Datenmengen mit einer Geschwindigkeit von rund 64 000 Zeichen pro Sekunde übertragen werden. Das gilt bislang aber noch nicht für die von den Handys benutzten Funknetze. Diese sind mit einer Übertragungsgeschwindigkeit von 9 600 bit/sec für einen regelmäßigen Datenaustausch noch zu langsam. Auch die regionale Verfügbarkeit ist trotz vollmundiger Werbeversprechen der Netzbetreiber noch nicht flächendeckend gegeben, sodass man dieses Medium derzeit noch nicht für den routinemäßigen Außendiensteinsatz empfehlen kann, obwohl Hersteller gerne mit Außendienstlösungen werben, bei denen der Verkaufsberater von seinem Notebook aus mit dem Handy Daten von seiner Zentrale abruft oder dorthin überträgt. Der Durchbruch wird ab 2003 mit dem multimediafähigen und wesentlich leistungsfähigeren UMTS-Standard erwartet.

Das Internet als Brücke zum Kunden – ein vorläufiges Fazit

Für die *Front-Office-Systeme* zeichnen sich folgende Trends für die Zukunft ab:

Auf dem Hardwaresektor erleben wir eine weitere Miniaturisierung und Leistungssteigerung. Die Globalisierung des Wettbewerbs wird fortschreiten, als Kommunikationsmedium etabliert sich dabei das Internet weltumspannend mit seinen vielfältigen Möglichkeiten der Informations- und Kontaktvermittlung. Multimediale Techniken schaffen über das Internet virtuelle Märkte, Workflow-Management-Techniken steuern automatisch Vertriebs- und Serviceprozesse. EDI bzw. XML wird sich dabei in einzelnen Branchen zum Standard des Austauschs von Bestell- und Rechnungsdaten durchsetzen. Ebenfalls zur wichtigen Größe wird – bedingt durch die fortschreitende ISDN-Technik – auch die Telearbeit im Telefonverkauf und im Telesupport.

Electronic Commerce in den Teilbereichen E-Sales, E-Marketing und E-Service wird in den nächsten fünf Jahren die Verbindung zwischen Kunden und Lieferanten zur Übermittlung von Anfragen und Aufträgen weitgehend automatisieren, womit die Außendienst-Komponente eine völlig neue Bedeutung für das Kundenmanagement bekommen dürfte.

Mass-Customization wird sich einerseits auf dem Investitionsgütersektor zur Konfiguration maßgeschneiderter Problemlösungen immer mehr durchsetzen. Auf der anderen Seite führt die maßgeschneiderte Kundenlösung auch auf dem Konsumgütersektor zum One-to-One-Marketing, beispielsweise über das Internet mit maßgeschneiderten Jeans oder Brillen – in den USA übrigens vielerorts heute schon üblich. Grundlage dieser Konzepte ist die Massenfertigung von Standardkomponenten und der individuelle Zusammenbau je nach Kundenwunsch.

All diese Einflussfaktoren werden die Kundenbeziehungen tief greifend verändern und finden ihren Niederschlag in integrierten CRM-Systemen – sei es als Systembestandteile wie Call Center oder externe Module wie die Produktkonfiguration.

An dieser hochinteressanten Entwicklung will sich auch Microsoft als führender Anbieter von Betriebssystemen für PCs im Backoffice- und Frontoffice-Bereich beteiligen. Der Fast-Monopolist will seine künftige Marktposition durch starkes Engagement auf der Internetseite, als Datenbankanbieter sowie im Rahmen des Microsoft Office mit den Komponenten E-Mail, Workflow- und Dokumentenmanagement sichern.

Ziele des integrierten Computereinsatzes in Marketing, Vertrieb und Service

Das vorrangigste Ziel des Computereinsatzes im Kundenbeziehungsmanagement ist zweifellos der Gewinn von Wettbewerbsvorteilen durch ein verbessertes Informationsmanagement und eine verstärkte Kundenorientierung. Dazu ist es notwendig, dass Sie Ihre eigene Marktposition hinsichtlich ihrer Stärken und Schwächen analysieren und eine geänderte Marketingstrategie im Vorfeld des Einsatzes von CRM-Systemen aufbauen. Besonderes Augenmerk sollten Sie dabei auf die unterschiedlichen Kundenanforderungen und -erwartungen legen. Oft trifft man hier nämlich auf den Wunsch nach höherer Flexibilität der Lieferanten, kürzeren Lieferzeiten und einer rascheren Angebotsabgabe.

Wettbewerbsvorteile durch verstärkte Kundenorientierung

1. Systematische Marktbearbeitung
2. Entlastung der Mitarbeiter von Routinearbeiten
3. Erhöhung der Trefferquote
4. Rasche Reaktion
5. Integrierte Datenverarbeitung

Abbildung 39: Ziele des integrierten Computereinsatzes in Marketing, Vertrieb und Service

🖥 **TIPP**

Um Ihre künftigen Kundenbeziehungen nicht am Markt vorbei zu gestalten, sollten Sie außerdem ernsthaft in Erwägung ziehen, ausgewählte Stammkunden in das CRM-Projekt mit einzubeziehen. Denn schließlich geht es auch um die Frage, welchen Nutzen Ihre Kunden haben, wenn Sie als Lieferant nun mit moderner Computertechnik in Vertrieb und Service arbeiten.

Die allgemein formulierten Zielsetzungen müssen nun von jedem Anwenderunternehmen bei der Einführung eines CRM-Systems konkretisiert werden. Dabei stehen fünf Themen im Mittelpunkt:

1. Ziel: Die systematische Marktbearbeitung
2. Ziel: Die Entlastung der Mitarbeiter von Routinearbeiten
3. Ziel: Die Erhöhung der Trefferquote
4. Ziel: Eine raschere Reaktion
5. Ziel: Die integrierte Datenverarbeitung

Während es sich bei den ersten drei Punkten um strategische Ziele handelt, zählen die letzten beiden Punkte zu den Rationalisierungsmaßnahmen im Rahmen eines CRM-Projekts.

Unternehmensindividuell werden sich hier bei der Definition der Ziele für den Computereinsatz in Vertrieb, Marketing und Service andere Schwerpunkte ergeben. Auch branchenspezifisch wird die Bedeutung der einzelnen Ziele eine unterschiedliche Gewichtung erfahren, sodass Projektteams dazu aufgerufen sind, die Ergebnisse der Analysen ihres Istzustands hier entsprechend einfließen zu lassen.

1. Ziel: Die systematische Marktbearbeitung

---

1. Systematische Marktbearbeitung auf Basis der Kundendatenbank

◆ Welche Daten werden benötigt für welche konkrete Aufgabenstellung?

◆ Wer? VL, AD, ID, KD, ...

◆ Welche Daten?

◆ Wann?

◆ Woher kommen die Daten?

◆ Wer pflegt die Daten?

Abbildung 40: Systematische Marktbearbeitung

Das zentrale Element einer Marktbearbeitung und individuellen Kundenbetreuung ist die allgemeine Kundendatenbank. Im Vorfeld des Computereinsatzes in Vertrieb, Marketing und Service sind deshalb vor allem die nachfolgenden Fragen für Sie von Bedeutung. Grundlage aller Überlegungen sollte selbstverständlich eine ausgereifte Marketingstrategie sein. Auch folgende Aspekte sollten Sie bereits im Vorfeld klären:

● Welche Daten benötigen Sie für welche konkrete Aufgabenstellung?

● Welche Anwendergruppe (Vertriebsleiter, Gebietsverkaufsleiter, Key Account Management, Verkaufsinnendienst, Service, Kundendienst, Hotline, Marketing, ...) soll künftig mit dem CRM-System arbeiten?

- Welche Daten benötigen die einzelnen Anwendergruppen in welcher Form?
- Zu welchem Zeitpunkt werden von welchen Anwendergruppen welche Daten in welcher Form benötigt?
- Woher kommen die Daten?
- Wer pflegt künftig die Daten?

🖳 **TIPP**

Bevor Sie im Projektteam, vielleicht im Rahmen eines Brainstormings, damit beginnen, alle möglichen Informationswünsche und Daten aufzulisten, machen Sie sich die Gefahr von Datenfriedhöfen bewusst! Vor allem dann, wenn nicht klar ist, zu welchem Zweck eine bestimmte Information dienen soll, aus welcher Quelle die Daten kommen sollen oder wer künftig für die Pflege einzelner Datengruppen verantwortlich ist, sollten Sie Mut zur Lücke beweisen und auf Informationen verzichten, die Ihnen nur Datenfriedhöfe bescheren werden.

---

2. Ziel: Die Entlastung der Anwender

2. Entlastung der Anwender: mehr Zeit für Kundenbetreuung

- ◆ Welche Aufgaben kann der PC übernehmen?
  z. B. Daten-/Nachrichtenübermittlung, Besuchsplanung, Terminverwaltung, ...

- ◆ Welche Aufgaben können Innendienst, Telefonmarketing etc. besser machen?
  z. B. Prospektversand, Mailings, Qualifizierung von Zielkunden

Abbildung 41: Entlastung der Anwender

Der Computereinsatz soll die Anwender von administrativen und anderen verkaufsfremden Tätigkeiten entlasten, damit sie mehr Zeit für die aktive Kundenbetreuung zu haben. Dabei sollten Sie genau überlegen, welche Aufgaben künftig der PC übernehmen kann – und welche konkreten Werkzeuge Sie ihm zur Verfügung stellen können, mit deren Hilfe er seiner Aufgabe der Kundengewinnung und Kundenbetreuung besser nachkommen kann als bislang. Klären Sie in diesem Zusammenhang folgende Fragen:

- Welche Aufgaben kann und soll der PC konkret als Werkzeug für den Außendienst übernehmen?

- Wie soll die Daten- und Nachrichtenübermittlung von der Zentrale zum Außendienst und umgekehrt ablaufen? Je nachdem, ob Ihr Außendienst täglich von seinem Homeoffice startet oder auch in Hotels übernachtet und welche Datenaktualität benötigt wird, kommen andere Verfahren infrage.

- Wie könnte man die Besuchsplanung sinnvoll strukturieren? Gibt es bereits konkrete Hilfestellungen für das Erkennen und Setzen von Prioritäten nach Dringlichkeit und Wichtigkeit für die Erreichung der vereinbarten Jahresziele?

- Wie sollte in Zukunft die Terminverwaltung über das CRM-System aussehen? Denn insbesondere bei längerfristigen Entscheidungsprozessen, wie sie im Investitionsgütergeschäft und im Anlagenbau anzutreffen sind, sind die Überwachung der Termine und eine automatische Wiedervorlage besonders wichtig!

Mit der Entlastung des Außendiensts allein ist es hier jedoch noch nicht getan. Auch für den Innendienst sind ähnliche Überlegungen notwendig. Das bedeutet konkret: Beschäftigen Sie sich rechtzeitig schon in der Konzeptionsphase mit Fragestellungen zu den künftigen Aufgabenfeldern des Innendiensts. In diesem Zusammenhang sind folgende Fragen zu klären:

- Welche Aufgaben kann der Innendienst zukünftig vom Außendienst übernehmen?

- Welche Aufgaben können der Innendienst und die zentralen Funktionsbereiche besser und kostengünstiger machen und in welcher Form müssen diese Aufgaben künftig erledigt werden, damit eine verstärkte Kundenorientierung und eine höhere Kundenzufriedenheit erreicht werden?

🖥 TIPP

Stellen Sie sicher, dass auch Ihre Telefonzentrale immer auskunftsbereit ist, wenn ein Mitarbeiter einmal nicht unter seiner Durchwahl anzutreffen ist. Die Telefonzentrale als akustische Visitenkarte Ihres Unternehmens muss im Zweifelsfall immer Bescheid wissen und Anrufern helfen können – andernfalls kann von Kundenorientierung keine Rede sein.

Außerdem sind auch organisatorische Fragen zu klären, wie der Versand des Informations- und Prospektmaterials, die Durchführung von Aktionen und Mailings und die Art und Weise, wie Zielkunden künftig anzusprechen sind – über hausinternes Telefonmarketing oder externe Call Center.

🖳 TIPP

Eine besondere Entlastung Ihres Außendiensts können Sie übrigens in Ihrer Zentrale vornehmen, indem Sie hier die Qualifizierung von Adressen nach Bedarfsfeldern, Ansprechpartnern und Potenzialangaben im Vorfeld der Kundengewinnung mit hoher Qualität durchführen. Damit können Sie nämlich die Zahl der Fehlbesuche durch den Außendienst erheblich reduzieren.

Je besser die Adressen aufbereitet und qualifiziert sind, desto gezielter kann Ihr Außendienst auch seine Besuche und Kontakte vorbereiten – und desto größer sind auch seine Chancen, bei seinen Besuchen mit den richtigen Argumenten und Angeboten aufzutreten.

3. Ziel: Die Erhöhung der Trefferquote

3. Erhöhung der Trefferquote: effektive Nutzung der Zeit

◆ Vertriebsplanung nach Potenzial ABC

◆ Besuchsplanung nach Potenzial und Chancenbewertung

◆ Angebot = Maßgeschneiderte Problemlösung

◆ Systematische Angebotsverfolgung

Abbildung 42: Erhöhung der Trefferquote

Entscheidend für den Vertriebserfolg im Außendienst ist neben der quantitativen Erhöhung des Zeitanteils für Kundenbetreuung und -besuche die effektive Nutzung der vorhandenen Zeit. Damit also in der verfügbaren Zeit Ihre „richtigen" Kunden besucht werden, sollten Sie auf die Qualität der Besuchsplanung und Besuchsvorbereitung besonderen Wert legen.

Dabei unterstützt Sie die Kundendatenbank: Wenn Sie die Potenzialdaten in die Besuchsplanung und die Vertriebsplanung einbeziehen, also die Daten der Kundendatenbank nach Potenzial und Chancenhöhe selektieren und jene Kunden auswählen, bei denen die Chance auf einen großen Auftrag am höchsten und der Zeitpunkt des Bedarfs angemessen ist, werden Sie bereits nach kurzer Zeit messbare Erfolge erzielen. Bei konsequenter Vorgehensweise auf der Basis einer hohen Informationsqualität muss sich die Trefferquote zwangsläufig erhöhen. Damit rechnet sich der Einsatz eines CRM-Systems am raschesten und sichersten.

Auf der Basis dieser Fokussierung und weiterer qualitativer Informationen aus der Kundendatenbank über die Probleme und Aufgabenstellungen des Kunden müssen Sie dann in der Angebotsphase maßgeschneiderte Problemlösungen erarbeiten, die genau den Zielvorstellungen der Kunden entsprechen. CRM-Systeme stellen dabei sicher, dass die Angebotsausarbeitung immer nach gleichen Standardrichtlinien des Unternehmens erfolgt – ein echtes Plus für das Image Ihres Unternehmens.

Bei der Angebotspräsentation gibt es Möglichkeiten, über Multimediatechniken die Angebote mit Computerunterstützung und gegebenenfalls mit Datenprojektoren beim Kunden professionell vorzustellen. In der Regel gehören multimediale Präsentationstechniken allerdings nicht zu den Kernmodulen eines CRM-Systems, können jedoch bei Bedarf ergänzt werden.

Zum Verkaufsabschluss gehört auch, dass Sie eine systematische Angebotsverfolgung und ein professionelles Opportunity Management betreiben. Dabei erhält der Verkäufer vom System automatisch Hinweise auf Wiedervorlagen zum Nachfassen und wird so in seinem Tagesgeschäft hinsichtlich der zu setzenden Prioritäten aktiv unterstützt. Außerdem liefert Ihnen das CRM-System im Rahmen der vielfältigen Analysemöglichkeiten jederzeit einen Überblick über den Stand der Angebote, Angebotswahrscheinlichkeiten und die zu erwartenden Abschlusstermine. Damit können sowohl der Außendienst als auch der Innendienst und das Management in verdichteter Form erfahren, auf welcher Stufe des Verkaufszyklus welche Kontakte vorhanden sind und wie sie mit Angebotswerten und Abschlusswahrscheinlichkeiten bewertet werden. Plan-Ist-Abweichungen können Sie so frühzeitig erkennen und schnell reagieren.

Auch Verkaufsstufen mit zu wenig Kontakten kommen hier durch ein integriertes Frühwarnsystem ans Licht, sodass Sie die möglicherweise gefährdeten Jahresziele nicht aus den Augen verlieren.

Erhöhen Sie die Trefferquote, indem Sie konkret
- auf eine hohe Qualität der Daten und Informationen bei der Besuchsplanung achten,
- Daten nach Potenzial und Chancen selektieren,
- kundenspezifische und maßgeschneiderte Problemlösungen erarbeiten,
- alle Angebote im Sinne eines Opportunity Managements systematisch verfolgen,
- ein Frühwarnsystem mit Plan-Ist-Abweichungen nutzen.

4. Ziel: Raschere Aktion und Reaktion

4. Raschere Aktion und Reaktion

◆ Datenzugriff und -abruf von unterwegs

◆ Regelmäßiger Daten- und Nachrichtenaustausch (E-Mail)

◆ Gezielte Benachrichtigung statt Wochenbericht

◆ Frühwarnsystem

Abbildung 43: Raschere Aktion und Reaktion

Zu den Rationalisierungseffekten innerhalb eines CRM-Systems gehört ein erheblicher Zeitgewinn durch den Einsatz von Kommunikationssystemen zum Austausch von Daten und Nachrichten zwischen Außendienst, Zentrale und Niederlassungen. Mit einer periodischen, meist täglichen Datenübertragung und einem Datenaustausch zwischen den dezentralen Außendienststellen und der Zentrale haben Sie und alle anderen Anwender immer die Möglichkeit, auf aktuelle Daten und Informationen aus der zentralen Kundendatenbank zuzugreifen. Mit der automatischen Nachrichtenübermittlung (E-Mail) können Sie außerdem einen Teil Ihres Telefonverkehrs ersetzen.

Mehr Schnelligkeit erreichen Sie dank CRM auch bei den Besuchsprotokollen: Anstelle der manuellen Besuchsberichte, die der Außendienst täglich oder wöchentlich an die Zentrale übermittelt, werden die Ergebnisse der Kundenkontakte automatisch vom Außendienst an die Zentrale übertragen. Damit ist es Ihrer Zentrale, dem Gebietsverkaufsleiter und dem Marketing jederzeit möglich, sich aktuell über den Status einzelner Kundenkontakte zu informieren.

Selbstverständlich müssen alle Mitarbeiter ihre Kundenkontakte genauso sorgfältig wie der Außendienst in der Kundendatenbank erfassen, also auch der Innendienst, das Telefonmarketing, die Vertriebsleitung und der Servicebereich. Nur so kann die Vollständigkeit der Kundenhistorie erreicht werden. Die Zettelwirtschaft gehört der Vergangenheit an.

Die Ergebnisse erhalten Sie dabei in schematisierter und auswertungsgerechter Form in der Kundendatenbank. Die weit verbreiteten Prosaberichte entfallen so in der Regel. Auch die Aufbereitung der Besuchsberichte, also das Erfassen, Schreiben und Verteilen in der Zentrale ist nun kein Thema mehr für Sie, da jeder Anwender entsprechend seiner Zugriffsberechtigung die Möglichkeit hat, sich aktiv selbst die gewünschten Informationen aus der Kundendatenbank zu holen.

Ein weiteres Plus: Gezielte Mitteilungen von der Zentrale an den Außendienst und umgekehrt müssen Sie nun nicht mehr über die Besuchsberichte versenden, sondern können Sie als individuelle E-Mails verteilen.

Nachdem die Daten in regelmäßigen Abständen in der Kundendatenbank aktualisiert werden, liefert das zentrale Frühwarnsystem zudem automatisch Information bei anstehenden oder festgestellten Soll-Ist-Abweichungen.

Drei Regeln zur Effizienzsteigerung der Arbeitsprozesse durch CRM

1. Nutzen Sie verstärkt das E-Mail-System als primären Kommunikationsweg zwischen Außendienst, Niederlassungen und Zentrale! Versand und Empfang der Nachrichten können zu beliebigen Zeiten erfolgen. Störungen im Tagesgeschäft unterbleiben damit.
2. Greifen Sie nur noch zum Telefon, nachdem Sie sich und Ihre Gesprächspartner vorher über E-Mail mit den notwendigen Basisinformationen versorgt haben! Damit kommen Sie in den Telefonaten gleich auf den Punkt.
3. Beachten Sie das automatische Frühwarnsystem – und reagieren Sie stets sofort! Die Kundenhistorie und das Management-Informationssystem liefern Ihnen die Entscheidungsgrundlagen bei Bedarf im Detail.

5. Ziel: Die integrierte Datenverarbeitung

5. Integrierte Datenverarbeitung + vernetztes Informationsmanagement

◆ Keine doppelte Datenerfassung

◆ Zugriff auf Daten für alle Stellen möglich

◆ Automatische Weiterverarbeitung durch integrierte Schnittstellen

Abbildung 44: Integrierte Datenverarbeitung

Ein weiterer Rationalisierungseffekt mit CRM-Systemen entsteht dadurch, dass der Anwender im Innen- oder Außendienst die Daten am Ort der Entstehung selbst erfasst und automatisch in die Kundendatenbank überträgt. Die typischen Fehlerquellen durch die mehrfache Erfassung und Übermittlung entfallen somit – das Personal in den Zentralen wird erheblich entlastet.

Das Ziel vieler CRM-Systeme ist die Schaffung eines integrierten Informationsmanagements. Das bedeutet, dass dem gesamten Unternehmen jederzeit umfassende Informationen, auch über verschiedene Systemwelten hinweg, zur Verfügung stehen. Professionelle CRM-Systeme stellen daher integrierte Schnittstellen zu ERP-Systemen bereit.

Zu diesem Themenbereich gehört sicherlich auch die Frage, ob Data-Warehouse-Systeme eingesetzt werden sollen, um die Daten unterschiedlicher Systeme in einer für alle gleichen Form aufzubereiten und zur Verfügung zu stellen. Ganz gleich, ob es sich nun um die Ergebnisse von Kundenkontakten des Innendiensts oder des Außendiensts handelt oder ob Angebote und Aufträge über das CRM-System erfasst wurden – alle Informationen werden automatisch über die integrierten Schnittstellen an die weiterverarbeitenden Systeme verteilt. Die im Istzustand häufig anzutreffenden mehrfachen Datenerfassungsprozesse an den Schnittstellen entfallen dadurch.

CRM – Aufbau und Funktionen

So bauen Sie ein CRM-System in Ihrem Unternehmen auf

Nachdem Sie bereits die grundlegenden Ziele der Computersysteme für Vertrieb, Marketing und Service erarbeitet haben, stehen nun die Grundelemente eines CRM-Systems im Mittelpunkt. Dabei geht es nicht um einzelne spezielle Systemkomponenten und branchenspezifische Ausprägungen, sondern vielmehr um die Kernmodule, die in professionellen Standard-Systemen in der Regel anzutreffen sind.

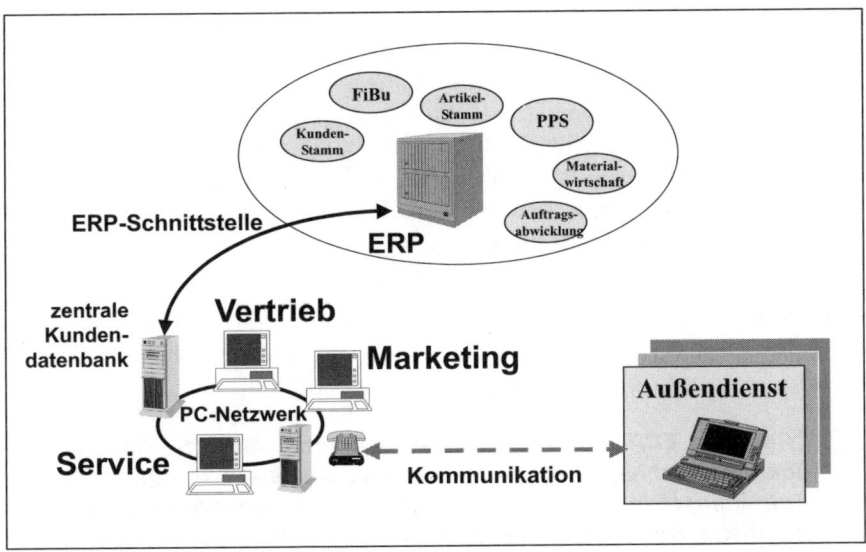

Abbildung 45: Aufbau eines CAS-Systems 1995

Sechs Grundelemente kennzeichnen jedes professionelle CRM-System:

1. die zentrale Kundendatenbank auf dem Server des PC-Netzwerks der Vertriebszentrale

2. die möglichst integrierten Schnittstellen zu den ERP-Systemen der Zentrale

109

3. die Software des CRM-Systems im Netzwerk der Zentrale für die Anwender im Vertrieb, Marketing und Service

4. die mobile Version der CRM-Software beim Außendienst und in den Verkaufsniederlassungen

5. die Kommunikationssysteme für den Daten- und Nachrichtenaustausch zwischen Außenstelle und Zentrale

6. die Hardware, in der Regel ein PC-Netzwerk in der Zentrale und Notebooks beim Außendienst

Unter Interessenten taucht immer wieder die Frage auf, warum zusätzlich zu den ERP-Systemen der Zentrale, die Warenwirtschaft, Buchhaltung, Auftragsabwicklung und andere Anwendungen auf Hostsystemen abdecken, nun für Vertrieb, Marketing und Service neue Systemwelten aufgebaut werden sollen – zumal sie teilweise gleiche Daten enthalten. Dabei sollten Sie sich vor Augen halten, dass die Aufgaben der ERP-Systeme in der Regel darin bestehen, eingegangene Aufträge abzuwickeln, Zahlungsvorgänge festzuhalten und die entsprechende Logistik zu unterstützen. CRM-Systeme sind demgegenüber in erster Linie dazu da, dem Vertrieb in der Phase vor dem Auftragseingang, also in der Akquisition zu helfen – ein vielfältiges Aufgabenfeld, das von ERP-Systemen meist ungenügend oder überhaupt nicht abgedeckt wird. Denn die ERP-seitigen Kundenstammdaten sind entsprechend der anderen Aufgabenstellung auch völlig anders aufbereitet. Potenziale und Plandaten fehlen beispielsweise meist vollständig.

Und es gibt noch einen entscheidenden Unterschied: Kunden werden in ERP-Systemen erst dann angelegt, wenn der erste Auftrag oder das erste Angebot zu erstellen ist. Das CRM-System haben die Kunden zu diesem Zeitpunkt bereits seit langem durchlaufen.

CRM- und ERP-Systeme sind nur scheinbar ähnlich. Sie verfügen über unterschiedliche Inhalte, entsprechend ihren komplett anderen Aufgabenstellungen. Beiden Systemwelten gemeinsam sind die eigentliche Kundenadresse und die Kundennummer. Über diesen Schlüsselbegriff erfolgt auch der Datenaustausch über die Schnittstelle zwischen beiden Systemen. Der Kundenstamm des ERP-Systems enthält jedoch entsprechend seiner Aufgabenstellung ganz andere Daten als das CRM-System. Die Probleme mit der Datenredundanz erfordern einen gut organisierten Datenaustausch zwischen beiden Systemen und bereiten in der Praxis bei professionellen CRM-Systemen kaum Probleme.

CRM – Aufbau und Funktionen

Ein weiterer Unterschied zwischen den Systemwelten besteht darin, dass der Außendienst eine PC-Version der CRM-Software benötigt, wozu ERP-Systeme in der Regel nicht in der Lage sind. Die meisten ERP-Systeme sind für den mobilen Einsatz auf Notebooks viel zu mächtig und arbeiten außerdem mit anderen Betriebssystemen, Programmiersprachen und Datenbanksystemen. Deshalb also ist es gerechtfertigt, für die Aufgaben in Vertrieb, Marketing und Service – und insbesondere für den mobilen Einsatz im Außendienst – separate Systeme auf PC-Basis einzusetzen. Amerikanischen Marktstudien zufolge wird ERP-Anbietern ohne Front-Office-Komponenten eine düstere Zukunft prophezeit. Der Grund dafür liegt in der Verlagerung der Schwerpunkte des Softwareeinsatzes weg von internen Prozessen hin zu externen Prozessen in Richtung Kunde. Das ist auch das Ziel des Customer Relationship Managements. Eine Folge davon ist, dass die Grenzen dieser beiden Systemwelten zunehmend verschwinden werden.

Integrierte CRM-Systeme mit Internet-Anbindung

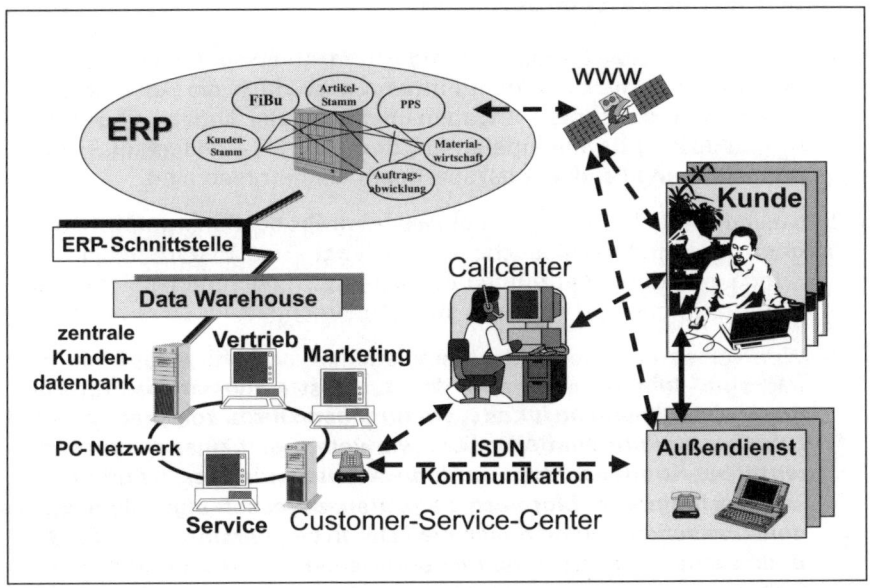

Abbildung 46: Aufbau eines integrierten CRM-Systems 2001

Moderne CRM-Systeme integrieren sowohl die Anwenderseite von Vertrieb, Marketing und Service als auch Technologien wie Call Center, das Internet sowie Data-Warehouse. Außerdem werden Kunden verstärkt aktiv in den Informationskreislauf eingebunden.

Die Struktur einer CRM-Datenbank

Um Ihnen einen vereinfachten Überblick über den Aufbau und die Struktur einer Datenbank für die Aufgaben des Vertriebs zu geben, brauchen Sie sich nur vorzustellen, wie ein Außendienstmitarbeiter selbst in Papierform auf Karteikarten seine Kunden und Interessenten verwalten würde. Um das Prinzip zu verstehen, sollten Sie diesen Weg einfach einmal ausprobieren – auch wenn dies vielleicht nicht Ihre typische Aufgabe ist.

Sieben Schritte zur CRM-Datenbank

1. Legen Sie zunächst für jeden Kunden und Interessenten ein Stammblatt an, in dem neben dem Firmennamen auch die Adresse und Telefonnummern sowie Angaben über Potenzial, Umsatz und andere qualifizierende Merkmale, wie Branche, Mitarbeiterzahl, Gründungsjahr und Produktionskapazitäten, eingetragen sind.

2. Stellen Sie dabei fest, ob mehr als eine Produktlinie geführt wird oder ob es unterschiedliche Anwendungs- und Bedarfsfelder pro Kunde gibt, deren getrennte Beobachtung wegen unterschiedlicher Anforderungen und teilweise auch Ansprechpartner sinnvoll ist.

3. Wenn dies zutrifft, legen Sie hinter jedem Kunden für jedes Bedarfsfeld eine weitere Karte an, in der zunächst entweder die Produktgruppe, die Sparte oder das Anwendungsgebiet bezeichnet ist, und dann die spezifischen Angaben, wie Potenzial, Vorjahresumsätze, wichtigste Wettbewerber mit ihren Anteilen, Planumsatz und Umsatz des laufenden Jahres, in tabellarischer Form festgehalten werden. Vermerken Sie hier auch die Namen der Ansprechpartner, die Bedeutung der Sparte nach ABC-Klassifikation und die Bestellgewohnheiten.

4. Sammeln Sie nun die einzelnen Ansprechpartner und Entscheidungsträger innerhalb jeder Produktgruppe oder Sparte auf einer eigenen Karteikarte, zum Beispiel mit folgenden Angaben: Aufga-

benbereich, Stellung im Unternehmen, Telefondurchwahl, abweichende Anschrift ihres Büros oder ihrer Niederlassung, Namen und Telefondurchwahl der Sekretärin, Privatadresse, Hobbys, Weihnachtsgeschenke, Funktionen in Verbänden bis hin zum Geburtstag.

5. Für Branchen wie dem Investitionsgüterbereich, in denen üblicherweise wegen der langen Entscheidungsräume Bedarfsfälle zu Projekten oder Objekten zusammengefasst werden, setzen Sie danach eine eigene Karte ein, in der das Projekt mit allen Details beschrieben wird. Dazu gehören unter anderem das Auftragsvolumen, Installations- und Lieferorte, sowie Liefertermine. Im Angebotsstadium gehören hierzu auch die dazugehörigen Angebotswerte, bewertet mit prozentualer Auftragswahrscheinlichkeit und zu erwartendem Entscheidungstermin, sowie alle wichtigen Projekttermine und Namen der Entscheidungsträger.

6. Die nächsten Karten ordnen Sie entweder den Projekten, dem Ansprechpartner oder den Sparten zu. Es sind Karten mit einem tabellarischen Aufbau, die sämtliche Kontakte mit Kontaktdatum, Ansprechpartner, Ziel des Kontaktes, Art des Kontaktes und Ergebnis sowie einem Vermerk über die Erledigung der einzelnen Aktivitäten erfassen.

7. Damit Sie in Ihrer losen Kartei nun die Zuordnung nicht verlieren, müssen Sie spätestens jetzt damit beginnen, Querverweise in jeder Karteikarte einzutragen, die auf die Beziehung in der Struktur eines Kunden hinweisen. So sollte zum Beispiel jede Karte die Kundennummer tragen. Die Karten der Ansprechpartner beinhalten die Bedarfsfelder oder Geschäftssparten, Projektkarten enthalten neben Kundennummer und Sparte auch die Ansprechpartner, Kontaktkarten verweisen neben der Kundennummer, der Sparte, den Ansprechpartnern auch auf die Projekte, die sie betreffen.

Wer diese sieben Schritte konsequent verfolgt, hat am Ende in vereinfachter Form ein relationales Datenbankmodell erstellt, wie es in den meisten CRM-Systemen zum Einsatz kommt. Entscheidend für künftige Erweiterungen ist dabei, dass es hinsichtlich der Anzahl der einzelnen Elemente (zum Beispiel Ansprechpartner) auf keiner Ebene Einschränkungen geben darf.

Stellen Sie sich vor, Sie würden mehrere Ansprechpartner auf das Kundenstammblatt eintragen, statt für jeden von ihnen eine eigene Karte vorzusehen. Dabei müssten Sie sich überlegen, wie viele Zeilen Sie für

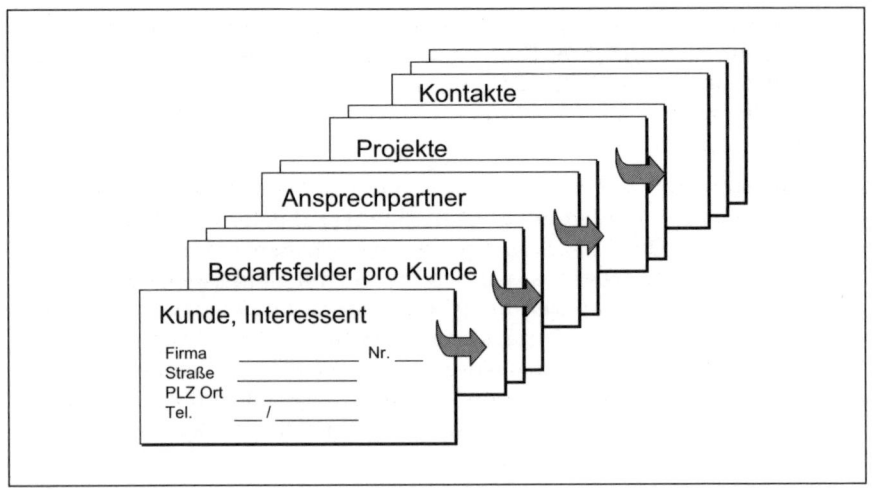

Abbildung 47: Struktur der CRM-Datenbank

Ansprechpartner vorsehen sollen. Um hier ganz flexibel zu sein, haben Sie für jeden Ansprechpartner eine eigene Karte angelegt. Erscheint ein neuer Ansprechpartner, füllen Sie einfach eine neue Karte aus und ordnen sie hinter dem Kundenstammblatt ein.

Genau das ist das Prinzip der relationalen Datenbanksysteme. Jede Kartenart entspricht dort einer Tabelle. Dementsprechend gibt es eine Tabelle für Kundenstammdaten, eine für Ansprechpartner, eine für Kontakte usw. Die Beziehungen der Tabellen untereinander, also die so genannten „Relationen", werden über Verknüpfungen geregelt. Eine solche Verknüpfung ist zum Beispiel die gemeinsame Kundennummer. Auf diese Art und Weise lassen sich genau wie im Kartenmodell auch in der Datenbank immer beliebig viele Elemente (zum Beispiel Ansprechpartner) einer Tabelle einem Element (zum Beispiel Kunde) einer anderen Tabelle zuordnen. Da diese Zuordnungsmöglichkeiten zumindest theoretisch unbegrenzt sind, nennt man sie in der Fachsprache auch 1:n-Beziehungen, wobei „n" einen beliebigen variablen Wert darstellt. Achten Sie deshalb bei der Auswahl Ihres CRM-Systems darauf, dass keine zahlenmäßigen Beschränkungen bei derartigen Elementen wie Geschäftssparten, Ansprechpartner, Telefonnummern, Projekten, Kontakten pro Kunde bestehen, sondern wie bei den Karten immer 1:n-Beziehungen zwischen den einzelnen Tabellenelementen möglich sind.

Daneben könnte es natürlich noch weitere Karten für weitere Daten geben, wie zum Beispiel die verschiedenen Anschriften von Niederlassungen, Kundenkonditionen, die Gesellschafterstruktur eines Kunden – ein schier unermessliches Feld an Kundeninformationen! Jede der von Ihnen angelegten „Karten" übernimmt nun spezielle Aufgaben:

- Die *Kunden- und Interessentenstammdaten* dienen dazu, grundlegende Firmendaten zum Aufbau der Geschäftsbeziehung zusammenzustellen.

- Die Daten zu den Geschäftssparten pro Kunde dienen dazu, in der Qualifikationsphase die entsprechenden Basisinformationen über Potenzial, Bedarf und Bedarfszeitpunkt sowie die Plan- und Istwerte für Soll-Ist-Vergleiche und Wettbewerbsinformationen festzuhalten.

- Die *Ansprechpartner-Karte* mit Namen, Titel, Funktion im Unternehmen und Telefondurchwahl dient zur Besuchsplanung und telefonischen Kontaktaufnahme.

- Im *Projektstammblatt* werden neben den Eckdaten des Projekts die Angebote und Aufträge zu diesem Projekt festgehalten.

- Die *Kontaktkarte* schließlich beinhaltet die gesamte Kontakthistorie und alle in der Zukunft liegenden Termine, die gleichzeitig in der manuellen Version auch noch im Terminkalender festgehalten werden müssen. In einem CRM-System erfolgt die Darstellung als Terminplaner oder Kalender auf der Basis dieser Kontaktkarten.

Die Grundfunktionen des CRM-Systems

Grundsätzlich haben CRM-Systeme die Aufgabe, alle Prozesse der Kundenbeziehungen in einem Unternehmen abzubilden und zu steuern. Dazu verfügen alle CRM-Systeme über bestimmte Basisfunktionen und je nach Branche und Aufgabenstellung über entsprechende Zusatzfunktionen. Die allgemein gültigen Basisfunktionen lassen sich mühelos auf fast jedes Vertriebsunternehmen projizieren.

In diesem Kapitel werden Ihnen in einem kurzen Überblick die für Sie wichtigsten Funktionen eines CRM-Systems vorgestellt – mit kurzem Hinweis auf Anwendungsoptionen und Varianten.

Aus Funktionssicht benötigen Ihre Vertriebsleitung, die Gebietsverkaufsleiter und der Außendienst (aber auch der Innendienst mit einem eigenen Verantwortungsbereich) Masken für die *Vertriebsplanung* auf den Ebenen Bedarfsfeld oder Sparte pro Kunde. Dazu sollte es eine *Verdichtungsmöglichkeit* nach regionalen und anderen Gesichtspunkten geben.

Tabelle 1: Funktionsübersicht: Kontaktmanagement – CAS – CRM		Kontakt-Manage-ment	CAS	CRM
Vertrieb	Jahresplanung/Forecast		X	X
	Kundendatenbank	X	X	X
	Key Account Management		X	X
	Channel Management			X
	Wettbewerbsbeobachtung			X
	Kontaktmanagement	X	X	X
	Angebotswesen		X	X
	Opportunity Management			X
	Order Management/Auftragserfassung		X	X
	Terminmanagement/Kalender	X	X	X
	Reporting	X	X	X
	Telesales/Call Center			X
	E-Sales			X
	Analysen/Auswertungen		X	X
	Mobiler Einsatz/Notebook	X	X	X
	Datenaustausch Zentrale	X	X	X
	Kommunikation E-Mail	X	X	X
Marketing	Jahresplanung/Forecast			X
	Direktmarketing	X	X	X
	Database Marketing	X	X	X
	Marktsegmentierung			X
	Telemarketing/Call Center		X	X
	Kampagnen-Management			X
	Marketing Enzyklopädie			X
	Controlling		X	X
	E-Marketing			X
Service	Jahresplanung/Forecast			X
	Teleservice/Call Center			X
	Help Desk			X
	Beschwerdemanagement			X
	Qualitätsmanagement			X
	Techn. Kundendienst			X
	E-Service			X
Schnitt-stellen	Produktkonfiguration		X	X
	MS Office Software (Word, Excel)	X	X	X
	Lotus Notes	X	X	X
	ERP-System (SAP, Baan, Oracle, ...)		X	X
	Data Warehouse			X
	OLAP-Tool		X	X
	Workflow-System			X
	Dokumentenmanagement			X
	Geograph. Informationssysteme (GIS)		X	X
Sonstige Merkmale	Internet-Anbindung			X
	E-Commerce			X

CRM – Aufbau und Funktionen

Für Ihr Vertriebscontrolling ist außerdem der *Soll-Ist-Vergleich* auf allen Hierarchieebenen notwendig. Dabei werden die Planumsätze und andere Planwerte den Istwerten gegenübergestellt und die Differenzen ausgewiesen.

Für das Management sind vor allem *Marktanalysen* von Kunden und Interessenten von Bedeutung, wobei einschränkend darauf hingewiesen wird, dass im Rahmen des CRM-Systems sicherlich nicht alle Möglichkeiten der Marktforschung abgebildet werden können.

Der Aufbau und die Pflege einer *Wettbewerberdatenbank* liegen im Verantwortungsbereich des Marketing. Diese Datenbank erhält ständig Input durch den Außendienst, den Innendienst aus dem Tagesgeschäft sowie durch die Auswertung von zusätzlichen Informationsquellen.

Im Verantwortungsbereich Ihres Verkaufsinnendiensts werden vorrangig Funktionen für den *Datenimport* von neuen Adressen und eventuell ein Dublettenabgleich zur Bereinigung doppelter Adressen benötigt. Außerdem braucht Ihr Innendienst für das Telemarketing zur *Bedarfsqualifizierung* entsprechende Masken, die die telefonisch abgefragten Bedarfsdaten des Potenzials und der Wettbewerber erfassen. *Selektionsmöglichkeiten* über die gesamte Datenbank sollen dabei eine beliebige Zusammenstellung von Adressen für Serienbriefe und Mailings im Rahmen des Direktmarketing und des Database Marketing unterstützen.

Die Funktion der Serienbrieferstellung mit automatischer Übernahme der selektierten Adressen in die Textverarbeitung gehört zum Standard-Repertoire jedes CRM-Systems.

Ein entscheidendes Detail: Sowohl Ihr Außendienst als auch der verkaufsaktive Innendienst benötigen den Zugriff auf die Wettbewerberdatenbank und die Selektionsmöglichkeiten über die gesamte Datenbank. Dieser freie Zugriff ist notwendig, um einerseits Marketingmaßnahmen, aber auch Telefonaktionen oder die Besuchsplanung im Außendienst flexibel nach den Bedürfnissen der Anwender durchführen zu können.

Dazu gehören für die operativen Ebenen Masken zur *Erfassung und Bearbeitung von Anfragen,* sowie zur Erfassung der *Besuchsberichte* und *Kontaktergebnisse* im Innendienst und deren Auswertung. Denn auch der Innendienst und alle anderen Anwender müssen jeden Kundenkontakt wie der Außendienst erfassen.

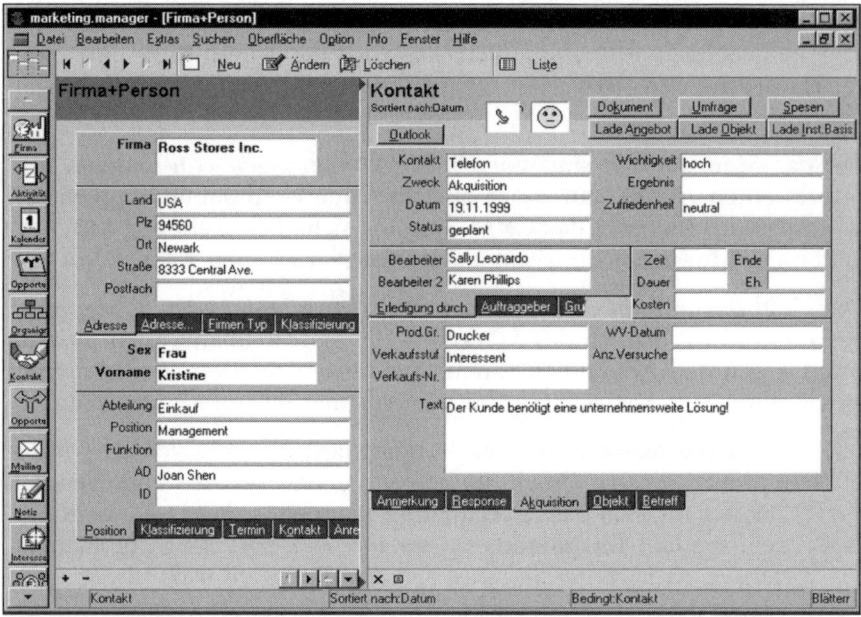

Abbildung 48: Maske Kontaktbericht   Quelle: Update.com

Wichtig dabei ist, dass zur besseren Auswertbarkeit die wesentlichen Inhalte nicht mehr über die Tastatur eingegeben werden, sondern aus Pull-down-Menüs beziehungsweise *Auswahltabellen* angeklickt werden. In der Auswahltabelle für die Kontaktart finden sich vordefinierte Werte, wie Besuch, Brief, Fax, Telefonat. Auch die Kontaktergebnisse können über diese Listen ausgewählt werden. Hier müssen die am meisten verwendeten Begriffe standardisiert eingetragen werden, wie beispielsweise Informationsmaterial zusenden, Angebot erstellen, Angebotspräsentation. Daneben haben die Besuchsberichte in der Regel ausreichend Platz zur Erfassung von Prosatexten.

Besonders praktisch ist es hier, wenn eine *CTI-Schnittstelle* den Innendienst dadurch unterstützt, dass eingehende Telefonate, sofern es sich um einen ISDN-Telefonanschluss handelt, automatisch aus der Kundendatenbank identifiziert werden können. Damit steht dem Innendienst die Kundenstammmaske in dem Moment zur Verfügung, in dem er zum Telefonhörer greift, um den Kunden zu begrüßen.

Gleichzeitig wird vom System automatisch ein Kundenkontakt angelegt und der Innendienst braucht nur noch das Ergebnis des Kundenkontaktes zu erfassen.

Auch zur Erfassung von *Beschwerden und Reklamationen* benötigen Außen- und Innendienst eine separate Maske, in der die Gründe für die Beschwerde und Reklamation, die weitere Bearbeitung und der jeweilige Status ersichtlich sind. Die Reklamationserfassung und Auswertung läuft über eine Funktion, die entweder eine Besonderheit der Kundenkontakte darstellt oder aber einen separaten Zugang hat, wenn zum Beispiel bestimmte zusätzliche Dateneingaben wie Reklamationsgründe, Warenrücksendungen mit nachfolgender Gutschriftabwicklung und weiterer Bearbeitung durch Stellungnahmen des Kundendiensts und Servicebereichs hinzukommen. Wichtig dabei ist, dass die Reklamations- und Beschwerdegründe schematisch erfasst werden können. Dazu verwendet man *vordefinierte Auswahltabellen,* aus denen das jeweilige Merkmal durch einen Mausklick ausgesucht wird. Da sich an die Erfassung einer Beschwerde oder Reklamation oft mehr oder weniger aufwendige Nachbearbeitungen anschließen, kann es sich bei dieser Art von Vorgängen um ein spezielles Zusatzmodul *„Beschwerdemanagement"* handeln, das über die speziellen Funktionen und natürlich auch die Schnittstellen zum CRM-System verfügt.

Für alle Anwender ist es wichtig, dass das CRM-System in der Lage ist, einen *Datenaustausch* zwischen dem zentralen Netzwerk und einer oder mehreren Niederlassungen, Filialen und Außendienstbüros vorzunehmen – je nach den branchen- oder firmenspezifischen Gegebenheiten mit technisch unterschiedlichen Verfahren. Im Normalfall genügt es, den Datenaustausch einmal täglich durchzuführen. Er kann automatisch von der Zentrale aus initiiert werden, indem *über einen Server* mit angeschlossenen Schnittstellen zum öffentlichen Telefonnetz alle Außenstellen angewählt und die im Lauf des Tages angefallenen Datenveränderungen ausgetauscht und verarbeitet werden. In der Regel werden dabei zunächst die Veränderungen von draußen in die Zentrale abgeholt und verarbeitet, bevor die Veränderungen der Zentrale – also alle Kundenkontakte, die im Lauf eines Tages im Innendienst angefallen sind – an die zuständigen Außendienstmitarbeiter wieder versendet werden. Im Anschluss reorganisiert sich die Datenbank auf den Notebooks der Außendienstmitarbeiter automatisch neu.

Um die Telefonkosten so niedrig wie möglich zu halten, aber auch wegen der besseren Verfügbarkeit des Telefonnetzes, wird dieses Verfahren üblicherweise in den Nachtstunden durchgeführt. Über die Leitungen werden bei ausgefeilten *Datenreplikationsverfahren* nur die zu verändernden Datenfelder übertragen. Am Tagesanfang liegt bei allen Anwendern der gleiche Aktualisierungsgrad vor, bevor die Tagesarbeit begonnen wird.

Ein anderes Verfahren, vor allem angewendet in Außendienstorganisationen, bei denen der Außendienst in unterschiedlichen Hotels übernachtet, erlaubt dem Außendienst auch tagsüber und zu jedem anderen beliebigen Zeitpunkt, den Datenaustausch von seinem Rechner aus mit der Zentrale anzustoßen und so die Aktualisierung der Datenbestände sowohl beim Außendienst als auch bei den Niederlassungen und in der Zentrale herzustellen.

Zu typischen Aufgaben und Funktionen des Außendiensts gehört außerdem die *Besuchs- und Kontaktplanung*. Dabei kann der Außendienstmitarbeiter entweder tageweise oder einmal pro Woche für einen beliebigen in der Zukunft liegenden Zeitraum seine Kundenkontakte in der Form planen, dass er anstehende Wiedervorlagen nach Datum selektiert. Bei regelmäßig gleich bleibenden Touren wählt er nach den vergebenen Tourennummern die Kunden aus, um seine nächste Tour am Bildschirm seines Notebooks zusammenzustellen.

Die gleiche Funktion benötigt auch der verkaufsaktive Innendienst, wobei hier eben keine persönlichen Kundenbesuche, sondern meist telefonische Kontakte geplant sind. Verfügt das Unternehmen über eine ISDN-Telefonanlage und eine CTI-Schnittstelle, kann die zuvor selektierte Liste der anstehenden Kundenkontakte dem Telefonwahlmodul übergeben werden, das nun selbständig eine Telefonnummer nach der anderen wählt und die Verbindung herstellt. Dabei wird jeweils automatisch auch die dazugehörende Kundenstammmaske aufgerufen, sodass der Innendienst nicht mehr selbst die Telefonnummern eintippen und den entsprechenden Kundenstammsatz auf seiner Kundendatenbank aufrufen muss.

Zum Standardumfang eines jeden professionellen CRM-Systems gehört eine *Terminverwaltung,* die es erlaubt, bei der Erfassung der Kundenkontakte, der Wiedervorlagetermine, auch Terminübersichten in Kalenderformaten darzustellen.

Es ist dabei grundsätzlich möglich – wie auch bei den Standardprodukten „Outlook" oder „Organizer" von Microsoft oder Lotus – zwischen Monats-, Wochen- und Tagesansichten zu wählen. Die in den Kundenkontakten erfassten Termine erscheinen dann oftmals auch mit farbigen Markierungen in der Kalenderübersicht, sodass jederzeit ein Überblick

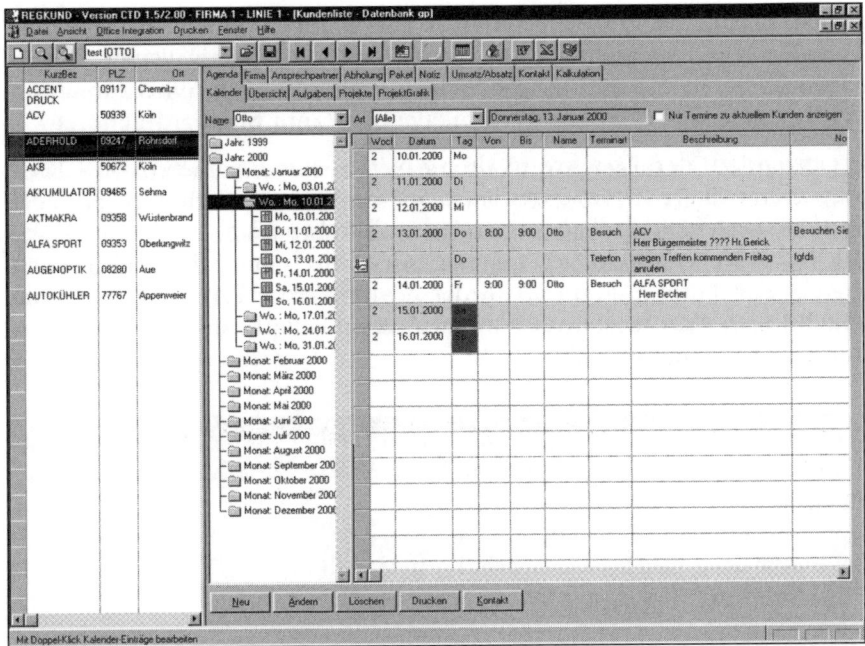

Abbildung 49: Maske Terminverwaltung   Quelle: Regware

über belegte und freie Zeiten vorliegt. Eine Verschiebung der Termine während eines Kundentelefonats im Terminkalender hat natürlich auch zur Folge, dass in den Kundenkontakten die Termine synchron geändert werden, da in beiden Fällen auf die gleiche Datenbasis zugegriffen wird – jeweils nur mit einer unterschiedlich gestalteten Oberfläche.

Anders verhält es sich bei externen Terminkalendern, wie den bereits erwähnten Systemen von Microsoft oder Lotus, die über eine eigene Datenverwaltung verfügen. Da diese Systeme in sehr vielen Unternehmen zunehmend unabhängig von einem CRM-System zum Einsatz kommen, wird natürlich erwartet und gefordert, dass anstelle des im CRM-System integrierten Terminkalenders der unternehmensweit eingeführte Terminkalender von Microsoft oder Lotus eingebunden wird. Die Synchronisation der Termine mit diesen externen Terminkalendern muss jeweils separat angestoßen werden.

Kein Problem bereitet den Softwareanbietern die Übertragung der Termine vom CRM-System in die externen Terminkalender. In umgekehrter Richtung allerdings, von Microsoft Outlook oder Lotus Organizer in Richtung CRM-System, gibt es noch Schwierigkeiten mit den Schnittstellen. Deshalb sind bislang noch relativ wenige Anbieter in der Lage, Termine vom externen Terminkalender mit dem CRM-System zu synchronisieren. In Zukunft wird jedoch eine bidirektionale Synchronisation der Termine mit externen Terminkalendern zum Standard gehören.

Ergänzend zu der Terminverwaltung bieten einige Anbieter von CRM-Systemen weitere *Zusatzfunktionen*, wie eine automatische Anzeige aller an dem betreffenden Tag anstehenden *Wiedervorlagetermine* im Zuge des Anmeldeverfahrens am Tagesanfang. Durch einen Mausklick kann man in der Terminübersicht auf der gewünschten Terminzeile den dazugehörigen Kundenstammsatz aufrufen und die Bearbeitung der Terminwiedervorlage vornehmen.

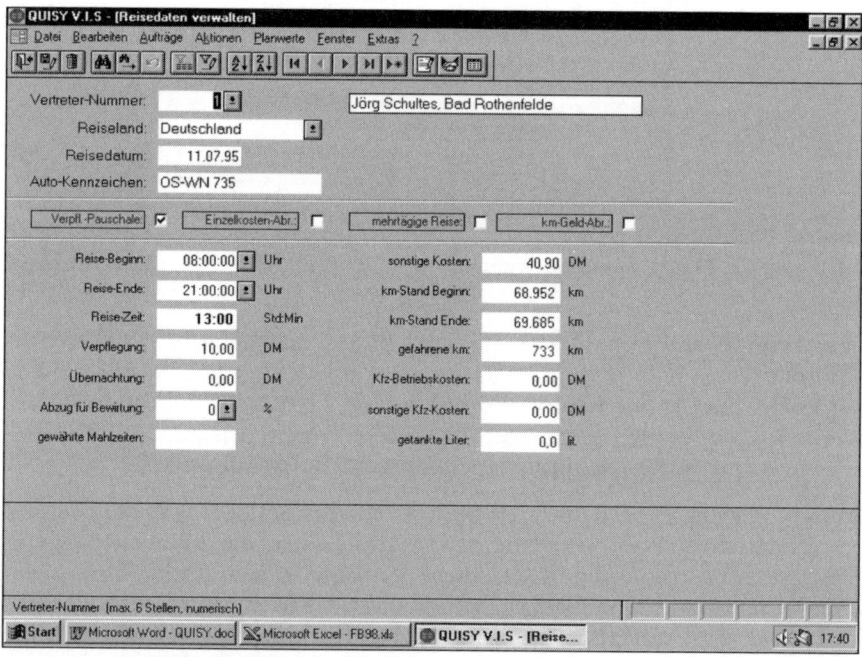

Abbildung 50: Maske Reisedaten   Quelle: Softwarebüro Schultes

Für den Außendienst kann es außerdem eine erhebliche Zeitersparnis bedeuten, wenn das CRM-System über ein *Reisekostenabrechnungsmodul* verfügt. Dieses kann die erforderlichen Rahmendaten aus den Besuchsberichten entnehmen, wie Tagesdatum, Ort und Entfernung des Kunden sowie Uhrzeit und Dauer des Kundenbesuchs. Zusätzlich sind Eingabemöglichkeiten für Ausgaben wie Bewirtung oder Tankbelege möglich. Aber Achtung: Viele Betriebsräte lehnen die automatische Registrierung der Uhrzeiten der Kundenbesuche aus Gründen der Überwachbarkeit und Kontrolle der Außendienstmitarbeiter ab. In diesen Fällen muss der Außendienstmitarbeiter die für die Ermittlung seiner Tagessätze erforderlichen Uhrzeiten manuell erfassen. Alternativ zur integrierten Reisekostensoftware bietet sich der Einsatz externer Standardsoftware an, die über Schnittstellen die Daten vom CRM-System erhält.

Zu weiteren allgemeinen Funktionen in einem CRM-System gehören die Verwaltung der Kunden und Interessenten sowie anderer Geschäftspartner, wie Entscheider und Wettbewerber. Darunter sind vor allem die *Neuanlage, Veränderung und Löschung von Kundenstammdaten* der Ansprechpartner und anderer Kundendaten zu verstehen.

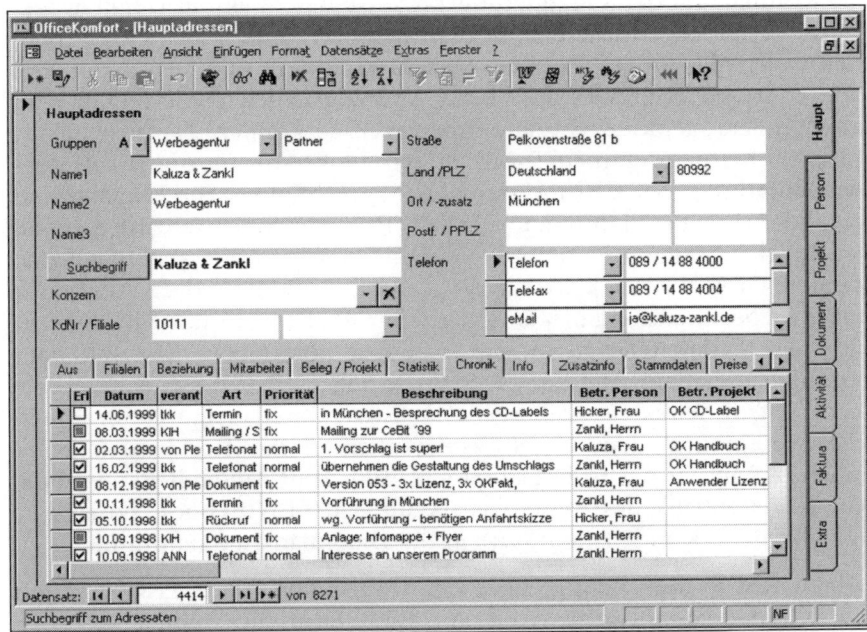

Abbildung 51: Maske Kundenstamm   Quelle: OfficeKomfort

Bei der Vergabe der Berechtigungen für einzelne Anwendergruppen ist darauf zu achten, dass nur befugte Personen Veränderungen an den Daten vornehmen können. Kritisch dabei sind insbesondere jene Daten, die originär im ERP-System geführt werden. Dies sind die Kundenstammdaten im engeren Sinne, wie Kundennummer, der Firmenname und Firmenanschrift, Telefonnummern, aber auch ergänzende Daten aus dem Buchhaltungsbereich, wie Kreditlimite und Bonitätskennzeichen. Da diese Daten in der Regel im ERP-System von einem anderen Personenkreis gepflegt und in regelmäßigen Abständen an die Kundendatenbank des CRM-Systems übertragen werden, dürfen durch die Anwender des CRM-Systems keine Veränderungen vorgenommen werden. Meist werden Teile der Kundenstammdaten im ERP-System verwaltet, während vor allem vertriebsspezifische Daten ausschließlich im CRM-System geführt und dort gepflegt werden. Dazu gehören die Ansprechpartnerdaten und viele Zusatzangaben, wie der Branchenschlüssel, ABC-Klassifikation, Geburtsdatum des Ansprechpartners beim Kunden, seine Hobbys usw.

Die Komplexität der Veränderungsprozesse macht ein im Detail festgelegtes Verfahren erforderlich, in dem definiert wird, wer im Unternehmen welche Daten auf welchem System verändern und bearbeiten darf. Nur so ist sichergestellt, dass keine unerwünschten Änderungen vom falschen Personenkreis vorgenommen werden können. Darüber hinaus muss ein Konzept erarbeitet werden, welche Personengruppen aus dem Anwenderkreis des CRM-Systems die Berechtigung zur Eingabe und Veränderung von Stammdaten haben. Der Außendienst wird dabei in der Regel auf seinem Notebook Neukunden oder Interessenten anlegen können. Diese werden jedoch in der Zentrale vom Innendienst überprüft und gegebenenfalls ergänzt und dann automatisch an das ERP-System über die Schnittstelle zu diesen Systemen übertragen. Erst mit dem ordnungsgemäßen Änderungsverfahren im ERP-System werden die Änderungen wirksam und beim nächsten Datenaustausch zwischen ERP-System und dem CRM-System auch in der Kundendatenbank angelegt. Mit der nächsten Datenreplikation zum Außendienst wird die Kundendatenbank des Außendiensts auf seinem Notebook aktualisiert und der neue Kundenstammsatz in die Datenbank aufgenommen.

Jedes CRM-System verfügt über die Möglichkeit, alle erfassten Daten der Kundendatenbank sowohl am Bildschirm anzuzeigen als auch ausdrucken zu können. Solche *Auskunftsfunktionen* betreffen neben den Kundenübersichten vor allem die Kundenhistorie aller vergangenen oder künftigen Kundenkontakte, die Historie vorhandener Angebote und Aufträge mit entsprechenden Statusinformationen, Auskünfte über Liefertermine zu gespeicherten Aufträgen sowie Informationen über Lagerbestände. Die Daten aus der Auftragsabwicklung wie Liefertermine und

Bestands- und Verfügbarkeitsinformationen zu Lagerbeständen kommen in regelmäßigen Abständen vom ERP-System und dienen Außendienst und Innendienst dazu, bei Kundenanfragen oder bei Kundenbesuchen stets auskunftsfähig zu sein.

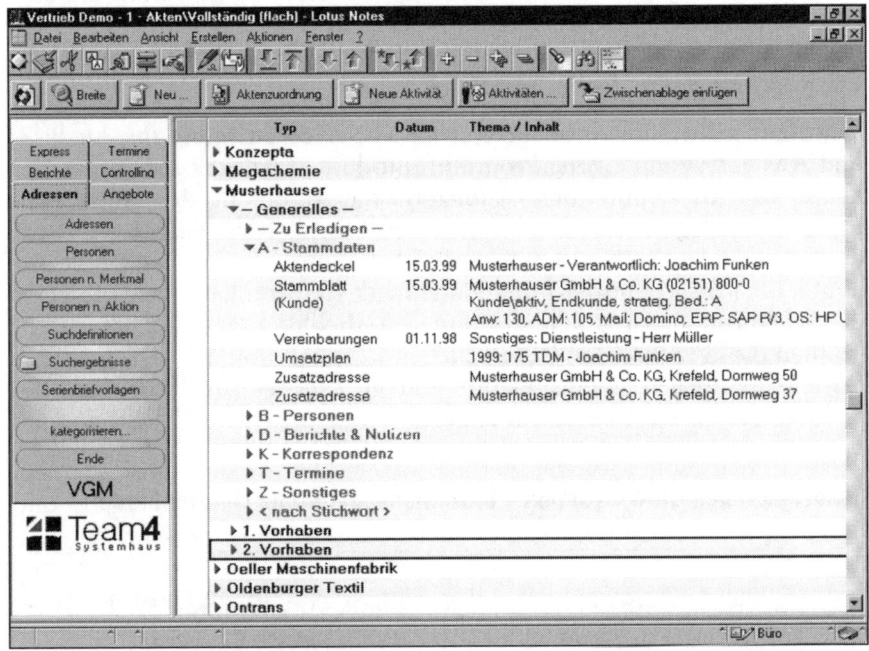

Abbildung 52: Maske Auskunftsfunktion   Quelle: Team4

Ebenfalls zum Standard eines jeden CRM-Systems gehören *Schnittstellen zum ERP-System* für die Auftragsabwicklung und Aktualisierung der Produkt- und Buchhaltungsdaten. Da ERP-Systeme wie SAP, Baan und die CRM-Systeme über unterschiedliche Datenformate und Datenstrukturen verfügen, müssen die Schnittstellen zwischen den unterschiedlichen Systemwelten sehr sorgfältig vorbereitet und in den meisten Fällen individuell angepasst werden. Nur so ist wirklich garantiert, dass die Datensynchronisation zwischen der Auftragsabwicklung und dem Vertriebsinformationssystem reibungs- und fehlerlos funktioniert. Einzelne Anbieter verfügen über besondere Erfahrungen mit bestimmten ERP-Systemanbietern wie SAP. Damit können zum Teil in erheblichem Maße Zeit und Kosten der Schnittstellenanpassung reduziert und auch ein höherer Integrationsgrad zwischen den beiden Systemwelten hergestellt werden. Während der einfache Datenaustausch über das ASCII-Format für jeden Anbieter zum Standard gehört, stellt die Integration wesentlich höhere Anforderungen und ist entsprechend selten anzutreffen.

Neben dem Datenaustausch gehört auch der Austausch von elektronischen Nachrichten über ein *E-Mail-System* heute zum Funktionsstandard eines jeden CRM-Systems – ebenso wie die Einbindung der üblichen Microsoft-Office-Produkte wie Word, Excel und das erwähnte Outlook mit der Kalenderfunktion.

Während früher die Anbieter von CRM-Systemen selbst für Analysen und Auswertungen eigene Programmmodule entwickelt haben, werden heute von den führenden Anbietern hierzu die in der Regel weit professionelleren externen so genannten *OLAP-Tools* eingesetzt, die es dem Anwender nach entsprechender Schulung erlauben, beliebige Abfragen über die gesamte Kundendatenbank zu formulieren, entsprechende Selektionen vorzunehmen und Filterbedingungen zu setzen. So können die gewünschten Daten auch in Kombination aus verschiedenen Datenbanktabellen herausgefiltert und in Tabellenform sowie als Geschäftsgrafiken am Bildschirm angezeigt und auch ausgedruckt werden.

Funktionen des CRM-Systems – branchenspezifische Unterschiede

◆ **Konsumgüter**
(Business to Business)
 ❖ Hardware: Pen-Computer
 ❖ Kampagnen Management
 ❖ Kunden-Artikel-
  Konditionen
 ❖ Auftragshistorie
 ❖ Auftragserfassung
 ❖ Preiserhebungen
 ❖ Listungen
 ❖ Key Account Management
 ❖ EDI
 ❖ Internet
 ❖ Multimedia

◆ **Investitionsgüter**
(Business to Business)
 ❖ Hardware: Notebook
 ❖ Kundenkonditionen
 ❖ Produktkonfiguration
 ❖ Angebotswesen
 ❖ Opportunity Management
 ❖ Projektverfolgung
 ❖ Auftragserfassung
 ❖ Service / Kundendienst
 ❖ Internet
 ❖ Multimedia

Abbildung 53: Branchenspezifische Schwerpunkte

CRM – Aufbau und Funktionen

Zusätzlich zu den Standardfunktionen verfügen einzelne Anbieter über eine Branchenspezialisierung und bieten dementsprechend einzelne Zusatzmodule an. Anbieter mit einem branchenübergreifenden Angebot haben rund um die Grundfunktionen des CRM-Systems üblicherweise die branchenspezifischen Spezialmodule angeordnet. Somit lassen sich im Baukastenprinzip einzelne Module beliebig miteinander kombinieren, und die Software kann so wahlweise mit verschiedenen Branchenmodulen ergänzt werden.

Für die Konsumgüterbranchen ist die Funktion der *Auftragserfassung* besonders wichtig. Üblicherweise wird dabei auf Kundenkonditionen, den Artikelstamm und Artikelkonditionen zugegriffen. Typisch hier ist auch die Anzeige der *Auftragshistorie* sowie die Generierung von Auftragsvorschlägen aus den Kaufgewohnheiten des Kunden in der Vergangenheit. Daneben führt der Außendienst während seines Besuchs auch Preiserhebungen durch und immer häufiger wird der Verkauf vor Ort durch *Multimedia-Präsentation* neuer Produkte unterstützt. Für die Zentrale sind die Funktionen für das *Key Account Management* besonders wichtig. Dazu gehören die *Jahresvereinbarungen*, die Listungen und die *Überwachung* des Abverkaufs beziehungsweise Umsatzes in den einzelnen Standorten des Handels.

Mit zunehmender Integration des Internet und der Zugangsmöglichkeit der Kunden, selbst Aufträge oder Bestellungen von ihrem PC aus an die Lieferanten zu übertragen, verliert die Auftragserfassung vor allem für den Außendienst an Bedeutung. Im Konsumgüterbereich gewinnt außerdem zunehmend die *elektronische Auftragsübermittlung* über das so genannte *EDI-Verfahren* an Bedeutung: Über genormte Datensatzformate innerhalb einzelner Branchen wird dabei der Auftrag elektronisch vom Kunden an den Lieferanten übertragen. Der Lieferant muss hierzu über eine der EDI-Branchennorm entsprechende Schnittstelle verfügen, um die Datensätze ordnungsgemäß empfangen und weiterverarbeiten zu können. Die im EDI-Verfahren generierten Aufträge basieren meist auf den Bestellsystemen der Warenwirtschaft des Kunden. In den Fällen also, in denen der Kunde – sei es über EDI oder den Internetzugang – die Aufträge direkt an den Lieferanten überträgt, entfallen die Funktionen der Auftragserfassung für den Außendienst. Für den Innendienst können sie meist schon deshalb entfallen, weil dort auch der Zugang zu der Auftragsabwicklung des ERP-Systems online vorhanden ist.

Mit der Veränderung der Aufgaben des Außendiensts weg von der reinen Auftragserfassung hin zu einer beratenden Tätigkeit benötigt der Außendienst auf seinem Notebook auch die Möglichkeit, betriebswirtschaftliche Zahlen in grafischer Form darstellen zu können.

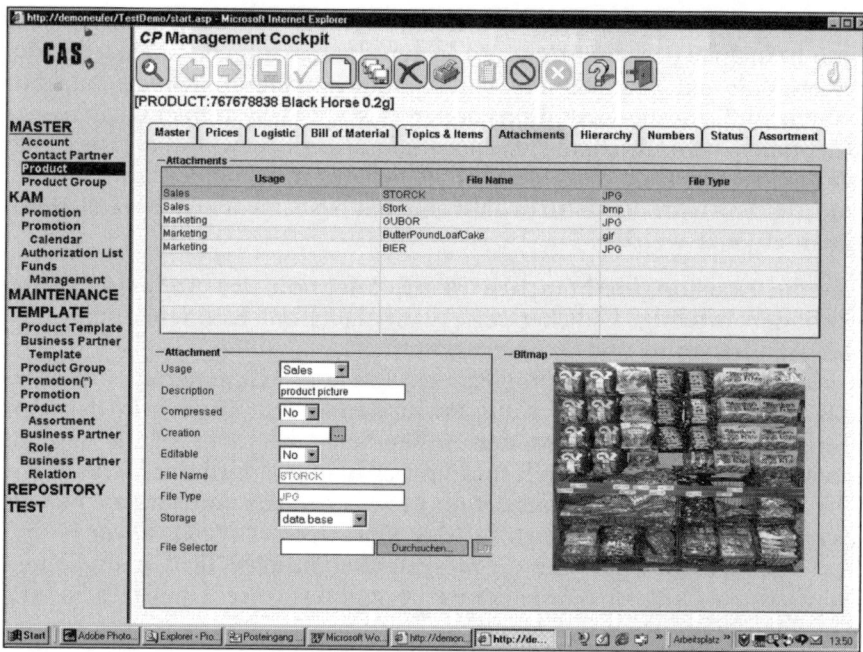

Abbildung 54: Maske Artikelstamm

Quelle: CAS

Da bei den üblicherweise beratungsintensiven Investitionsgütern und Dienstleistungen fast immer Angebote zu erstellen sind, besteht die Auftragserfassung im Investitionsgütersektor oft in einem Kopiervorgang gespeicherter Angebote. Dabei wird oft nur der Status verändert und der Auftrag an das ERP-System weitergeleitet. Selbstverständlich können dabei noch auftragsspezifische Daten ergänzt werden.

Angebotswesen

Bei der Erstellung von Angeboten ist in der Regel auch der Zugriff auf Kundenkonditionen und den Artikelstamm sowie Preislisten gefordert. Anschließend wird das erstellte Angebot über die Exportfunktion an ein Textverarbeitungssystem zum Ausdruck nach vordefinierten Formatvorlagen übertragen.

Ergebnis der Angebotserstellung ist in der Regel ein von der Textverarbeitung erstelltes Word-Dokument, welches Angebotskopf und die einzelnen Angebotspositionen in standardisierter Form ausdruckt.

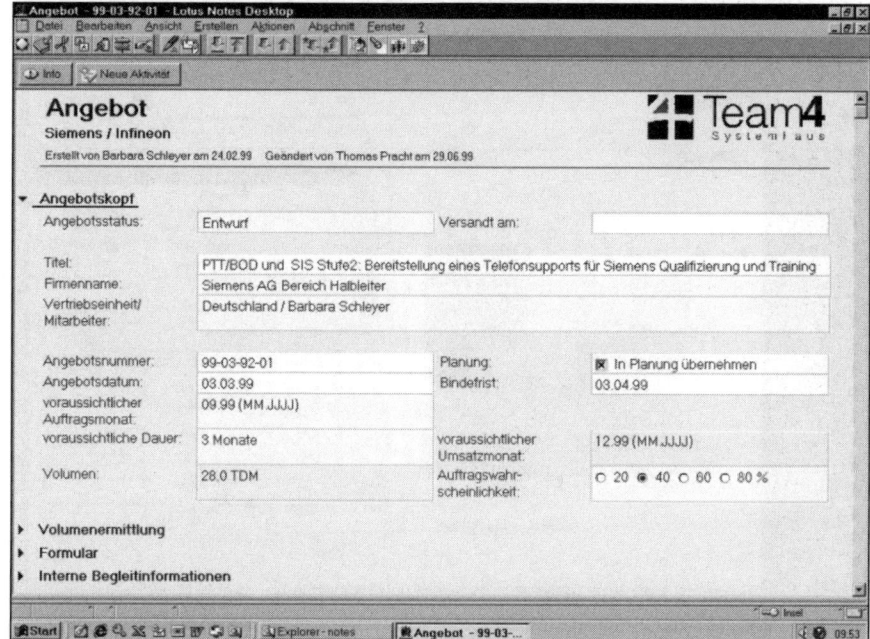

Abbildung 55: Maske Angebot   Quelle: Team4

In vielen Fällen ist es üblich, dass der Außendienst das ausgearbeitete Angebot einem Entscheidungsgremium präsentiert. Dies kann mit Multimedia- und moderner Präsentationstechnik durch grafisch aufbereitete Illustrationen, einem elektronischen Produktkatalog, wirkungsvoll unterstützt werden. Dabei handelt es sich meist um ein *Zusatzmodul*, da die *Multimedia-Technologie* in den meisten Fällen den Funktionsumfang eines CRM-Systems übersteigt und entsprechendes Know-how erfordert. Solche Zusatzmodule können professionell in ein CRM-System derart integriert werden, dass ein optimaler Bedienungskomfort geboten wird.

Projektverfolgung/Objektverwaltung

Im Investitionsgütergeschäft, der Baubranche oder anderen beratungsintensiven Produkten unterstützen die Projektverfolgung und die Objektverwaltung den Vertrieb mit Projektcharakter in der Überwachung anstehender Entscheidungsprozesse zur Auftragsgewinnung.

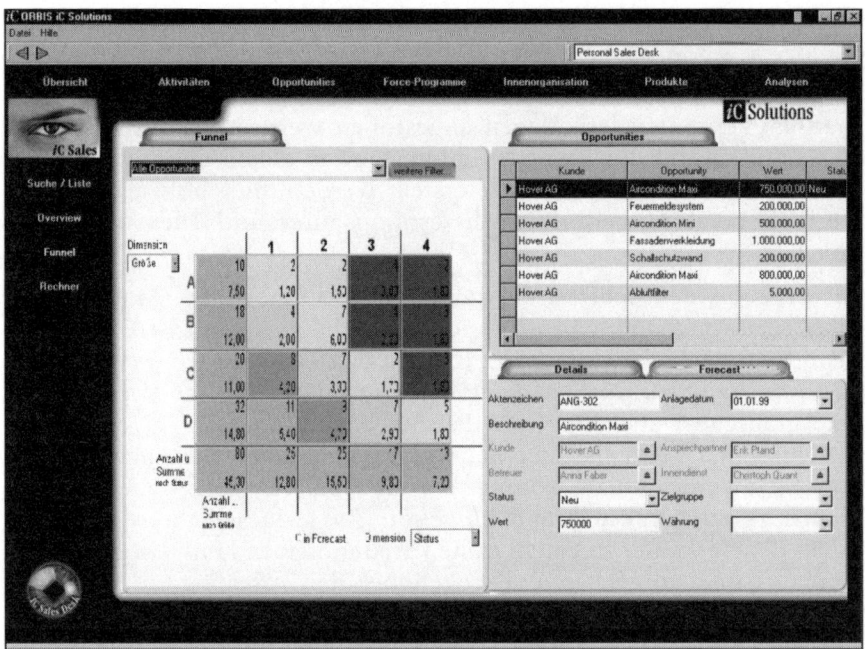

Abbildung 56: Maske Angebotsverfolgung   Quelle: Orbis

Unter der *Verwaltung von Projekten und Objekten* wird im Allgemeinen die Anlage neuer Bedarfsfälle und die Bewertung in Bezug auf die Auftragswahrscheinlichkeit und den zu erwartenden Abschlusstermin verstanden. Außerdem ist es wichtig, hier die unterschiedlichen Entscheider in dem Verkaufsabschlussprozess und den Projektstatus festzuhalten. Oft ist vor allem in der Baubranche bei Ausschreibungen der endgültige Kunde noch nicht bekannt, wenn Ausschreibungsdaten über I-Bau- oder Bau-Data-Schnittstellen direkt importiert werden; manchmal ist nur eine Behörde, ein Bauträger oder Architekt genannt. Auch diese Personenkreise müssen im Kundenstamm angelegt und verwaltet werden, mit ihren Beziehungen zu den verschiedenen Projekten und Objekten. Eine Analyse des Beziehungsgeflechts der Entscheider muss Aussagen darüber erlauben, bei welchen Architekten welche Objekte gerade laufen oder mit welchen Ingenieurbüros man in der Vergangenheit besonders häufig Auftragsabschlüsse getätigt hat.

Zu den typischen Funktionen im Investitionsgütervertrieb gehören auch das *Opportunity Management* sowie die *Angebotsverfolgung*.

130   CRM – Aufbau und Funktionen

Das *Opportunity Management* dient einmal dazu, die einzelnen Angebote und Angebotsstati zu analysieren und auszuwerten. Andererseits ist es die Basis zur systematischen *Angebotsverfolgung*, über die automatisch Terminwiedervorlagen angestoßen werden. Diese Funktionen sind natürlich nur für Branchen interessant, in denen üblicherweise vor der Auftragserteilung Angebote erstellt werden müssen, wie dies beim Vertrieb beratungsbedürftiger Investitionsgüter und Dienstleistungen üblich ist.

Als Ergebnis der Analysen im Rahmen des Opportunity Management erhält der Anwender eine Übersicht über die in seinem Bereich vorliegenden *Chancen*, bewertet in EUR nach *Abschlusswahrscheinlichkeit* und *Abschlussterminen*. Neben der tabellarischen erfolgt dabei meist auch eine grafische Darstellung, für die das Trichtermodell (vgl. S. 75) mit den einzelnen Verkaufsstufen herangezogen wird. Da die Angebotsstufe auch Planwerte enthält, können die vorliegenden Angebotswerte den Plänen gegenübergestellt und *Abweichungen* festgestellt werden. Damit erhält der Verkäufer zu einem frühen Stadium einen Hinweis, in welcher Verkaufsstufe möglicherweise gegenüber den vereinbarten Planungen von den Erstkontakten bis zum Auftragsabschluss Abweichungen be-

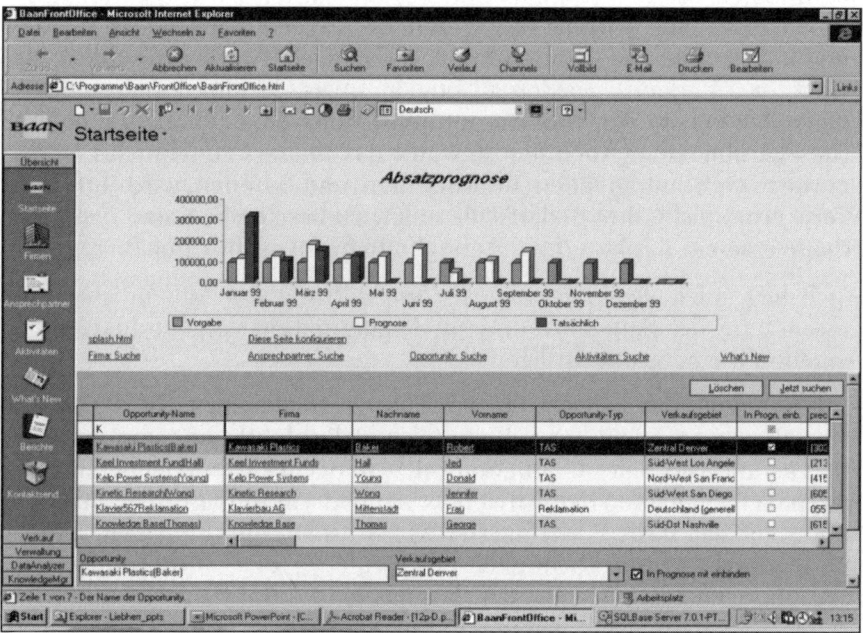

Abbildung 57: Maske Soll-Ist-Vergleiche   Quelle: Baan

Die Grundfunktionen des CRM-Systems   131

stehen, um frühzeitig Gegenmaßnahmen ergreifen zu können. *Zusammenfassungen* können übrigens auf jeder Verdichtungsebene vorgenommen werden: für den Außendienst einzelne Kunden und Summen; für den Gebietsverkaufsleiter einzelne Kunden und die Summe gesamter Außendienstbezirke und für den Vertriebsleiter Verkaufsregionen.

Eine weitere Auswertungs- und Analysemöglichkeit besteht in der *Hochrechnung* der von Jahresanfang bis zum Tagesdatum angelaufenen *Soll-Ist-Vergleiche* auf das Jahresende hin, welche Auskunft darüber gibt, wie das Ergebnis am Jahresende unter Beibehaltung der bisherigen Ergebnisse aussehen würde.

Daraus ergeben sich weitere Steuerungsmöglichkeiten, sowohl für den Außendienst als auch für die Gebietsverkaufsleiter und die Verkaufsleitung.

Zusatzmodule – Computergestützte Produktkonfiguration und Angebotserstellung

Die *Angebotserstellung* hat naturgemäß bei Projekten und Objekten immer einen sehr individuellen Charakter. Dabei wird oft auf aktuelle Stammdaten des PPS-Systems und der Stücklisten zurückgegriffen, damit einerseits nur plausible und fehlerfreie Angebote abgegeben werden und andererseits die Konstruktion nicht nach Auftragsabschluss die Fehler des Verkaufs wieder ausbügeln muss. Produktkonfiguratoren überprüfen bei der Angebotszusammenstellung die Baubarkeit und ähnliche Plausibilitäten. Auch hier gewinnt das *Internet* zunehmend an Bedeutung. Den anfragenden Interessenten und Kunden wird auf diese Weise ermöglicht, ihre Bedarfsfälle online zu beschreiben, und daraufhin erhalten sie ein direkt auf sie zugeschnittenes Angebot mit Preisen.

Auch hier spielt die *multimediale Unterstützung* des Außendiensts zur Präsentation der Angebote und zur Konfiguration von Produkten und Angeboten eine große Rolle.

Eine Sonderstellung innerhalb der Zusatzmodule eines CRM-Systems übernehmen so genannte Angebots- und Produktkonfigurationssysteme. Die auch als Sales Configuration Systems (SCS) bezeichneten Softwarepakete bewahren den Anwender am Bildschirm vor Fehleingaben, indem auf der Basis vordefinierter Regelsysteme die Eingaben ständig auf Plausibilität und Richtigkeit überprüft werden. Insbesondere bei Investitionsgütern mit einer sehr komplexen Produktstruktur und einer hohen Variantenvielfalt kann der Einsatz eines Produktkonfigurators sinnvoll sein.

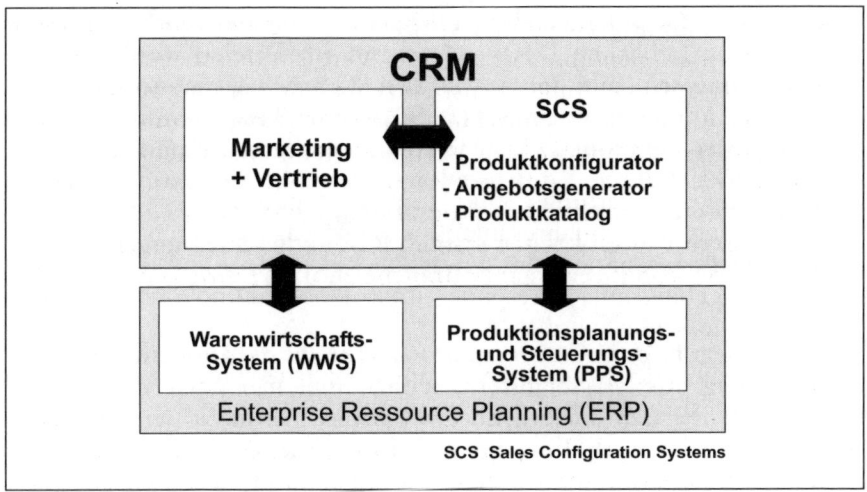

Abbildung 58: Produktkonfiguration und Angebotserstellung

Von der Zielsetzung her unterscheidet man zwischen zwei typischen Anwendungen:

1. Die Zielgruppe der Vertriebsingenieure legt vor allem Wert auf die Schnelligkeit fehlerloser Angebote auf der Basis von Produktionsstandards (Stücklisten, Konstruktionsdaten). Hier kommt es weniger auf die Gestaltung der Oberfläche an als vielmehr auf die logisch richtige Zusammenstellung der einzelnen Komponenten auch unter Berücksichtigung möglicher Angebotsvarianten. Um dies alles sicherstellen zu können, muss im Vorfeld die Produktstruktur analysiert und in einem Regelsystem, das die Kombinierbarkeit und die Plausibilität kontrolliert, zusammengestellt werden. So soll das System beispielsweise erkennen, dass bei Auswahl eines Cabrios im Pkw-Bereich kein Schiebedach möglich ist, und den Anwender gezielt darauf hinweisen.

2. Endkunden als Zielgruppe stellen im Dialog mit dem Verkäufer am Bildschirm ein Produkt zusammen und müssen dabei vom System entsprechend geführt werden. Hier spielen die grafische Oberfläche und die Darstellung in Bildern eine ganz wesentliche Rolle. Der Vorteil für den Verkäufer liegt hier insbesondere darin, dass er sich nicht mehr um Prüf- und Kombinationsfragen kümmern muss, sondern sich voll und ganz auf das Verkaufsgespräch mit seinem Kunden konzentrieren kann. Ein Beispiel für derartige Anwendungen ist die individuelle Zusammenstellung eines Fertighauses vom Dach-

stuhl über Zwischenwände, Außenfassade, Fenster- und Türfronten bis hin zu farblichen Details. Auch im Kfz-Bereich werden solche Konfiguratoren (zum Beispiel auf den Websites www.audi.de, www. bmw.de) immer mehr eingesetzt. So hat man beispielsweise vor rund zehn Jahren bei großen Lkw-Herstellern erfolgreich damit begonnen, den Verkauf durch Konfigurationssysteme zu unterstützen. Dabei fließen in die komplizierten Programmsysteme und Regelwerke die oft mehrere Tausend Seiten starken Produktbeschreibungen ein. Auf diese Weise konnte eine ganze Branche enorme Effizienzsteigerungen erzielen.

Auch der Begriff *Mass Customization* beschreibt die kundenindividuelle Maßfertigung aus Massengütern, wobei man hier auch weit in den Konsumgüterbereich hineingeht. Ein Beispiel hierfür ist der Jeans-Hersteller Levis, der nach Eingabe von Körpermaßen individuelle Jeans fertigt. Auch die Computerhersteller Compaq und Dell erlauben es ihren Kunden, im Internet ihre Computer individuell zu konfigurieren und nach persönlichen Anforderungen zusammenzustellen, ehe die Aufträge dann zur Fertigung der gewünschten Rechner aus Standardkomponenten weitergeleitet werden.

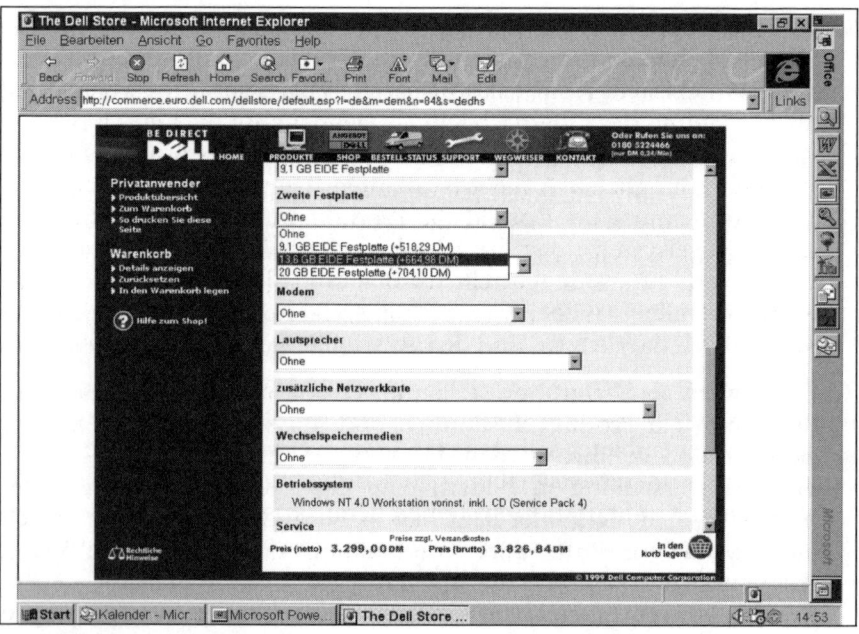

Abbildung 59: Muster Produktkonfiguration im Internet

Entsprechend ihrer Aufgabenstellung und Zielsetzung unterscheidet man verschiedene Produktkonfigurationssysteme. Denn mit zunehmender Verkaufskomplexität und gleichzeitiger Produktkomplexität wachsen die Anforderungen an die Programmsysteme. An der unteren Skala nennt man diese Produktkonfigurationssysteme „Assemble to Order" oder „Build to Order", worunter Anwendungen in der Art von Dell oder IBM im Internet zu verstehen sind.

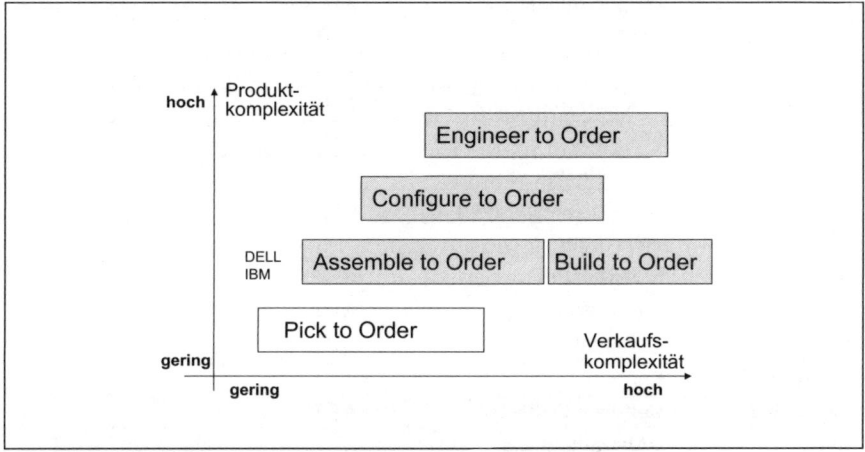

Abbildung 60: Typisierung von Produktkonfigurationssystemen

Die nächste Komplexitätsstufe bezeichnet Systeme der Klasse „Configure to Order", um schließlich bei ganz individuellen Anlagen oder gesamten Fabrikationssystemen in der Klasse „Engineer to Order", der höchsten Komplexitätsstufe, zu landen.

Auf dem deutschen Markt gibt es rund 15 professionelle Anbieter von Produktkonfigurationssystemen, die überwiegend der Klasse „Assemble to Order" zuzurechnen sind.

Bemerkenswert bei dieser speziellen Software ist, dass einzelne Konfigurationssystemanbieter selbst auch Kundenverwaltungssysteme entwickelt haben. Andererseits haben sich Kooperationen zwischen CRM-Systemen und Konfigurationssystemen herauskristallisiert, wie zwischen camos und Update.com, Cincom und ORBIS sowie EAS als Konfigurator mit dem amerikanischen CRM-Anbieter Sales Logix.

Anbieter	System	Typ	CRM	
			eigenes	Partner
Calico	Advisor	ATO	Ja	
camos	SECON/SECON WEB	ATO	Ja	+ Update M.
Cincom	iC Configurator	ATO		ORBIS
Clarify	Newtonian	ATO	Ja	
DSC	INTENT!	ETO		
EAS	Leegoo Builder	ATO/ETO		Sales Logix
Engenion	EngCon	ATO		
Fink	[F7]	ATO	Ja	
Firepond	F.-Application Suite	ATO	Ja	
FORWISS	EPK-Editor	ATO		
Gedys	Gedys Select	ATO		
Invensys CRM	Baan E-Configuration	ATO	Ja	
Magic	eMerchant		Ja	
Monforts	MAKOMO-PC	ATO		
Oracle	Front Office	ATO	Ja	
Pivotal	Exactium	ATO	Ja	
Planware	Konfex	ATO		
Repas AEG	Software COSMOS	ATO		
SAP	SAP Configurator	ATO	Ja	
Selectica	SelecticaACE	ATO		
Siebel	Siebel 2000	ATO	Ja	
SOLYP	CAS-Konfigurator	ATO		
TDV	ET-EPOS	ATO	Ja	
Trilogy Inc.		ATO		

Abbildung 61: Produktkonfigurationssysteme am deutschen Markt

Direktmarketing

Zu einer gesamtheitlichen Kundenbetreuung gehören noch Funktionen
für das Marketing und den Service. Ein Schwerpunkt zur Neukundengewinnung und Kundeninformation ist das Direktmarketing, welches
gegenüber der Anzeigenwerbung den Vorzug hat, die Zielgruppe ohne
Streuverluste zu erreichen. Voraussetzung dafür sind gut gepflegte
Adressen und die Erfassung branchentypischer Kundenmerkmale in den
Kundendatenbanken. Auf dieser Grundlage können Mailing-Kampa-
gnen mit klar definierten Kundenprofilen geplant und durchgeführt

werden. Das CRM-System unterstützt das Marketing von der Planung bis zum Abschluss der Kampagne durch die Möglichkeit beliebiger Selektionen über alle Felder der Kundendatenbank (zum Beispiel: Alle Kunden, die in den letzten drei Jahren das Produkt ABC gekauft haben und im Postleitzahlenbereich 40xxx und 78xxx wohnen), die Übergabe der selektierten Adressen an die Textverarbeitung, wo die Serienbrieffunktion angestoßen und durchgeführt wird. Je besser und differenzierter die Kundenprofile sind, umso individueller können die Angebote gestaltet werden und umso größer wird auch die Resonanz sein – ein erster Schritt auf dem Weg zum One-to-One-Marketing. Über das Kampagnenmanagement werden die Aktionen in ihrem zeitlichen und logischen Ablauf geplant und bei ihrer Durchführung gesteuert. Einer dieser Schritte kann auch das Telefonmarketing sein, um die Reaktionen auf den Rücklauf von Antwortkarten im direkten Kontakt mit den Kunden zu bearbeiten. Auch hier wird wieder eine spezielle Zielgruppe aus der Kundendatenbank selektiert und im Call Center oder vom Innendienst per Telefon der Kontakt aufgenommen. Idealerweise verfügt das CRM-System über ein Telefonwahlmodul mit CTI-Schnittstelle, über die die Telefonnummern vom PC an die Telefonanlage zum automatischen Wählvorgang übergeben werden. Bei Zustandekommen der Verbindung erscheint die betreffende Kundenstamm-Maske am Bildschirm und das System legt automatisch bereits einen Kontaktbericht an, der nun während des Telefonats nur mehr mit den Ergebnissen des Gesprächs ergänzt werden muss.

Call Center

Call Center, als Abteilung des Customer Service Center oder Outsourcing-Dienstleister, werden bevorzugt sowohl im Marketing zur Qualifizierung neuer Adressen, bei Direktmarketing-Kampagnen und im Servicebereich eingeschaltet. Eine typische Anwendung ist hier das Beschwerdemanagement zur Annahme, Klärung und Behebung von Beschwerden und Reklamationen sowohl für eingehende (inbound) als auch ausgehende (outbound) Telefonate. Bei eingehenden Telefonaten erfolgt über die CTI-Schnittstelle die Identifikation der Telefonnummer des Anrufers und die automatische Anzeige der entsprechenden Kundenmaske. Zu den Funktionen des Beschwerdemanagement gehören weiter die Erfassung und Analyse der Reklamationsgründe und die workflow-gesteuerte Verfolgung bis zur Behebung.

Service

Auch Service und Kundendienst gehören im Investitionsgütermarkt zu den Modulen eines integrierten CRM-Systems. Dabei hat auch der mobile Servicetechniker Zugriff auf die Kundendaten des Vertriebs. Andererseits liefert er mit den Ergebnissen seiner Kundenbesuche dem Vertrieb einen wertvollen Input. Auf dem Notebook kann der Techniker in die Gerätehistorie des Kunden Einblick nehmen, neu installierte Produkte – auch vom Wettbewerb – aufnehmen, Serviceverträge abrufen und Reparaturaufträge einschließlich der Ersatzteilverwaltung erfassen. Die Kundendienstzentrale nimmt die Serviceaufträge entgegen und führt die Disposition der Technikereinsätze auf Basis der Wochenpläne durch. Zusätzlich erhält sie aus den Berichten der Serviceleute die notwendigen Informationen zur Weiterverfolgung von Kundendienstaufträgen bis hin zur Abrechnung.

Helpdesk/Benutzerservice

Zur Lösung von Problemen und Beantwortung von Anfragen der eigenen Mitarbeiter, aber auch von Kunden, setzen vor allem große Unternehmen Helpdesk-Systeme ein. Diese Systeme werden von internen Support-Abteilungen mit Call-Center-Anbindung zur raschen Problemidentifikation und -lösung genutzt, um so einen möglichst reibungslosen Betriebsablauf zu gewährleisten. Dabei kann es sich um Fragen zur Bedienung von Softwarelösungen, Sonderfälle im Kundenverkehr oder Hardwareausfälle handeln, um nur einige typische Beispiele zu nennen. Mithilfe der Helpdesk-Software werden telefonisch oder per E-Mail eingehende Anfragen registriert und für die weitere Bearbeitung kategorisiert. Bestandteile von Helpdesk-Systemen sind üblicherweise eine Problemlösungs- oder Wissens-Datenbank zur Erfassung von Problemen und geeigneten Lösungen sowie ein Terminmanagement zur Überwachung fälliger Termine. Kann die Anfrage nicht sofort beantwortet werden, hat der Anwender über das Internet die Möglichkeit, den Status abzufragen. Damit wird die Telefon-Hotline entlastet. Über die Helpdesk-Software werden nicht nur alle Probleme und Lösungen erfasst, sondern auch Techniker-Einsätze disponiert und laufend Statistiken über Reklamationen und potenzielle Schwachstellen geführt. Somit tragen Helpdesk-Systeme auch zur Erhöhung der Kundenzufriedenheit bei.

eCRM

eCRM bezeichnet internetbasierte CRM-Systeme, mit deren Hilfe die Systembenutzer direkt über den Internet-Browser die CRM-Anwendung aufrufen können. Dabei können als Systembenutzer neben den eigenen Mitarbeitern auch Geschäftspartner und Kunden auftreten. Externe Anwender werden über die Anmeldung und das Passwort identifiziert und verfügen nur über eingeschränkte Rechte. Kunden und Interessenten können so Anfragen und Bestellungen online erfassen sowie Angebote und Kalkulationen im Internet orts- und zeitunabhängig abrufen. Diese Kontakte werden direkt in die Kundendatenbank „geschrieben" und über ein Workflow-System die weitere Bearbeitung angestoßen. Bei Anfragen erscheint automatisch eine Wiedervorlage beim zuständigen Mitarbeiter. Die Anwender arbeiten somit ohne CRM-Software und Kundendatenbank auf ihrem Rechner („thin client"). Sie greifen immer auf die aktuelle Version auf dem so genannten Web-Server zu. Damit entfällt die aufwendige Datenreplikation, die man unter der Client-Server-Technologie benötigte.

Electronic Customer Relationship Management ermöglicht somit echte One-to-one-Beziehungen mit Millionen von Kunden und Interessenten. Wenn die CRM-Software außerdem mit einer E-Commerce- oder E-Business-Lösung gekoppelt ist, lassen sich nicht nur alle Kundenkontakte auf der Website, sondern auch Bestellvorgänge erfassen und Aufträge abwickeln. Viele Computerhersteller wie IBM oder Compaq und Systemhäuser ermöglichen ihren Kunden über ihre Internet-Plattform die Konfiguration von Produkten rund um die Uhr. Weitere typische Beispiele für erfolgreiche E-Commerce-Anwendungen sind Amazon für den Buchhandel oder der Versandhandel.

Die erfolgreiche Einführung eines CRM-Systems

Schlagzeilen über Misserfolge von CRM-Systemen gibt es viele. Als künftiger User werden Sie mit zum Teil deftigen Aussagen aus der Analysten- und Beraterszene über Flops von solchen Projekten konfrontiert. Auch Klagen von CRM-Anwendern und Vertriebsmanagern sind immer wieder zu hören – und Untersuchungen aus den USA (zum Beispiel Gartner Group) kommen zu dem Ergebnis, dass rund 60 Prozent aller CRM-Projekte scheitern. Nach Analyseergebnissen der Forrester Group entsprachen nur 14 Prozent der CRM-Projekte den ursprünglichen Erwartungen. „Es gibt für Firmen keinen besseren Weg, Geld zum Fenster hinaus zu werfen, als sich Software für Marketing und Vertrieb zuzulegen", behauptet in diesem Zusammenhang Chip Gliedman, Analyst der Marktforschungs- und Beratungsgesellschaft Giga Information Group, und beobachtet, dass weniger als die Hälfte der Anwender von Sales-Force-Automation-Lösungen einen positiven Effekt feststellten. Das Hauptproblem sieht Gliedman in der Akzeptanz der Anwender. Nur wenig tröstlich ist die Tatsache, dass sich alle Befragungsergebnisse auf den amerikanischen Markt beziehen.

Bei der im Jahre 2000 durchgeführten Marktstudie „CRM Top 15 Deutschland 2000" erreichten die Anbieter bei der Bewertung der Kundenzufriedenheit im Durchschnitt nur die bescheidene Note 3,65 in einer Skala von 1 bis 5 nach dem Schulnotensystem. Nur mit vier Anbietern wollten die Kunden ein zweites Mal wieder zusammenarbeiten.

Die Liste der Klagen über CRM-Projekte ist lang: Projektverantwortliche beschweren sich, dass die Einführungsphase von CRM- oder Kundenmanagementprojekten länger als geplant dauert, da Anbieter Zusagen nicht einhielten. Im Management beginnen Enttäuschungen schon in der Konzeptionsphase, weil sich die erwartete Wirtschaftlichkeit nur schwer nachweisen lässt. Und Anwender im Außendienst blocken ab, weil sie Angst vor verstärkter Kontrolle haben, sich als Datenerfasser der Zentrale missbraucht sehen und keinen spürbaren Nutzen für ihre eigene Arbeit aus dem Computereinsatz erfahren.

Typische Fehler in der Einführungsphase von CRM-Systemen

Anwender, die gerade in einem CRM-Projekt stecken, horchen angesichts solcher Hiobsbotschaften sehr sensibel auf. Sie fragen natürlich nach Details solcher Misserfolge, ehe sie bereit sind, einen selbstkritischen Blick in den Spiegel zu werfen. Und in der Tat: Umfangreiche Recherchen bei Softwareanbietern und Anwendern von CRM-Systemen zeigen immer wieder die gleichen Anfangsfehler, die sich vor allem auf die Akzeptanz der Anwender und die Einführungsstrategie beziehen. Eine im Sommer 1999 bei über 100 deutschen CRM-Anwendern durchgeführte Befragung ergab, dass 83 Prozent aller Anwender in der Einführungsphase sowohl Probleme mit der Akzeptanz durch die Anwender als auch mit der Software hatten. Ebenso war bei einem Großteil eine korrekte Nutzung des CRM-Systems nicht möglich, und der Datenaustausch bereitete anfangs Schwierigkeiten. Mehr als die Hälfte der Befragten führte die Probleme auf fehlende Schulung zurück und vermisste einzelne Programmfunktionen.

Hier die Ergebnisse im Einzelnen:
- 83 Prozent haben *Probleme mit der Akzeptanz*
- 83 Prozent finden *Fehler in der Software*
- 79 Prozent wissen nicht genau, wie sie die *Programme korrekt nutzen*
- 79 Prozent haben *Probleme mit dem Datenaustausch*
- 74 Prozent kommen mit der *Hardware* nicht zurecht
- 56 Prozent erkennen *Defizite bei der Anwenderschulung*
- 55 Prozent klagen über *fehlende Funktionen*
- 50 Prozent haben *Probleme mit dem Projekt-/Zeitmanagement*
- 31 Prozent geben *Schwierigkeiten mit dem Betriebsrat* an
- 28 Prozent klagen über *schlechte Beratung*

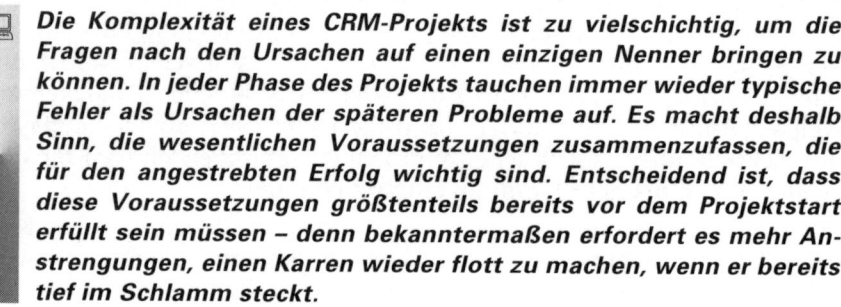

Die Komplexität eines CRM-Projekts ist zu vielschichtig, um die Fragen nach den Ursachen auf einen einzigen Nenner bringen zu können. In jeder Phase des Projekts tauchen immer wieder typische Fehler als Ursachen der späteren Probleme auf. Es macht deshalb Sinn, die wesentlichen Voraussetzungen zusammenzufassen, die für den angestrebten Erfolg wichtig sind. Entscheidend ist, dass diese Voraussetzungen größtenteils bereits vor dem Projektstart erfüllt sein müssen – denn bekanntermaßen erfordert es mehr Anstrengungen, einen Karren wieder flott zu machen, wenn er bereits tief im Schlamm steckt.

Die erfolgreiche Einführung eines CRM-Systems

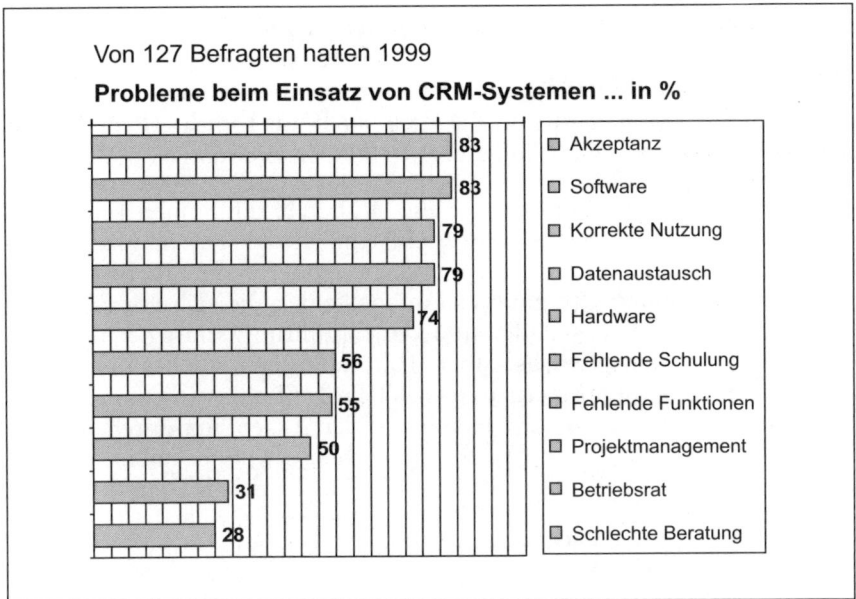

Abbildung 62: Probleme beim Einsatz von CRM-Systemen

Die 12 Gebote für eine erfolgreiche CRM-Einführung

1. CRM ist Führungsaufgabe!

Allen Beteiligten – und insbesondere den Entscheidern im Management – muss klar sein, dass die Einführung von Computern in Vertrieb, Marketing und Service in erster Linie eine Führungsaufgabe darstellt. Führung darf jedoch nicht verwechselt werden mit Kontrolle und Überwachung. Dieser Fehler wird naturgemäß am stärksten beim Außendienst gemacht, der dadurch leider allzu oft guten Grund hat anzunehmen, mit der Einführung des CRM-Systems stärker kontrolliert zu werden. Vielmehr bietet ein Vertriebssteuerungssystem allen für einen Marktbereich Verantwortlichen die Möglichkeit, ihre eigenen Aktivitäten und ihre eigene Tagesarbeit besser zu steuern. Das Prinzip der Selbststeuerung steht hier im Vordergrund.

Steuerung setzt immer voraus, dass es Ziele gibt, denen dann im Lauf eines Geschäftsjahres die entsprechenden Istwerte gegenübergestellt werden, um Abweichung festzustellen und zu analysieren, bevor Gegenmaßnahmen ergriffen werden können. Diese Gegenmaßnahmen richten sich jedoch nicht gegen den Außendienst, sondern der Kunde steht im Mittelpunkt der Bemühungen um einen verbesserten Verkaufserfolg. Dementsprechend sind die Ziele auch auf Kundenebene festzumachen und nicht, wie häufig anzutreffen, in Verkaufsvorgaben pro Außendienstbezirk.

> → Vertriebssteuerung ist
> - ❖ nicht mehr Kontrolle, sondern mehr Frontunterstützung
> - ❖ Selbststeuerung im Vordergrund
>
> → Vertriebssteuerung ist eine Führungsaufgabe
> - ❖ Teamwork, Kommunikation, Führung
> - ❖ **CRM macht aus schlechten Verkäufern keine Verkaufskanonen!**

Abbildung 63: CRM ist eine Führungsaufgabe

Als Führungsaufgabe ist die Einführung eines CRM-Systems nicht zuletzt dadurch charakterisiert, dass der Außendienst mit der rund 5 000 EUR teuren Technologie durchaus weiterhin vor allem dort Besuche machen kann, wo der Kaffee am besten schmeckt. Denn Computersysteme zur Vertriebsunterstützung können aus schlechten Verkäufern keine Verkaufskanonen machen! Hier ist eine durchdachte Einführungsstrategie notwendig, die nicht nur Wirtschaftlichkeitsberechnungen einbezieht, sondern auch andere, manchmal entscheidende Erfolgsfaktoren jenseits von Plansoll und Technik, wie etwa die Akzeptanz der Anwender.

Das können Sie konkret tun:

▷ Kommunizieren Sie das neue CRM-System als Managemententscheidung, die verbindlich auf allen Ebenen ist.

▷ Vermeiden Sie unangebrachte Kontrollmechanismen.

▷ Nehmen Sie Ihre Führungsaufgabe ernst – denn der Erfolg von CRM kann nur an dem gemessen werden, was Sie daraus machen!

2. Die Akzeptanz entscheidet über den Erfolg!

Es wird immer wieder beobachtet, dass die eigentlichen Anwender des Systems, der Verkaufsinnendienst, der Verkaufsaußendienst, Mitarbeiter aus den Bereichen Marketing, Kundendienst und Service, in den Projektteams völlig fehlen oder gegenüber den Mitarbeitern aus dem IT-Bereich unterrepräsentiert sind. Gerade in der Konzeptionsphase handelt es sich jedoch um ein Projekt des Vertriebs. Die Projektleitung sollte deshalb auch aus dem Vertrieb kommen, ebenso müssen ausgewählte Mitarbeiter aller künftigen Anwendungsgebiete des CRM-Systems im Projektteam vertreten sein. Diese müssen dann allerdings auch dafür sorgen, dass in der Konzeption der künftigen CRM-Anwendung ihre eigenen Interessen und konkreten Vorteile für ihre Tagesarbeit verankert werden. Und dafür müssen sie weniger kämpfen, wenn die Projektleitung aus dem Vertrieb kommt und nicht zu IT-lastig ist.

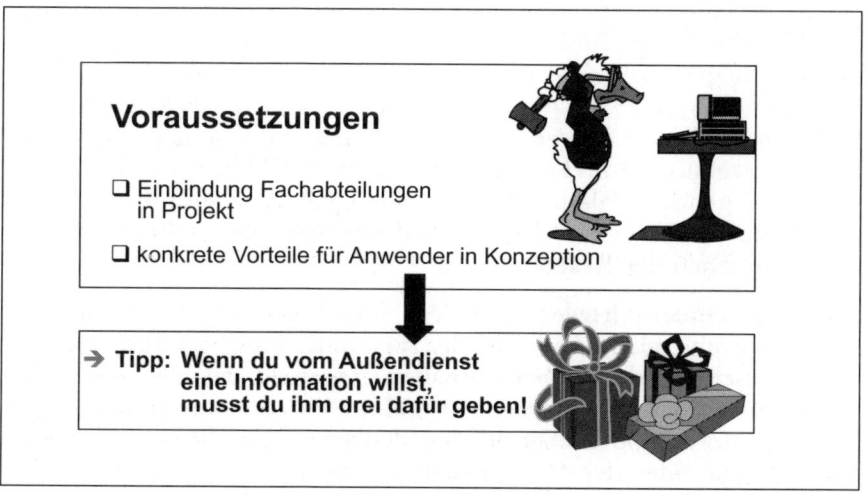

Voraussetzungen

❏ Einbindung Fachabteilungen
   in Projekt

❏ konkrete Vorteile für Anwender in Konzeption

➜ **Tipp: Wenn du vom Außendienst
   eine Information willst,
   musst du ihm drei dafür geben!**

Abbildung 64: Akzeptanz entscheidet über den Erfolg

Denn eines ist klar: Der IT-Bereich wird den Anforderungen des Vertriebs in den wenigsten Fällen gerecht. Aus Eigeninteresse und wegen fehlenden Marketing- und Vertriebsverständnisses streben die Informatiker meist eher eine optimale IT-Lösung an als eine Optimierung der Vertriebsprozesse. Keine Frage: Auf die IT-Spezialisten kann wegen der Integration in vorhandene IT-Systeme nicht verzichtet werden. Es macht deshalb Sinn, das Projekt in der späteren Einführungsphase in einen vertriebsorientierten und in einen systemtechnischen Teil zu splitten.

Die Ursachen, warum die Anwender aus den Fachabteilungen, im Verkaufsinnendienst und im Außendienst oft nicht in den Projektteams vertreten sind, liegen in falschen Einschätzungen der Bedeutung des Projekts auf Seiten des Managements, wo man oft die Meinung vertritt, der Außendienst habe zu verkaufen. Aus den gleichen Gründen wird allzu oft den CRM-Projekten keine Priorität vor dem Tagesgeschäft eingeräumt. Oft genug ist auch beim Kunden niemand für dieses Projekt richtig verantwortlich. Diese Einstellungen müssen umso mehr erstaunen, als es sich um ein wichtiges Projekt hinsichtlich der künftigen Marktposition handelt und sehr oft Entscheidungen über mehrere Hunderttausend Euro zu treffen sind.

Fehlende Akzeptanz durch die Anwender hat übrigens auch mit der möglichen Gefahr einer verstärkten Kontrolle zu tun – und dem Bedürfnis, ihr zu entrinnen. So geht ein Großteil des Erfolgspotenzials verloren, wenn der Außendienst zum Beispiel in den Besuchsberichten falsche Angaben macht oder einzelne Verkaufschancen überhaupt nicht erwähnt. Das wiederum hat zur Folge, dass er für seine Besuchsplanung und seine eigene Vertriebssteuerung eine Nebenbuchhaltung führt oder führen muss, weil er um die Defizite der Daten in seiner Kundendatenbank Bescheid weiß. In der Zentrale, wo man gutgläubig Analysen der Besuchsergebnisse und Trendberechnungen durchführt, werden möglicherweise gänzlich falsche Weichenstellungen vorgenommen. Außerdem kann die Markteinschätzung auf der Basis dieser Informationen erheblich neben der Realität liegen.

Zu vernichtenden Urteilen über den Nutzen von CRM-Systemen auf Grund der fehlenden Akzeptanz der Anwender kommen übrigens auch amerikanische Marktforscher. Sie haben festgestellt, dass die Programme sich hauptsächlich auf unternehmensinterne Prozesse konzentrieren und lediglich Informationen über den Kunden verwalten, die dem Vertriebsmanagement oder der Geschäftsleitung dienen. Der eigentliche Verkaufsprozess, die Unterstützung des Verkäufers bei seinen Kundenkontakten, wird kaum abgedeckt. Viele Systeme sind zudem funktional völlig überfrachtet und stellen technisch wenig versierte Bediener vor echte Herausforderungen, fasst das Magazin Computerwoche das frustrierende Ergebnis zusammen und zitiert Stefan Bauer von der Siemens Medizintechnik: „Wer den Endanwender nicht sofort einbindet, hat verloren."

Als weiteres Manko führen die Marktforscher an, dass Vertriebsmitarbeiter durch die Computersysteme dazu verdonnert werden, unendlich viele Reports, Forecasts und Besuchsberichte anzufertigen, die nicht ihnen, sondern bestenfalls dem Vorgesetzten nützen – anstatt sich um die Belange der Kunden kümmern zu können.

Als Folge dieser Defizite muss vor überzogenen Erwartungen gewarnt werden. Allen Vorgesetzten muss klar sein, dass auch ein noch so ausgefeiltes Reporting- und Kontrollsystem von unwilligen Mitarbeitern ausgehebelt werden kann. Der elektronische Forecast im CRM-System ist bei fehlender Akzeptanz genauso schlecht wie der vorherige in Papierform; solange das Management seine Kontrollmentalität nicht ablegen kann, wird auch die Akzeptanz der Anwender nicht steigen.

Zugegeben: Es kann nicht erwartet werden, dass alle Mitarbeiter sofort begeistert sind, vor allem lang verdiente Vertriebsmitarbeiter haben vielfach Berührungsängste. Wenn die Mitarbeiter jedoch spüren und erkennen, dass sie von entsprechenden Zusatzinformationen des Systems profitierten, steigt auch die Akzeptanz und der innere Widerstand fällt. Wurden allerdings bereits in der Einführungsphase gravierende Fehler gemacht, ist der Akzeptanzgrad nicht oder nur mehr sehr schwer zu korrigieren.

Ebenso wenig, wie es ohne die eigentlichen Anwender des CRM-Systems in der Konzeptionsphase geht, kann in der Einführungsphase auf die Schulung und im laufenden Betrieb auf die Betreuung der Anwender verzichtet werden. Gerade die Bereitstellung von ausreichender Personalkapazität für den Benutzerservice bereitet dem Management wegen der damit verbundenen Personalkosten oft große Schwierigkeiten. Man drückt die laufende Betreuung allzu gerne einem Mitarbeiter im Innendienst zusätzlich aufs Auge und vergisst dabei, dass dieser dann einen Teil seiner eigentlichen Aufgaben nicht mehr wahrnehmen kann.

Die Einführung eines CRM-Systems erfordert die Einrichtung eines speziellen Benutzerservice, oft auch Systemadministrator genannt, dessen Aufgaben in der Betreuung der Anwender bei Problemen mit der Software oder der Hardware liegen. Dazu muss mindestens ein Mitarbeiter besonders gut in den Themen PC, Hardware, Kommunikation, Standardsoftware (zum Beispiel Microsoft Office) und der CRM-Software ausgebildet werden. Diese Ausbildung stellt in der Regel der Systemlieferant sicher. Auch die Schnittstelle zur Auftragsabwicklung und zum ERP-System gehören zu diesem Aufgabenbereich.

Schließlich sollte der/die Mitarbeiter/-in die Sprache der Anwender sprechen, also dem Vertrieb nahe stehen. Technische Fragen können auch über die IT-Abteilung abgewickelt werden, bleiben jedoch im Verantwortungsbereich des Benutzerservice gegenüber den Anwendern.

Außerdem gehört die Betreuung des CRM-Systems bei allen Anwendern als Systemadministrator zu den Aufgaben des CRM-Benutzerservice. Dies umfasst die Einrichtung, das Laden der Programme, die Durchführung von Programm-Updates, die zentralen Einstellungen von Systemparametern, die Erfassung anwenderspezifischer Anpassungen, wie Inhalte von Auswahlfenstern, die Vergabe und die Verwaltung von Benutzerkennwörtern und Zugriffsrechten sowie die Überwachung des täglichen Datenaustausches.

Der Systemadministrator bildet gleichzeitig die Schnittstelle zum Lieferanten der CRM-Software. Von diesem erhält er neue Programmversionen und Dokumentationen, Einweisungen und Schulungen. Probleme der Anwender, die er selbst nicht klären kann, leitet er an das Softwarehaus weiter.

Eine weitere wichtige Aufgabe des CRM-Benutzerservice ist die Bereitstellung von individuellen Analysen und Auswertungen aus der Kundendatenbank mithilfe eines Analyse- und Auswertungssystems für die Anwender. Der Einsatz heute üblicher OLAP-Tools erfordert übrigens ebenfalls eine besondere Ausbildung. Schaltet man den Systemadministrator für besondere Analysen und Auswertungen ein, geschieht dies in Ergänzung der Standard-Auswertungen, die jeder Systembenutzer selbstständig aufrufen kann.

Die weiterführende Schulung der Anwender, beispielsweise nach einem Release-Wechsel, kann ebenfalls weitgehend vom CRM-Benutzerservice übernommen werden. Dazu wird dieser vom Softwarelieferanten speziell nach dem Train-the-Trainer-Prinzip ausgebildet. Zeitlich sollte der Benutzerservice beziehungsweise Systemadministrator spätestens mit Installation der ersten Pilotversion zur Verfügung stehen, um bereits die ersten Anwender in der praktischen Erprobungsphase unterstützen zu können. Dabei sollte man nicht vergessen, dass Außendienstmitarbeiter oft relativ spät von ihren Besuchstouren zurückkehren und erst in den Abendstunden in ihrem Homeoffice ihre „Hausaufgaben" erledigen. Treten dabei Probleme und Schwierigkeiten auf, muss der Benutzerservice telefonisch erreichbar sein, denn der Außendienstmitarbeiter möchte am nächsten Morgen mit dem System wieder voll arbeiten können. Kann ihm in dieser Zeit nicht geholfen werden und ist es ihm dadurch nicht mehr möglich, anschließend mit seinem Notebook zu arbeiten, wird er zwangsläufig wieder zu Papier und Bleistift greifen.

Eine Besonderheit stellt der Benutzerservice in internationalen Verkaufsorganisationen dar. Oft wird die Forderung aufgestellt, der Softwarelieferant müsse an allen ausländischen Standorten des eigenen Unterneh-

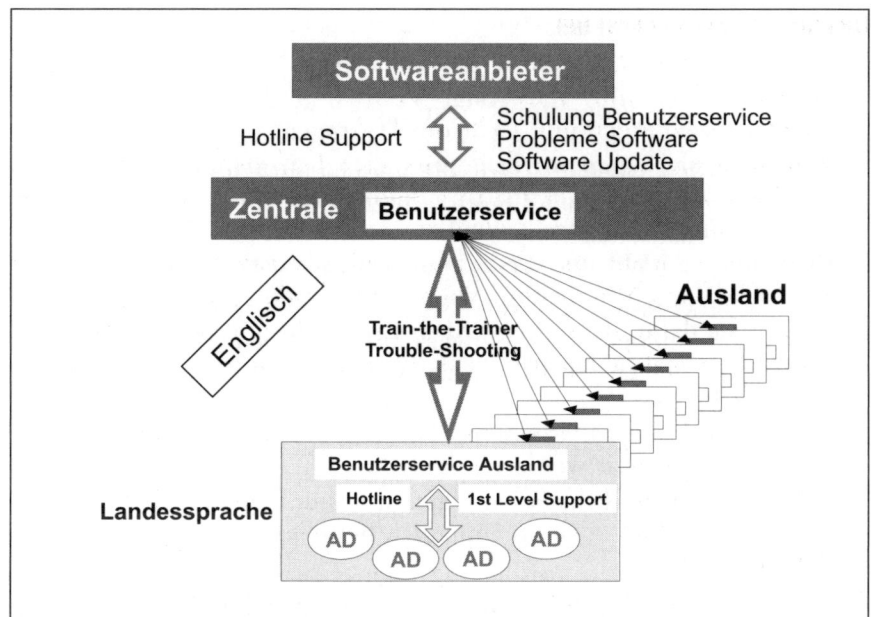

Abbildung 65: Benutzerservice international

mens ebenso vertreten sein. Diese Forderung hat sich jedoch als wenig realistisch erwiesen, da sie von keinem Softwarelieferanten erfüllt werden kann. Außerdem müssen Mitarbeiter des am ausländischen Standort ansässigen Büros des Softwarelieferanten ebenso geschult werden wie eigene Mitarbeiter. Daher ist es sinnvoller, eine internationale Anwendung durch einen eigenen Benutzerservice betreuen zu lassen, indem an den ausländischen Standorten des eigenen Unternehmens geeignete Mitarbeiter für den Benutzerservice im jeweiligen Land vorbereitet werden. Sie können dann in der Landessprache ihren Außendienst entsprechend unterstützen.

Auch diese Ausbildung erfolgt durch den Benutzerservice der Zentrale nach dem Train-the-Trainer-Prinzip. Auftretende Probleme werden nun vom ausländischen Benutzerservice an den zentralen Benutzerservice weitergeleitet. In dieser Konstellation ist es nicht einmal erforderlich, dass der Softwarelieferant über Mitarbeiter mit Fremdsprachenkenntnissen verfügt, wenngleich dies natürlich wünschenswert wäre. Auf jeden Fall sollten jedoch bereits Erfahrungen mit ausländischen und internationalen Projekten vorhanden sein.

Das können Sie konkret tun:

▶ Achten Sie auf die Zusammensetzung Ihrer Projektteams – es geht in erster Linie um Marketing, Vertrieb und Service sowie Ihre Kundenbeziehungen und nicht um IT-Fragen!

▶ Benennen Sie Verantwortliche aus allen betroffenen Bereichen für die Mitarbeit im Projektteam – damit stellen Sie sicher, dass alle Anforderungen abgedeckt werden.

▶ Beginnen Sie nicht mit verstärkten Außendienstkontrollen, sondern zeigen Sie Ihren Mitarbeitern, wie sie vom System profitieren können.

▶ Sorgen Sie dafür, dass das CRM-System nicht funktionell überfrachtet wird – sonst fühlen sich die Anwender überfordert und reagieren mit Ablehnung.

▶ Zeigen Sie Ihren Mitarbeitern, dass das System nach einer kurzen Eingewöhnungszeit weniger und nicht mehr Arbeit bringt!

▶ Führen Sie ausführliche Schulungen nicht nur in der Einführungsphase durch, sondern auch im laufenden Betrieb – dadurch erhalten Sie die Akzeptanz.

▶ Ganz wichtig: Bestimmen Sie dauerhafte Ansprechpartner in allen CRM-Fragen, die Ihrerseits vom Systemhaus geschult werden.

▶ Installieren Sie einen internen Benutzerservice – damit zu jeder Tages- und Abendzeit Fragen und Probleme im Umgang mit dem System geklärt werden können.

▶ Bei Auslandsniederlassungen: Erweitern Sie Ihren Betreuungspool entsprechend – das gilt auch für Schulungen und eigene Benutzerservices.

3. CRM ist Chefsache!

Fehlt zu Beginn eines CRM-Projekts die Identifikation des Managements und wird kein „Sponsor" in der Geschäftsleitung gefunden, der das oft mehrere Jahre dauernde Projekt innerhalb der Geschäftsleitung unterstützt und fördert, ist die Motivation der Anwender und deren Akzeptanz in allerhöchster Gefahr! Oft wird die Bedeutung des Computereinsatzes in Vertrieb, Marketing und Service für die Zukunft des Unternehmens in der Geschäftsleitung nicht erkannt, wo leider allzu häufig die gleichen Berührungsängste vor der modernen PC-Technologie anzutreffen sind, wie bei den Anwendern an der Vertriebsfront. Wer die Chancen und Möglichkeiten, die sich aus dem Computereinsatz für die Verbesserung der eigenen Marktposition ergeben, in der heutigen Zeit nicht erkennt, setzt damit die Zukunft des Unternehmens aufs Spiel.

Abbildung 66: CRM ist Chefsache

Das eindeutige „Ja" der Geschäftsleitung erfordert gleichzeitig auch die Bereitschaft zu gravierenden Änderungen in der eigenen Organisation. Denn wenn die Bereitschaft zu Veränderungen fehlt, scheitert die Initiative an der Fehleinschätzung, dass alleine die Computereinführung bereits irgendwelche Verbesserungen herbeiführt. Positive Erfahrungen, wie sie die Carl Schenk AG in Darmstadt gemacht hat, wo seit 1996 europaweit mehr als 400 Anwender mit einem CRM-System arbeiten, belegen deutlich, welch motivierende Signalwirkung die Teilnahme des Managements an Schulungsveranstaltungen und der anschließenden praktischen Anwendung für die Akzeptanz aller anderen Anwender zur Folge hatte.

Ein wichtiger Faktor ist auch das Verändern des bisherigen Führungsverhaltens. Denn dem Außendienst werden oft Zielvorgaben aufoktroyiert, statt ihn als wichtigen Partner bei der Gestaltung erfolgreicher Beziehungen zum Markt zu betrachten – und ihn deshalb als Lieferanten entscheidender Informationen in die Verantwortung für den Vertriebserfolg noch stärker einzubeziehen.

Ein großes Problem ist das fehlende Standing der Geschäftsleitung, wenn es um die Budgetierung eines CRM-Systems in der Einführungsphase geht: Werden die erforderlichen Budgets für die Schulungen der Anwender und die Einrichtung des Benutzerservice für die laufende Systembetreuung nicht genehmigt und zu gering angesetzt, sind spätere Schwierigkciten und Misserfolge auf allen Ebenen vorprogrammiert.

Auch die Komplexität eines CRM-Projekts wird regelmäßig unterschätzt. Ein führendes mittelständisches Industrieunternehmen musste zusehen, wie mehr als hundert Notebooks jahrelang ungenutzt in den Büros der Niederlassungen herumstanden, weil das Management es nicht für notwendig erachtete, den Außendienst in der Handhabung der teuren Technik unterweisen zu lassen. Zwischenzeitlich ist die Hardware veraltet und kann gar nicht mehr eingesetzt werden.

Weitere Konsequenzen einer Fehleinschätzung seitens der Geschäftsleitung können fehlerhafte Dateneingaben und notwendige Doppelarbeiten durch die fehlende Integration in die vorhandenen Systemlandschaften sein. Die Liste der negativen Beispiele ließe sich übrigens beliebig weiter fortsetzen.

Das können Sie konkret tun:

▶ Finden Sie einen Sponsor aus der Geschäftsleitung, der das gesamte Projekt langfristig betreut!

▶ Unterschätzen Sie nicht die Signalwirkung eines engagierten Managements, und nutzen Sie dieses Potenzial!

▶ Verändern Sie das allgemeine Führungsverhalten, indem Sie im gesamten Unternehmen partnerschaftlich an das Projekt herangehen!

▶ Planen Sie ein ausreichendes Budget für Schulung und Betreuungsmaßnahmen ein.

▶ Wichtig: Informieren Sie alle Mitarbeiter frühzeitig über Ziele und Projektmeilensteine. Stellen Sie die Projektleitung und den Sponsor in der Geschäftsleitung vor. Mit dieser ersten Information wird zwangsläufig entstehenden Gerüchten innerhalb des Unternehmens entgegengewirkt. Auch sollte es nicht bei einer einmaligen Information bleiben, sondern in regelmäßigen Abständen, etwa einmal pro Quartal, müssen die Geschäfts- und Projektleitung über Status und Fortgang des Projekts berichten.

▶ Schaffen Sie die Position eines CRM-Managers oder CCO (Chief Customer Officer), wie ihn amerikanische Analysten nennen. Damit wird intern und auch nach außen klar, dass Sie die Kundenorientierung wirklich ernst nehmen.

4. Beachten Sie gesetzliche Hürden!

Wenn Sie in ein CRM-Projekt einsteigen, sollten Sie unbedingt über die geltenden gesetzlichen Regelungen informiert sein. Dazu zählen das Betriebsverfassungsgesetz, das Datenschutzgesetz und das Urheberrechtsschutzgesetz.

Nach dem Betriebsverfassungsgesetz steht dem Betriebsrat ein Mitbestimmungsrecht in Fragen der Arbeitsplatzänderung (in diesem Fall Einführung von Bildschirmarbeitsplätzen) sowie bei Einführung von Systemen zur Verhaltens- und Leistungskontrolle zu. Dabei hat es sich als sinnvoll erwiesen, den Betriebsrat zu Beginn des Projekts über die Ziele und die Vorgehensweise zu informieren und ihn zur Verabschiedung der Konzeptionsphase einzuladen, um die einzelnen Komponenten des geplanten Systems vorzustellen und Gelegenheit einzuräumen, kritische Fragen zu diskutieren. Es sind Fälle bekannt, in denen durch Versäumnis dieser Informationspflicht Betriebsräte den Fortgang von CRM-Projekten über längere Zeit lahm gelegt haben.

- **Betriebsrat informieren**
  - Mitbestimmungsrecht nach BetrVG
    - Arbeitsplatzänderung (Bildschirm)
    - Verhaltens- und Leistungskontrolle
- **Datenschutzgesetz**
  - Zulässigkeit der Speicherung personenbezogener Daten (z. B. Hobby)
- **Urheberrechtsschutz**

  Haftung des Arbeitsgebers bei Raubkopien

Abbildung 67: Gesetzliche Hürden beachten

Das Datenschutzgesetz regelt den Umgang mit personenbezogenen Daten und die Rechte zur Speicherung, Weiterverarbeitung und Weitergabe solcher Daten. In einem CRM-System werden die Daten von Ansprechpartnern aufgenommen und gespeichert. Bei aktiven Kundenbeziehungen sind alleine diese Daten unkritisch, da auch das Datenschutzgesetz im Rahmen einer Vertragsbeziehung die Speicherung derartiger Daten zulässt, sofern die entsprechenden Personen darüber informiert wurden. Kritischer ist die Handhabung ergänzender Informationen zu natürlichen Personen, wie die Speicherung von Hobbys und anderen für den Verkauf nützlichen Angaben aus der Privatsphäre des Ansprechpartners (wobei die Speicherung des Geburtstags durchaus zulässig ist, da man diesen auch aus allgemein zugänglichen Quellen in Erfahrung bringen kann).

In welcher Art und Weise Hobby, Geburtstag und ähnliche Daten über die Ansprechpartner gespeichert werden, ist vor allem auch unter dem Gesichtspunkt des möglichen Missbrauchs durch fremde Personen zu entscheiden. Denn nichts ist schädlicher für eine erfolgreiche Kundenbeziehung, als die Gefahr, dass außenstehende Dritte in den Besitz solcher kritischer Informationen gelangen und diese möglicherweise missbräuchlich verwenden. Dies kann zum Beispiel dadurch geschehen, dass das Notebook des Außendiensts abhanden kommt und jemand ungeschützt Zugriff auf die Daten erhält. Daher sollten vor allem solche kritischen Informationen nur verschlüsselt gespeichert werden.

Die Ansprechpartner selbst haben übrigens in der Regel nichts dagegen, wenn ihnen ihr Lieferant zum Geburtstag gratuliert oder wenn sie ihr Lieferant je nach gespeichertem Hobby zur Produktneuvorstellung zu einem Skiwochenende in die Alpen oder zu einer Kunstreise in die Toskana einlädt!

Der Urheberrechtsschutz betrifft die Programme auf den PCs der Anwender im Innen- und Außendienst. Nach den neuesten europäischen Richtlinien haftet der Arbeitgeber bei festgestellten Raubkopien auf den Rechnern seiner Mitarbeiter. Die Haftung kann sicher nicht eindeutig dadurch ausgeschlossen werden, dass die Notebooks dem Außendienst verkauft und übereignet werden. Auf jeden Fall sollten die Mitarbeiter entsprechende Verpflichtungserklärungen unterzeichnen.

Auch besteht die Gefahr, dass durch Raubkopien das CRM-Programm nicht mehr einwandfrei funktioniert. Wenn sich in solchen Fällen der betroffene Mitarbeiter an die Systemadministratoren zur Behebung der Störungen wendet, verursacht dies einen zusätzlichen Aufwand. Hier hat es sich als sehr lehrreich erwiesen, die Störungen nur einmal kostenlos zu beheben und für jede weitere Störungsbehebung eine Gebühr zu verlangen.

Das können Sie konkret tun:

▶ Beachten Sie das Betriebsverfassungsgesetz und beziehen Sie Ihren Betriebsrat frühzeitig in die Planung ein!

▶ Achten Sie auf Datenschutz, indem Sie durch Passwörter und Datenverschlüsselung von vornherein ausschließen, dass Fremde Ihre Daten missbrauchen!

Die erfolgreiche Einführung eines CRM-Systems

▶ Informieren Sie Ihre Mitarbeiter ausführlich über urheberrechtliche Belange und mögliche Folgen. Dies betrifft vor allem Raubkopien der Programme!

5. Think big – start small!

Ein bekannter Nahrungsmittelhersteller hat vor einigen Jahren damit begonnen, ein Vertriebssteuerungssystem selbst entwickeln zu lassen. Die Individualprogrammierung hat bereits einen längeren Zeitraum in Anspruch genommen. Schon in der Einführungsphase bei mehreren Hundert Außendienstmitarbeitern stellte man fest, dass zwischenzeitlich neue Anforderungen entstanden waren, die nun nicht ohne weiteres in die Individualsoftware nachträglich eingebaut werden konnten. Zudem hatten sich mittlerweile technologische Weiterentwicklungen ergeben, die eine Anpassung des ursprünglichen Programms notwendig gemacht hätten.

Als man in dieser Situation an den Softwaremarkt trat, um ein professionelles System zu suchen, das gleichzeitig in der Lage war, die bereits in Millionenhöhe getätigten Investitionen in die vorhandene Eigenentwicklung zu integrieren, stellte man ernüchtert fest, dass man sich in einer Sackgasse befand. Denn keinem der angefragten Softwareanbieter war es möglich, dieses Individualprogramm oder Teile daraus in die

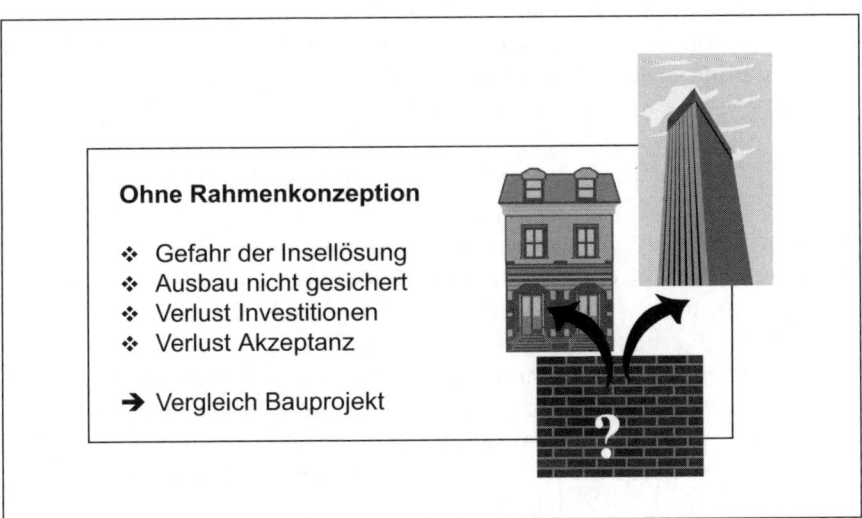

Abbildung 68: Mittelfristige Planung: Think big – start small!

eigene Software zu integrieren und somit auch weiterhin nutzen zu können. Die Projektleitung musste zwangsläufig erkennen, dass man das eigene Programm und damit auch die Investition in Millionenhöhe begraben musste und nun wieder neu zu beginnen hatte.

Dieses negative Beispiel (und ähnlich wurde und wird in vielen Unternehmen vorgegangen) soll vor vermeintlich raschen Insellösungen warnen, die nur den augenblicklichen Bedarf abdecken, nicht aber einen künftigen Weiterausbau ermöglichen. Niemand wird bestreiten, dass bei einem Hausbau zuerst eine sorgfältige Planung erfolgen muss und man nicht damit beginnt, in einem Möbelhaus die Einrichtung des Wohnzimmers auszuwählen.

Das Beispiel des Hausbaus ist in der Tat gut geeignet zu demonstrieren, wie in anderen Bereichen gewohnheitsmäßig und mit großer Selbstverständlichkeit vorgegangen wird. So wird sich eine Familie zunächst Gedanken machen, wo sie denn künftig leben und wohnen möchte, ob in Meeresnähe oder in den Alpen, am Stadtrand, in der Mitte der Stadt oder auf dem Lande, an einem Berghang oder in der Ebene.

Jeder Häuslebauer wird ziemlich genau seinen künftigen Bedarf an den Flächen der einzelnen Räume des Hauses ermitteln, bevor man mit all diesen Vorstellungen zu einem externen Spezialisten, dem Architekten, geht, um ihm seine Überlegungen als Grundlage für einen ersten Planentwurf vorzutragen. Dieser wird, wiederum einer strengen Systematik folgend, zunächst das Vorhandensein eines geeigneten Grundstücks fordern, bevor er darauf basierend seine Ideen entwickelt. Dabei berücksichtigt er die vorhandene Umgebung ebenso wie alle möglichen Anschlüsse an die bestehende Infrastruktur und Verkehrsanbindung. Denn auch hier ist nichts schmerzlicher als hinterher festzustellen, dass man vergessen hat, eine Garage vorzusehen oder den künftigen Ausbau des Dachgeschosses als Raumreserve.

Wenn von falschen Planungsvoraussetzungen ausgegangen wird, kann die gewünschte Erweiterung zu einem späteren Zeitpunkt eventuell nur noch mit großem Aufwand oder überhaupt nicht vorgenommen werden. Ähnlich verhält es sich bei CRM-Systemen. Grundlage jeder Systemeinführung ist eine vorausschauende Marketingstrategie, in der für einen mittelfristigen Horizont beschrieben wird, welchen Zielgruppen man künftig welche Problemlösungen in welcher Form anbieten möchte und welche Konsequenzen dies für die Umstellung des Sortiments und der Vertriebsstruktur bedeutet.

Die erfolgreiche Einführung eines CRM-Systems

Wer die Marketingziele und die möglichen zukünftigen Einflüsse bei Einführung eines CRM-Systems nicht berücksichtigt, darf sich nicht wundern, wenn sein Außendienst mit der teuren Technik nach wie vor die falschen Kunden besucht und bereits nach kurzer Zeit über fehlende oder ungeeignete Funktionen des Programms klagt. Dies führt nicht nur zum Verlust der Akzeptanz der Anwender, sondern auch der gesamten Investitionen – wozu auch die aufwendige Einführungsphase einschließlich der Schulungen und internen Umstellungen zu zählen ist.

Am Anfang einer Planung für ein CRM-Projekt muss eine Analysephase (siehe S. 173 ff.) über die derzeitigen tatsächlichen Vertriebsprozesse und Aufgaben der einzelnen Bereiche stehen, die in ständiger Kundenbeziehung den Kontakt mit dem Markt halten. Viele Unternehmen scheuen diesen Aufwand und konzipieren so ein System, das die bestehenden Anforderungen nicht berücksichtigt. Erst wenn auch Schwachstellen und Defizite aufgedeckt sind, kann der künftige Weg und somit die künftige Unterstützung durch den Computer in den Bereichen Marketing, Vertrieb und Service genau beschrieben werden. Der Ausblick auf die sich permanent verändernden Märkte wird dabei auch künftige Veränderungen berücksichtigen und vor allem besondere Flexibilität des Systems fordern, um rasch an veränderte Bedingungen angepasst zu werden.

Bevor jedoch mit dem Pflichtenheft begonnen werden kann, müssen in einem Rahmenkonzept (siehe S. 176 ff.) die Aufgabenbereiche und Prozesse, die die Kundenbeziehungen künftig gestalten, in grober Form beschrieben werden. Daraus leiten sich dann die Anforderungen an die späteren Vertriebsprozesse, den Informationsfluss und den Informationsbedarf der einzelnen Anwendergruppen wie Vertriebsleitung, -controlling, Key Account Management, Gebietsverkaufsleiter, Verkaufsinnendienst, Außendienst, Service, Kundendienst und Marketing ab. Daraus ergeben sich neben den Anforderungen an die Organisation vor allem Anforderungen an die Software, die im Rahmenkonzept ebenfalls beschrieben werden.

Als nächster Schritt können die hardwarespezifischen Voraussetzungen definiert werden, unter denen der Systemeinsatz künftig in mehreren Ausbaustufen eingeführt werden soll. Der so gewonnene Überblick erlaubt nun, systematisch eine Einführungsplanung nach Prioritäten und logischen Schritten zu entwerfen. Außerdem ist man nun in der Lage, eine grobe Kostenschätzung für die Beschaffung der notwendigen Soft- und Hardware und der Kommunikationseinrichtungen anzustellen und die laufenden Kosten zu definieren. Oft wird die Organisation rund um die Software vergessen oder außer Acht gelassen, die erfahrungsgemäß mindestens die Hälfte, meist sogar einen größeren Anteil des gesamten Projektbudgets ausmacht und einen erheblichen Zeitaufwand erfordert.

Als letzter Schritt des Rahmenkonzepts sollten nun Wirtschaftlichkeitsüberlegungen und -berechnungen angestellt werden, die deshalb so schwierig sind, weil der weitaus größte Nutzen sich im qualitativen, nicht bewertbaren Bereich abspielt. Schließlich geht es um die Verbesserung der Informationsqualität an sehr vielen Stellen im Unternehmen – und diese lässt sich nicht an jeder Stelle in Geldwerten ausdrücken.

Eben deshalb ist es wichtig, die gewünschten Ziele anfangs möglichst konkret zu definieren, wobei es nicht bei globalen Beschreibungen („Verbesserung der Kundenorientierung" oder „systematische Nachbearbeitung") bleiben darf. Messbare Größen sind jetzt gefragt, wobei es nicht unbedingt wichtig ist, diese Quantifizierung unbedingt auch in Geldbeträgen auszudrücken. So kann beispielsweise die Verkürzung der Angebotserstellung von zehn Tagen auf zwei Tage eine wesentliche Verbesserung bedeuten, ohne dass deswegen ein kausaler Zusammenhang zu einer Umsatzsteigerung abgeleitet wird. Zu den messbaren Größen gehört hier die Erhöhung der Rücklaufquote bei Mailings auf Grund der qualitativ besseren Informationen über Zielgruppen, sodass bei den einzelnen Briefaktionen zielgenauer selektiert werden kann. Oft wurde dadurch die Rücklaufquote von Mailings um zehn Prozent oder mehr gesteigert. Oder umgekehrt wird so die gleiche Responseanzahl mit nur einem Bruchteil an Aussendungen erreicht. Weitere messbare Größen wären beispielsweise die Verkürzung der Lieferzeiten, die Reduzierung der Reklamationsquote, die Erhöhung der Kundenzufriedenheit und Kundenbindung, die sich dann in der Steigerung der Einkaufskonzentration der Kunden niederschlägt.

Auch Ergebnisse wie die jederzeitige Verfügbarkeit aktueller Informationen, die schnellere Reaktionen auf entscheidungsrelevante Ausnahmesituationen erlaubt, können nicht unbedingt in Beträgen ausgedrückt werden. Und ebenso verhält es sich bei der Verkürzung der Informationswege und der Tatsache, dass nun endlich die „Linke weiß, was die Rechte tut".

Als nicht geeignete Parameter haben sich in der Vergangenheit Kostensenkungen im Bereich der Sachkosten, wie Telefonkosten, Papierorganisation und des Portos für die Versendung der Tagespost zwischen Außendienst und Zentralen erwiesen – denn schließlich ist die Zielsetzung eines solchen Systems nicht, Portokosten zu reduzieren!

Das können Sie konkret tun:

▶ Setzen Sie nicht auf Insellösungen, sondern gehen Sie ganzheitlich an die Veränderungen!

▶ Nehmen Sie sich ausreichend Zeit für Ihre Planungsvoraussetzungen – damit später alles gut und logisch aufeinander aufbaut!

▶ Erstellen Sie ein Rahmenkonzept, das Kostenschätzungen und Wirtschaftlichkeitsüberlegungen berücksichtigt!

6. Beginnen Sie lieber morgen mit einer 80-prozentigen als nie mit einer 100-prozentigen Lösung!

Wer sich informiert, hört immer wieder von einem typischen Anfangsdilemma: Die Erstellung der Pflichtenhefte zieht sich über mehrere Jahre hin – letztendlich ohne Ergebnis.

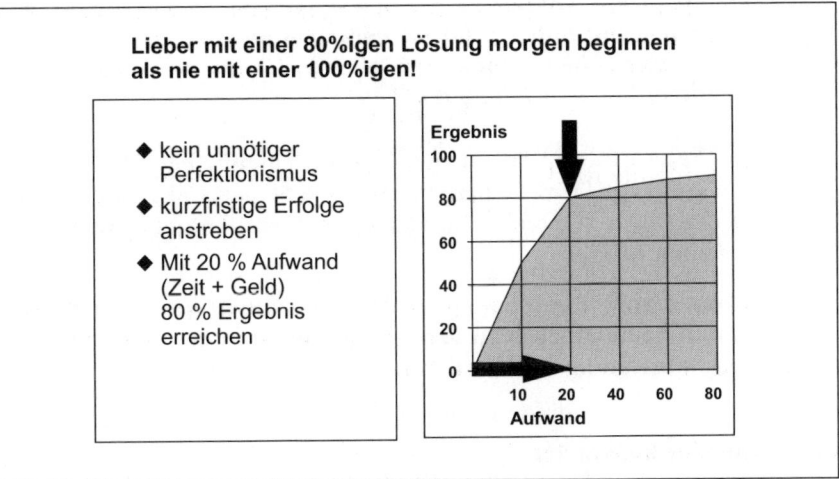

Abbildung 69: Lieber mit einer 80%igen Lösung ...

🖥 BEISPIEL

Ein weltweit operierender Investitionsgüterkonzern definiert 60 Zusatzfelder zum Kundenstamm und zu den Ansprechpartnern. Der Softwarelieferant baut diese unter immensen Kosten individuell ein. Bereits nach einem halben Jahr stellt der Projektleiter fest, dass eigentlich niemand in der Lage ist, die Felder entsprechend zu pflegen – weil es sich in vielen Fällen um Angabe mit dem Vermerk „nice to have" und ohne konkrete Verwendung handelt. Der Softwarelieferant wird nun beauftragt, von den 60 Zusatzfeldern 55 wieder aus dem Programm zu eliminieren – wieder verbunden mit hohem Kostenaufwand.

Perfektionismus und Verzettelung in unnötigen Details bringen Sie vor allem in der Anfangsphase eines CRM-Systems nicht weiter, da noch viele Erfahrungswerte fehlen. Deshalb ist es unbedingt zu empfehlen, sich Klarheit über die wirklich wichtigen Ziele und Prioritäten des Systems und seiner künftigen Marktbearbeitung zu verschaffen. Und damit ist sicherlich nicht eine ungeplante und überstürzte Vorgehensweise gemeint, sondern die stufenweise Systematik bei der Umsetzung. Hier erweist sich wieder, wie wichtig es ist, im Vorfeld eine Rahmenkonzeption (siehe S. 176) erstellt zu haben, weil eben dort die künftigen Bedingungen und Eckpfeiler sowie die Ziele des Systems ausführlich beschrieben sind. Aus dem Rahmenkonzept sollten in der Anfangsphase insbesondere jene Maßnahmen mit hoher Priorität versehen werden, die kurzfristige Erfolge versprechen – um so den Nutzen für die Anwender bereits nach kurzer Zeit spürbar zu machen.

Nach dem Pareto-Prinzip lassen sich hier mit einem Zeit- und Geldaufwand von rund 20 Prozent bereits 80 Prozent eines angestrebten Ergebnisses erreichen. Weitere zehn Prozent sollten künftigen Ausbaustufen vorbehalten bleiben.

Übrigens raten viele Experten sogar dazu, auf die letzten zehn Prozent der Anforderungen gänzlich zu verzichten – es ist in den meisten Fällen schlichtweg überflüssig und zu teuer!

Das können Sie konkret tun:

▶ Perfektionismus bringt Sie vor allem in Einführungsphasen von CRM-Systemen nicht weiter. Reduzieren Sie Ihre Daten auf das Wesentliche – und arbeiten Sie damit besonders erfolgreich!

▶ Stellen Sie Prioritätenlisten auf – und gleichen Sie diese mit der Rahmenkonzeption sorgfältig ab.

▶ Setzen Sie während der Einführungsphase auf CRM-Maßnahmen, die kurzfristige Erfolge für Ihre Mitarbeiter bringen. Das erhöht die Motivation und Akzeptanz bei der Umstellung.

7. Keep it simple!

CRM-Lösungen sind insgesamt oft zu komplex. Viele Anwender versuchen nämlich gerne, mit der Software alle Probleme eines Unternehmens auf einmal zu lösen, was in der Regel zu einer Überforderung der Systemanwender führt. Häufig werden die Systeme in den Pflichtenheften mit Funktionalitäten überfrachtet, statt sich vor allem in der ersten Phase auf das Wesentliche zu beschränken. Dabei werden „Datenfriedhöfe" erzeugt, die niemand pflegen kann – was dann wiederum auch die Performance des Systems und die Motivation der Anwender drückt.

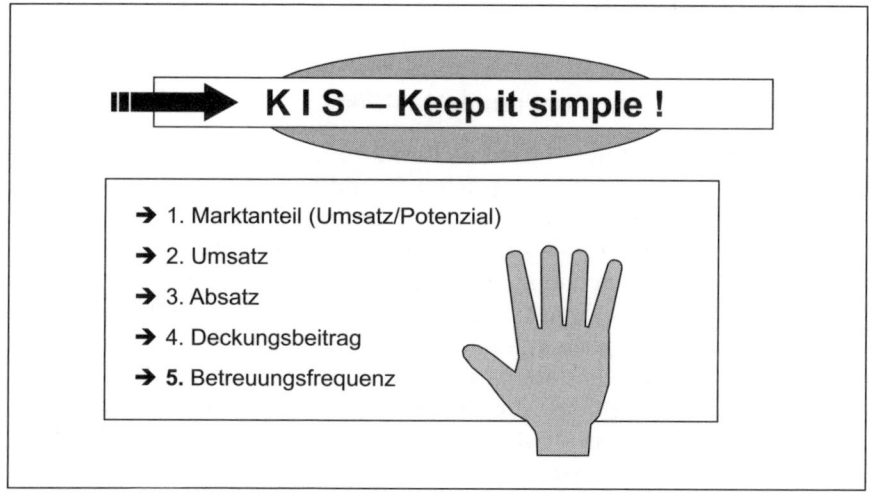

Abbildung 70: KIS – Keep it simple!

Es ist daher am sinnvollsten, sich bei den Informationen auf die Steuerung und die Parameter, an denen der Erfolg des Vertriebs gemessen werden kann, zu beschränken. Dazu reichen erfahrungsgemäß bereits vier bis fünf Kriterien pro Kunde aus, die als Planwerte definiert werden können. Für sie gibt es entsprechende Istwerte aus dem Tagesgeschäft, um in den Soll-Ist-Abweichungen Hinweise für ein erforderliches Eingreifen zu erhalten. Solche Parameter können beispielsweise sein:

- Marktanteil als Verhältnis aus Umsatz zu Potenzial
- Umsatz
- Absatz
- Deckungsbeitrag
- Betreuungsfrequenz

Mit diesen Kriterien lässt sich der Erfolg bei einzelnen Kunden leicht nachvollziehen. Auch aus den automatisch erzeugten Abweichungsanalysen geht schnell hervor, bei welchen Kunden und in welchen Sparten innerhalb eines Kunden dringend Handlungsbedarf herrscht.

Das können Sie konkret tun:

▶ Beachten Sie die zwei Grundregeln für optimale CRM-Lösungen:
  – Vermeiden Sie „Datenfriedhöfe"!
  – Beschränken Sie sich anfangs nur auf wenige Kriterien als Planwerte pro Kunde – so können Sie Erfolg oder Nachholbedarf schnell erkennen.

8. Elektrifizieren Sie nicht den Istzustand!

Ein klassischer Anfängerfehler: Die Einführungszeiträume für ein CRM-System werden zu gering eingeschätzt, und man beginnt bereits kurz nach der Auswahl des Softwarelieferanten mit der Einführung des Systems. Das Problem: Die organisatorischen Vorbereitungen rund um die Software sind noch längst nicht abgeschlossen – wenn sie überhaupt als notwendig erachtet wurden. Die Folge: Mit dem neuen System wird im Unternehmen lediglich der unbefriedigende Istzustand „elektrifiziert", und jeder wundert sich, dass der gewünschte Erfolg ausbleibt. Dabei ist erfahrungsgemäß mehr als die Hälfte des Aufwands bei einem CRM-Projekt erforderlich, um die Organisation an den künftigen Sollzustand (siehe S. 185 f.) anzupassen!

Dies betrifft zum Beispiel die Veränderungen in der Vertriebsstruktur, die Anpassungen bei den Aktivitäten für die Marktbearbeitung und Kundenbetreuung, die Einführung eines aktiven Verkaufsinnendiensts, die Integration des Service und Kundendiensts, die Anpassung und Veränderung der Vertriebsprozesse und des Informationsflusses zwischen den einzelnen Stellen im Unternehmen, die Regeln für die künftige Kommunikation auf elektronischem Wege sowie den Ersatz der Papierorganisation durch Bildschirm und Tastatur.

Auch Nummernsysteme und Schlüssel, die für die künftigen Analysen und Auswertungen von Bedeutung sind, können nicht einfach vom Istzustand unverändert übernommen werden. Oft betrifft dies auch Nummernsysteme, die auf den ERP-Systemen seit vielen Jahren in Verwendung sind, wie der Branchenschlüssel – meist ein typisches Beispiel für ein überholungsbedürftiges Nummernsystem.

Nicht den Istzustand elektrifizieren

- Vertriebsstruktur
- Marktbearbeitung
- Ablauforganisation, Prozesse
- Informationsfluss
- Kommunikation
- Belege / Formulare
- Nummernsysteme / Schlüssel

Abbildung 71: Organisation rund um die Software

Die in den meisten Programmen gebotenen Möglichkeiten standardisierter Eingaben über Auswahltabellen müssen nun mit Leben gefüllt werden, will man künftig nach diesen Kriterien selektieren und Auswertungen vornehmen. Wer dies nicht gewissenhaft tut und bestimmte Details dabei nicht grundsätzlich neu überdenkt, wird auch nur zu einem unbefriedigenden Teilerfolg kommen.

Auch in anderen Zusammenhängen ist dieses Vorgehen übrigens gang und gäbe: So haben viele Business-Reengineering-Projekte zum Leanmanagement geführt, also zu einem Abbau nicht mehr benötigter hierarchischer Strukturen und zu kurzen Entscheidungswegen. Auch in diesem Procedere drückt sich eine verstärkte Kundenorientierung aus, da so kurze Entscheidungswege und flache Hierarchien ermöglicht sowie Anfragen von Kunden nicht mehr über Wochen, sondern in wenigen Tagen bearbeitet werden können. Diese neuen Strukturen wurden meist jedoch auch nicht ad hoc eingeführt, sondern sorgfältig Schritt für Schritt den tatsächlichen Bedürfnissen angepasst.

Auch die kundenorientierte Vertriebsorganisation kann nicht quasi über Nacht ihre Arbeit aufnehmen. Vielmehr bedarf es hier sorgfältiger Überlegungen und einer längeren Umstellungsphase.

Das können Sie konkret tun:

▶ Nehmen Sie sich ausreichend Zeit für die schrittweise Einführung Ihres Systems, um wirklich die passenden organisatorischen Voraussetzungen zu schaffen.

▶ Orientieren Sie sich dabei an den Prinzipien des Leanmanagements – vorausgesetzt, Ihr Kunde bleibt stets im Mittelpunkt.

▶ Im Zweifelsfall: Ziehen Sie die Notbremse und beginnen Sie lieber ein paar Monate später als viel zu früh!

9. Benutzen Sie Notebooks nur in Ausnahmefällen beim Kunden!

Das Notebook sollte beim Kunden möglichst nicht zum Einsatz kommen. Eine typische Außendienst-Todsünde ist nämlich, wenn bereits zu Beginn des Gesprächs mit dem Ansprechpartner beim Kunden das Notebook aufgeklappt wird – und sich somit eine künstliche Barriere zwischen Außendienst und Kunden aufbaut. Außerdem verliert der Außendienstmitarbeiter durch das Handling mit dem Notebook sehr leicht den so wichtigen Blickkontakt mit seinem Gesprächspartner, was die Gesprächsatmosphäre empfindlich stört.

Es gibt jedoch einzelne Ausnahmesituationen, in denen der Einsatz des Notebooks beim Kunden sinnvoll ist: So sollte der tragbare Rechner beispielsweise dann zum Zuge kommen, wenn es um die Präsentation und Vorführung mit Multimedia-Systemen geht, über die man dem Kunden effektvoll neue Produkte, neue Verfahren oder Angebotsvorschläge in professioneller Form vorstellen kann. Allerdings sitzt der Gesprächspartner währenddessen neben dem Außendienstmitarbeiter – und beide betrachten den Bildschirm.

Ebenso kann es in bestimmten Situationen vor Ort dringend erforderlich sein, Daten von der Zentrale abzurufen. Dies über eine Online-Verbindung mit Notebook und Handy zu versuchen, kann zu Problemen führen: Denn der Funkverkehr über die Handys ist momentan noch nicht dazu geeignet, eine befriedigende Datenverbindung an allen Orten der Bundesrepublik aufzubauen. Außerdem ist die Übertragungsgeschwindigkeit von derzeit 9 600 bit/sec zu langsam. Kurz: Sind die gewünschten Daten nicht auf dem Notebook gespeichert, ist der Griff zum Telefon meist die bessere Methode, um vom Innendienst die gewünschte Auskunft zu erhalten.

Im Konsumgüterbereich ist der Notebookeinsatz beim Kunden vor allem bei der Auftragserfassung angebracht, da hier vor Ort, oft unmittelbar am Warenregal, viele Artikelpositionen einzugeben sind.

Notebookeinsatz beim Kunden

◆ Nur sinnvoll bei:
  ❖ Vorführung: Kunde sitzt neben dem Außendienst
  ❖ Datenabruf von PC erforderlich
    (Prüfung Lieferfähigkeit, Lagerbestände)
◆ Konsumgütervertrieb: zur Auftragserfassung

◆ Generelle Voraussetzungen
  ❖ Anwender / Außendienst beherrscht die Technik
  ❖ Kunde hat nichts dagegen

Abbildung 72: Notebook zum Kunden mitnehmen?

Wann der Einsatz des Notebooks während des Kundengesprächs notwendig ist, liegt letztendlich im Ermessen jedes Außendienstmitarbeiters. Schließlich weiß er am allerbesten, wie weit er mit der Technik vertraut ist – und folglich kann nur er selbst beurteilen, ob er damit eine positive Wirkung erzielt oder sich möglicherweise auf Grund von Handlingschwierigkeiten blamiert. Außerdem kann nur der Außendienstmitarbeiter seine Kunden auch dahingehend einschätzen, ob sie der neuen Technik gegenüber aufgeschlossen sind oder ihr eher ablehnend gegenüberstehen – und wird seine Entscheidung danach richten.

Zwei Regeln, die Sie unbedingt beachten sollten

▷ Vermeiden Sie, wenn möglich, den Notebookeinsatz beim Kunden, um keine künstliche Barrieren aufzubauen.

▷ Und wenn die Situation es doch einmal erfordert: Zücken Sie Ihr Gerät nur, wenn Sie ganz sicher im Handling sind – sonst wird Ihr Besuch ein echter Flop!

10. Wählen Sie Ihre Software systematisch aus!

Keine Frage: Der Softwaremarkt ist weder transparent noch übersichtlich. Nur echte Experten kennen das tatsächliche Softwareangebot und die immensen Unterschiede zwischen den einzelnen Softwarepaketen. Denn neben branchenspezifischen Auslegungen und unterschiedlichen Funktionen gehen in der Regel auch die technologischen Grundlagen weit auseinander, sodass es erforderlich ist, sich vorab einen Marktüberblick zu verschaffen. Erst dann sollte man in die Entscheidungsphase über die Auswahl der Software treten.

Der Fehler passiert immer wieder: Unternehmen wollen sehr kurzfristig eine Entscheidung über die Softwareauswahl treffen, obwohl weder eine Konzeption noch ein Anforderungskatalog entwickelt wurde. Kein Wunder, wenn mit derart fehlenden Zielvorstellungen die Auswahl nach dem Zufallsprinzip erfolgt!

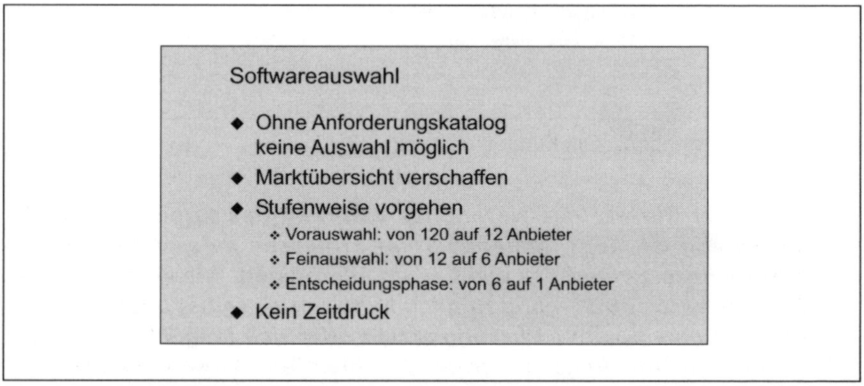

Softwareauswahl

♦ Ohne Anforderungskatalog
   keine Auswahl möglich
♦ Marktübersicht verschaffen
♦ Stufenweise vorgehen
   ❖ Vorauswahl: von 120 auf 12 Anbieter
   ❖ Feinauswahl: von 12 auf 6 Anbieter
   ❖ Entscheidungsphase: von 6 auf 1 Anbieter
♦ Kein Zeitdruck

Abbildung 73: Systematische Softwareauswahl

Häufig ist es auch so, dass ein Unternehmen aus Unwissenheit viel zu früh mehrere Softwareanbieter zur Präsentation einlädt und von diesen dann angesichts der fehlenden Konzeption ganz unterschiedlich und dadurch sehr verwirrend beraten wird – je nach den Schwerpunkten der jeweiligen Softwareanbieter. Logischerweise haben es die Anbieter in derartigen Situationen auch nicht leicht, denn ohne die Pflichtenhefte können sie sich praktisch nicht auf die Bedürfnisse ihrer potenziellen Kunden einstellen. Fehlen hier klar beschriebene Anforderungen, müssen sie zwangsläufig das präsentieren, was sie am besten können – und versuchen, die Unternehmen genau von diesen Lösungen zu überzeugen, auch wenn dies bei objektiver Betrachtung für den Anwender nicht optimal ist.

Um die Vielfalt des Softwareangebots zu bewältigen, sollte man stufenweise (siehe S. 183, 209 ff.) vorgehen. Wer nämlich den Anbieterkreis schrittweise immer stärker einengt, bis der richtige Softwarelieferant ermittelt ist, gewinnt auch die notwendige Sicherheit für die richtige Entscheidung.

Die erfolgreiche Einführung eines CRM-Systems

Abbildung 74: Marktübersichten CRM

Das können Sie konkret tun:

▶ Gehen Sie systematisch vor: zuerst das Rahmenkonzept, dann das Detailkonzept und schließlich die Softwareauswahl.

▶ Gehen Sie bei der Softwareauswahl stufenweise vor und nehmen Sie sich Zeit!

▶ Entscheiden Sie sich erst für ein System, wenn Sie ganz sicher sind.

🖥 **TIPP**

Nutzen Sie vorhandene Marktübersichten für den Marktüberblick, zum Beispiel:
- CRM-Marktspiegel
- Marktstudie CRM Top 15 Deutschland 2000

---

11. Sparen Sie nicht bei der Hardware!

Vor allem große Außendienstorganisationen kennen das Problem: Die Investitionen in die mobile Hardware können sehr schnell mehrere Hunderttausend Euro erreichen, während die Projektverantwortlichen die Ausgaben so gering wie möglich halten wollen. Angesichts des Gesamtvolumens eines CRM-Projekts inklusive Umstellungsmaßnahmen und Zeitaufwand für Schulung und Einführung sollte gerade bei der Hardware, dem Werkzeug für den Außendienst, nicht gespart werden. Im Gegenteil: Auch die Anforderungen an die Hardware müssen frühzeitig im Rahmenkonzept (siehe S. 176 ff.) definiert werden, um dem Außendienst das bestmögliche Werkzeug für seine Vertriebsaufgaben zur Verfügung zu stellen. Werden die Notebooks nämlich zu gering dimensioniert, müssen die Außendienstmitarbeiter möglicherweise bei Selektionen und Datenbankabfragen zu lange auf Ergebnisse warten – was ihre Bereitschaft zur Nutzung dieser Instrumente erfahrungsgemäß deutlich reduziert.

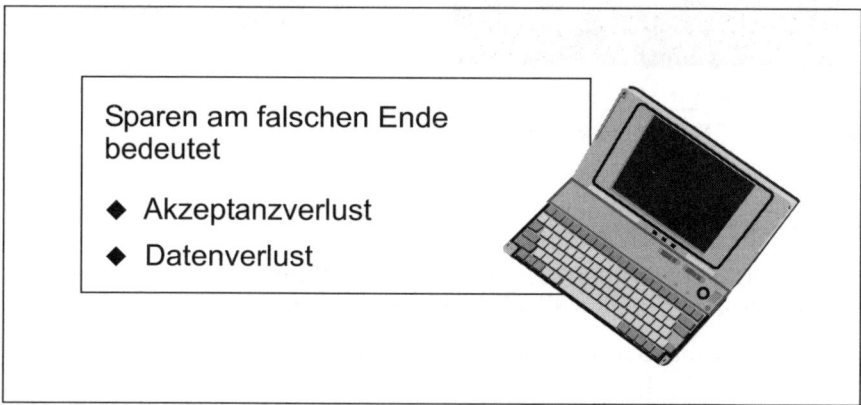

Sparen am falschen Ende bedeutet

◆ Akzeptanzverlust
◆ Datenverlust

Abbildung 75: Nicht bei der Hardware sparen

Hat man die Hardwareauswahl aus reinen Kostengesichtspunkten getroffen und mehr oder weniger Billigangebote eingekauft, kann es auch zu einem nicht unerheblichen Datenverlust führen, zum Beispiel wenn die Geräte ausfallen, ohne dass die Daten wiedergewonnen werden können. Daher ist es ratsam, nur anerkannte Markenfabrikate auszuwählen – auch wenn diese ein wenig teurer sind. Meist bieten die Lieferanten von Markengeräten gleichzeitig einen entsprechenden Service, sodass der Außendienst bei Ausfällen oder Störungen in jeder

Die erfolgreiche Einführung eines CRM-Systems

größeren Stadt eine Serviceniederlassung aufsuchen kann, um sein Gerät dort reparieren zu lassen – ein großer Vorteil. Voraussetzung dafür ist allerdings, dass entsprechende Wartungsverträge abgeschlossen wurden. Einzelne Markenhersteller bieten auch einen Vor-Ort-Service an.

Die vermeintlichen Nachteile der Markenfabrikate liegen auf der Hand: Sie kosten einfach mehr in der Erstanschaffung und bei Aufstockungen, da hier meist keine Standardkomponenten verwendet werden. Man ist dann gewissermaßen auf den einen Lieferanten angewiesen. Dennoch: Die Vorteile für einen störungsfreien Betrieb und eine einwandfreie Nutzung über viele Jahre überwiegen.

Für die Nutzungsdauer sollten übrigens generell nicht mehr als drei Jahre angesetzt werden, da einerseits der technische Fortschritt ständig Neuerungen auf den Markt bringt, andererseits die Lebensdauer der einzelnen Komponenten bei intensivem Betrieb doch erheblich verkürzt.

Das können Sie konkret tun:

▶ Denken Sie immer daran: Die mobile Hardware ist das entscheidende Werkzeug Ihres Außendiensts, an dem man nicht sparen sollte.

▶ Setzen Sie auf Markenfabrikate. Das garantiert guten Service, Qualität und im Zweifelsfall schnelle Hilfe vor Ort.

▶ Testen Sie einzelne Geräte vor dem Kauf!

▶ Setzen Sie die Nutzungsdauer Ihrer Hardware nicht zu lang an. Der technologische Fortschritt und die Abnutzung der Geräte machen regelmäßige Erneuerung erforderlich!

12. Schulen Sie Ihre Mitarbeiter, wann immer es geht!

Das Thema Schulung kann nicht oft genug erwähnt werden, weil davon der einwandfreie Betrieb des CRM-Systems abhängt. Nur wer die Notebooks und die Programme wirklich gut beherrscht, wird auch die notwendige Motivation aufbringen, mit dem System zu arbeiten und jene Funktionen zu nutzen, die in der jeweiligen Aufgabe einen größtmöglichen Vorteil bringen.

Dabei geht es nicht nur um die Anfangsschulung bei der Einführung des CRM-Systems. Es ist zudem unbedingt notwendig, alle Anwender zu trainieren. Der Systemadministration obliegt es hier zu erkennen, wenn bestimmte Aufgaben und Funktionen falsch oder unzureichend verwendet werden, um Abhilfe zu schaffen. So machen in vielen Unternehmen regelmäßige Nachschulungen ebenso Sinn wie Kurztrainings vor Ort, um die betreffenden Mitarbeiter besser zu unterweisen. Bei den Kosten für die Schulung zu sparen bringt vergleichbare Folgen mit sich wie Auto fahren, ohne je den Führerschein gemacht zu haben!

Grundsätzlich zu unterscheiden ist die Schulung in der Anwendung der CRM-Software, also dem Handling der einzelnen Programmfunktionen, und des heute üblicherweise verwendeten Betriebssystems MS-Windows und seiner Komponenten. Diese Schulungen können am besten vom Hersteller der Programme oder dem dafür besonders ausgebildeten Systemadministrator durchgeführt werden.

Darüber hinaus ist es notwendig, alle Anwender des CRM-Systems darin zu unterweisen, wie sie nun mit den Inhalten der Datenbanken strategisch richtig umgehen, um so den größtmöglichen Verkaufserfolg zu erreichen. Diese strategische Schulung geht über das Handling der Programme weit hinaus und behandelt Aufgaben wie taktische Maßnahmen, um die Erfolgsquote der Verkaufschancen zu erhöhen – und muss den Anwendern aufzeigen, wie sie zum Beispiel am günstigsten ihre Besuchsplanung einrichten, damit eine größtmögliche Kundenzufriedenheit und Kundenbindung erreicht wird. Hier geht es also auch um Fragen, wie die Mitarbeiter im Verkaufsteam erkennen, welche Kunden dringend kontaktiert werden müssen und welche Möglichkeiten das System hier als vernetztes Informationsmanagement der gesamten Verkaufsorganisation und jedem einzelnen Anwender bietet.

Außerdem sollte es im Interesse jedes einzelnen Mitarbeiters liegen, der über einen stationären oder mobilen PC-Arbeitsplatz verfügt, die Tastaturbedienung derart flüssig und flott zu beherrschen, dass er den PC nicht als lästiges Hindernis, sondern als wirkungsvolles Arbeitsinstrument betrachtet. Es gibt mittlerweile sehr gute PC-Programme, mit deren Hilfe man schnell mit zehn Fingern blind auf der Tastatur schreiben lernen kann. Hier sollte sich jeder Mitarbeiter entsprechend seinem Bedarf und seinem Defizit aufgerufen fühlen, dies aus Eigeninitiative und eigenem Interesse möglichst perfekt zu erlernen – anstatt nach dem Adler-Such-System mit drei oder vier Fingern auf der Tastatur bei relativ vielen Fehlerkorrekturen nur mühsam und frustriert die täglichen Eingaben zu bewältigen.

Das können Sie konkret tun:

▶ Vergessen Sie nie: Von der Qualität Ihrer Schulungen hängt letztendlich auch die Qualität Ihres CRM-Systems im täglichen Betrieb ab!

▶ Initiieren Sie nicht nur technische Schulungen, sondern auch strategische Lehrgänge für den Umgang mit CRM.

▶ Ermutigen Sie jeden einzelnen Anwender dazu, seinen individuellen Umgang mit Hard- und Software zu perfektionieren. Der Schulungsaufwand zahlt sich im Nachhinein um ein Vielfaches aus!

Der 10-Stufen-Plan für eine erfolgreiche Einführung

Unabhängig von der Größe des Projekts und der Anzahl der künftigen CRM-User hat es sich bewährt, nach einem gezielten Phasenkonzept vorzugehen, so wie es in ähnlicher Form auch bei der Einführung anderer Softwarelösungen Anwendung findet. Der Vorteil dieses 10-Stufen-Plans liegt in der klar strukturierten bausteinartigen Einteilung der einzelnen Projektschritte und in der logisch richtigen Reihenfolge der einzelnen Stufen. Die Dauer und Komplexität der einzelnen Projektphasen hängt dabei selbstverständlich von der Größe des Unternehmens und von der Komplexität des gesamten CRM-Projekts ab.

Bei mittelständischen Anwendern hat sich in Befragungen herauskristallisiert, dass man diese zehn Stufen durchaus in einem Jahr bewältigen kann. In großen Unternehmen liegt die Dauer vom Projektbeginn bis zum Start des Roll-outs erfahrungsgemäß in einem Zeitraum zwischen 18 und 24 Monaten. Deshalb kann die in der Übersichtsabbildung genannte Dauer pro Projektstufe nur eine grobe Orientierung sein. Denn schließlich hängt das gesamte Projekt nicht zuletzt auch davon ab, wie viel Zeit ein Projektteam für die Bearbeitung der einzelnen Aufgaben täglich aufwenden kann – und welche Priorität dem gesamten Projekt seitens der Geschäftsleitung eingeräumt wird.

Stufe 1: Projektstart

Beginnen Sie mit einer möglichst detaillierten Projektplanung hinsichtlich der Ziele aller Beteiligten, des wahrscheinlich benötigten Zeitbedarfs und der geschätzten Kosten. In den meisten Unternehmen existieren

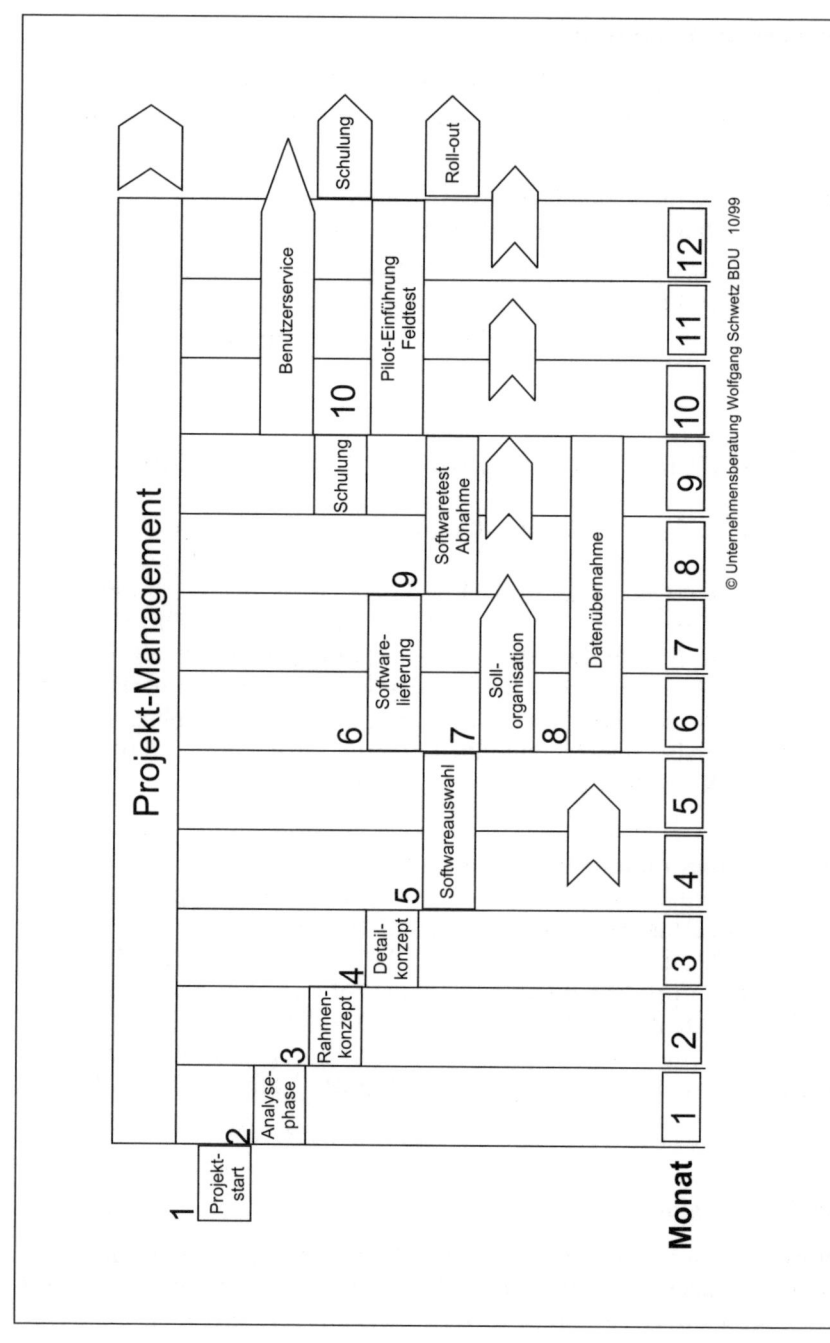

Abbildung 76: 10-Stufen-Plan

Die erfolgreiche Einführung eines CRM-Systems

hier erfahrungsgemäß Richtlinien, die mit einem Genehmigungsverfahren für die Durchführung des Projekts abschließen. Die Spielregeln der Projektorganisation und des Projektmanagements leiten sich daraus ab und sollen – ganz im Sinne der vorhandenen Unternehmenskultur – sicherstellen, dass Sie die angestrebten Ziele erreichen und den anvisierten Kostenrahmen möglichst nicht sprengen.

Nehmen Sie sich ausreichend Zeit, wenn es darum geht, einen Projektleiter zu benennen und ein Projektteam auszuwählen, damit Sie nicht am tatsächlichen Bedarf vorbeiplanen. Vergleichen Sie hier gegebenenfalls noch einmal die Ausführungen auf Seite 145 ff. zur Arbeitsweise und Zusammenstellung von Projektteams für die CRM-Einführung.

Definieren Sie bereits jetzt zu Beginn des Projekts innerhalb der Geschäftsleitung einen verantwortlichen Sponsor, von dem idealerweise die Initiative zu diesem Projekt ausgeht. Das garantiert, dass Sie auch in problematischeren Phasen und „Durststrecken" stets ausreichend Unterstützung „von oben" erhalten.

Und last but not least gehört es auch zu den wichtigsten Startmaßnahmen Ihres CRM-Projekts, dass Sie alle betroffenen Mitarbeiter frühzeitig über die Pläne und Veränderungen informieren – sei es in Form eines Rundschreibens, einer Ankündigung in der Firmenzeitung oder einer Betriebsversammlung. Den Betriebsrat dürfen Sie dabei nicht vergessen, ihn sollten Sie vorab gesondert informieren, um auch hier optimale Unterstützung zu gewährleisten.

Stufe 2: Analysephase

Keine Sorge: Während der Analysephase müssen Sie und Ihr Team nicht wochen- und monatelang den Istzustand durchforsten, um Defizite aufzudecken und Schuldige zu finden. Sie sollten diese Zeit vielmehr dazu nutzen, den derzeitigen Stand der Vertriebsprozesse, der Vertriebsorganisation, des Informationsflusses und mögliche Schwachstellen zu dokumentieren, um sie in der späteren Konzeption als Ausgangsbasis berücksichtigen zu können. Denn schließlich müssen Sie ja wissen, an welchem Punkt Sie heute stehen, wenn Sie dabei sind, Maßnahmen zu beschreiben, die zu einem höheren Ziel führen sollen.

Inhaltlich gehört in Ihre Analysephase des Istzustands auch die Dokumentation der bestehenden IT-Infrastruktur einschließlich der bekannten und bereits in Planung befindlichen künftigen Veränderungen. Außerdem ist es sehr hilfreich, wenn Sie ein Mengengerüst über die wichtigen Eckdaten von heute und die Veränderungen für die Zukunft (soweit absehbar) aufstellen. Dabei geht es im Wesentlichen um die Anzahl der Kunden und Interessenten sowie der anderen Geschäftspartner, unterteilt nach Sparten, die Anzahl der Mitarbeiter im Verkauf, aufgeteilt nach einzelnen Benutzergruppen wie Marketing, Vertriebscontrolling, Innendienst, Customer Service Center, Call Center und Kundendienst, sowie um die Angaben über die Anzahl der Kundenkontakte der einzelnen Benutzergruppen pro Tag oder Woche, die Anzahl der Angebote pro Jahr und der durchschnittlichen Angebotspositionsanzahl, die Anzahl der Ausgangsrechnungen pro Jahr und die durchschnittliche Anzahl der Rechnungspositionen, die Anzahl der verkaufsfähigen Produkte nach Geschäftssparten und die Anzahl der Reklamationen pro Jahr. Diese und weitere Angaben müssen Sie gegebenenfalls auch nach den einzelnen Standorten aufsplitten, um hier – vor allem bei größeren Unternehmen – einen Überblick über das zu bewältigende Datenvolumen zu erhalten. Diese Angaben benötigen auch die Softwareanbieter in der Softwareauswahl zur Angebotserstellung (siehe S. 212 f.).

Nun beginnen Sie mit der Dokumentation der bestehenden Geschäftsprozesse; angefangen von eingehenden Anfragen, Messekontakten, Mailings, bis hin zur Angebotsabgabe, dem Auftragsabschluss und der nachfolgenden Kundenbetreuung. Diese Prozesse müssen Sie für alle betroffenen Bereiche vom Marketing über sämtliche Stufen des Vertriebs bis hin zum Service zusammenstellen und Probleme im Istzustand festhalten.

Um den Aufwand für die Erhebungen möglichst gering zu halten und gleichzeitig alle betroffenen Mitarbeiter mit einzuschließen, sollten Sie im Zweifelsfall auf ein besonders effizientes Verfahren zurückgreifen: die schriftliche Mitarbeiterbefragung aller künftigen CRM-User. In der Regel sind das Personen mit regelmäßigen Kundenkontakten, die Sie danach fragen, welche Aufgaben heute von ihnen wahrgenommen werden, welchen Zeitaufwand sie dafür benötigen und wie sie subjektiv mit der vorhandenen Organisation der Aufgabenabwicklung zufrieden sind.

Dabei sollten Sie keine Fragen vorgeben, sondern die Mitarbeiter selbst ihre Aufgaben in offener Form beschreiben lassen. Das hat nämlich den entscheidenden Vorteil, dass die Befragten nicht im Schnellverfahren etwas Vordefiniertes ankreuzen, sondern genau überlegen, was eigentlich in ihrem Aufgabenbereich anfällt. Absolute Vollständigkeit hinsichtlich der gesamten Arbeitszeit können Sie hier natürlich nicht erwarten. Sie dürfen jedoch getrost davon ausgehen, dass jeder Mitarbeiter

Die erfolgreiche Einführung eines CRM-Systems

instinktiv vorrangig jene Aufgabengebiete detailliert beschreibt, mit denen er persönlich unzufrieden ist oder Probleme hat – und das ist genau die Information, die Sie benötigen.

Anschließend gewichten Sie die Antworten jedes Mitarbeiters mit dem Zeitaufwand und dem Grad der Zufriedenheit und erhalten in Addition gleiche und ähnliche Antworten. Diese Ergebnisse können Sie dann zu Themenblöcken zusammenfassen und mit einer entsprechenden grafischen Auswertung einen guten Überblick über bestehende Defizite und Schwachstellen darstellen. Die Auswertung können Sie mithilfe einer Tabellenkalkulation (zum Beispiel Excel) nach den einzelnen Benutzergruppen oder in Summe vornehmen. Ein Beispiel ist in Abbildung 15 (S. 49) dargestellt.

Mitarbeiterbefragung
computerunterstütztes Kundenmanagement (Customer Relationship Management)

Name: _____ Tel. _____ Datum: _____

bitte Zutreffendes ankreuzen:

Tätigkeit ☐ Verkaufsleitung   ☐ Verkauf Innendienst   ☐ Deutschland
           ☐ Verkauf Außendienst   ☐ Marketing   ☐ Österreich
           ☐ Customer Service   ☐ Training   ☐ Schweiz

1. Kundenbeziehungen / Kundenkontakte

Tätigkeiten und Aufgaben: Nennen Sie einzelne Tätigkeiten und Aufgaben und bewerten Sie diese subjektiv mit dem Zeitaufwand und dem Grad der Zufriedenheit mit der derzeitigen Abwicklung (➔ Ankreuzen)	Zeitaufwand			Wie zufrieden sind Sie mit der derzeitigen Abwicklung?				
	1 gering	2 mittel	3 hoch	1 sehr gut	2 gut	3 mittel	4 wenig	5 gar nicht

Abbildung 77: Fragebogenmuster Mitarbeiterbefragung

Dabei hat sich in vielen Projekten herauskristallisiert, dass verkaufsfremde Tätigkeiten – wie die Beschaffung von Informationen und administrative Aufgaben – in den meisten Unternehmen vor den eigentlichen Verkaufstätigkeiten dominieren. Sie werden sehen: Spätestens wenn Sie Ihre Ergebnisse präsentieren, wird allen Beteiligten im und außerhalb des Projektteams klar, dass es eines der wichtigsten Ziele bei der Einführung des CRM-Systems sein muss, die aufgezeigten Defizite und Schwachstellen möglichst umfassend zu beseitigen und wieder die eigentlichen Verkaufstätigkeiten und Aufgaben des Kundenbeziehungsmanagements in den Vordergrund zu rücken.

Stufe 3: Rahmenkonzeption

Auf die Notwendigkeit einer mittelfristigen Rahmenkonzeption wurde bereits hingewiesen (siehe S. 155 ff.). Sie ist für den Erfolg des CRM-Projekts zwingend erforderlich und sollte inhaltlich in erster Linie auf eine Definition der mittelfristigen Ziele des Computereinsatzes im Vertrieb, Marketing und Service ausgerichtet sein. Für Ihre Wirtschaftlichkeitsbetrachtung und auch die nach der Einführung erforderliche Ergebniskontrolle ist es jedoch wichtig, dass Sie dabei Ihren Zielen konkrete und messbare Größen zuordnen, die den erwarteten Verbesserungen im Sollzustand entsprechen. Diese müssen nicht unbedingt immer in Geldbeträgen ausgedrückt werden. Auch eine Beschleunigung des Informationsflusses durch eine Verbesserung der Vertriebs- und Serviceprozesse wird dem Kunden einen Nutzen bringen und daher einen Wettbewerbsvorteil darstellen.

Als Input für die Neugestaltung der Vertriebs- und Serviceprozesse dienen Ihnen vor allem die Ergebnisse der Analyse und hier wiederum die Antworten aus der schriftlichen Mitarbeiterbefragung. Danach muss sich Ihr Projektteam der Aufgabe stellen, in mehreren Workshops gemeinsam die künftigen Prozesse in Marketing, Vertrieb und Service zu beschreiben und dabei vor allem den Informationsfluss zwischen den einzelnen Stellen im Unternehmen und den Marktpartnern (Kunden, Interessenten, Entscheidern) übersichtlich darzustellen. Für diese Arbeit eignen sich übrigens spezielle PC-Programme mit entsprechenden Grafikfunktionen (wie zum Beispiel Visio) besonders gut – eine Investition, die sich gerade bei komplizierten Abläufen lohnt.

Sie werden feststellen: In dem Moment, wenn Sie den genauen Informationsfluss erarbeiten, ergibt sich auch der an den einzelnen Stellen anfallende Bedarf an Daten und Informationen. Diese sollten Sie in einem separaten Abschnitt, getrennt nach den einzelnen Benutzergruppen des CRM-Systems, auflisten und mit Angabe der Herkunft, des Bedarfszeitpunkts, des Verwendungszwecks und der Verantwortlichkeit für die Aktualisierung und Pflege versehen.

Kann eine dieser kritischen Fragen (Woher? Wann? Wozu? Wer?) nicht eindeutig beantwortet werden, müssen Sie zwangsläufig auf die Aufnahme dieses Datums und der Information in das CRM-Systems verzichten. Denn nichts ist frustrierender als nur teilweise ausgefüllte und unvollständige Masken, die veraltete Daten verarbeiten.

Aus den Informationsflussdiagrammen, den Geschäftsprozessen und der Tabelle des Daten- und Informationsbedarfs pro Anwendergruppe haben Sie nun bereits einen groben Anforderungskatalog erarbeitet, der in seinem Detaillierungsgrad zwar noch nicht einem Pflichtenheft entspricht − wohl aber dazu geeignet ist, allen Beteiligten den Sollzustand transparent zu machen und die erforderlichen Konsequenzen für die benötigte Software, Hardware, Kommunikationseinrichtungen sowie organisatorischen Anpassungen der Vertriebs- und Serviceprozesse abzuleiten.

Auf diesen Ergebnissen können Sie nun aufbauen und den Kostenrahmen für die einmaligen Investitionen, sprich die Beschaffung der Hardware im Innendienst (Netzwerk), den Filialen und Niederlassungen sowie im Außendienst (Notebook) ermitteln. Dazu gehören übrigens auch die Kommunikationseinrichtungen für den Daten- und Nachrichtenaustausch. Eine weitere wesentliche Investition stellt die Beschaffung der Software des CRM-Systems dar. Den Rahmen für die Lizenzgebühren können Sie erfahrungsgemäß in einer Größenordnung zwischen 1 500 EUR und 2 500 EUR pro Anwender ansetzen.

Zu den Einmalkosten gehören außerdem ausreichende Budgets für die Schulungen Ihrer Mitarbeiter, wobei Sie in der ersten Ausbaustufe von zwei bis drei Tagen pro Anwender ausgehen müssen − immer vorausgesetzt, dass die Mitarbeiter Grundschulungen in der Handhabung des PCs und des Betriebssystems absolviert haben. Ebenso ist eine intensive Ausbildung des Systemadministrators zu Beginn erforderlich, wofür fünf bis zehn Tage üblicherweise anzusetzen sind.

In der Phase der Einführung sollten Sie für die Datenbereinigung und Datenübernahme ein ausreichendes Budget kalkulieren. Hinzu kommt der Aufwand für die Betreuung der Pilotgruppe vor Beginn des Roll-outs mit etwa 10 bis 20 Tagen.

Bei den Schulungen müssen Sie berücksichtigen, dass üblicherweise in Gruppen zu maximal zehn Mitarbeitern gearbeitet wird und die Kosten für einen Schulungstag bei 1 000 EUR liegen. Mit diesem Tagessatz können auch die anderen Dienstleistungen bewertet werden, wobei fallweise auch noch Reisespesen hinzukommen.

Eine besonders wichtige Aufwands- und Kostenposition fehlt nun allerdings noch: Der Aufwand für die Anpassung der Organisation rund um die Software bewegt sich nach Erfahrungsberichten beim zwei- bis dreifachen der Softwarelizenz, auch wenn Sie eigenes Personal in Anspruch nehmen und deshalb einen kalkulatorischen Ansatz treffen. Üblicherweise gibt es jedoch in vielen Unternehmen einen internen Kostensatz für die Weiterverrechnung von Mitarbeiterleistungen innerhalb der Projekte.

Die Addition der genannten Positionen, bestehend aus Hardware, Software, Schulung und Einführungsunterstützung sowie Organisation, stellen nun den groben Investitionsrahmen dar, über den Sie zu entscheiden haben. Erweist sich dieser Ansatz gegenüber ursprünglichen Annahmen als zu hoch, müssen Sie überlegen, in welcher Form Sie das Projekt durch zeitliche Verschiebung in mehreren Stufen strecken können, um die Investitionen auf mehrere Zeiträume zu verteilen. So kommt es in der Praxis durchaus vor, dass man in der ersten Stufe nur den Vertrieb und hier nur bestimmte Regionen mit dem System ausstattet, um in den Folgejahren den weiteren Ausbau voranzutreiben.

Neben diesen einmaligen Kosten sollten Sie nun auch die laufenden Kosten ermitteln und auflisten. Sie bestehen vor allem aus den Personalkosten für den Benutzerservice beziehungsweise den Systemadministrator. Gehen Sie hier bitte nicht blauäugig davon aus, irgendjemand könne diese Aufgaben quasi nebenbei erledigen – das ist ein Full-Time-Job! Auch die Frage nach allgemeinen Personaleinsparungen durch CRM, die die Personalkosten für die Systemadministration ausgleichen könnten, sollten Sie zu diesem Zeitpunkt noch nicht stellen. Im Gegenteil: Mehr Sinn macht es, erst nach einer erfolgreichen Einführung und ersten praktischen Erfahrungen über freie Personalkapazitäten zu entscheiden, da gerade in der Einführungsphase mit einem erhöhten Aufwand zu rechnen ist.

Ebenso zu den laufenden Kosten gehören die Datenübertragungskosten, bestehend aus den Grund- und Verkehrsgebühren in Abhängigkeit vom Datenvolumen. Die Höhe des Datenvolumens, das täglich über die Telefonleitungen übertragen wird, hängt von Ihren unternehmensspezifischen Anforderungen und natürlich von der Geschwindigkeit der Datenübertragung beziehungsweise den Modems ab, sofern noch keine ISDN-Verbindungen bestehen. Für die Übertragung der Besuchsberichte und der während der Kundenbesuche angenommenen Aufträge reichen üblicherweise bei professioneller Datenreplikation (siehe S. 97, 119 f.) relativ geringe Beträge, da nur wenige Bytes zu übertragen sind. In vielen Fällen lagen die monatlichen Kosten pro Außendienst bei weniger als hundert Mark.

Als Nächstes sollten Sie sich damit beschäftigen, unter der Position „laufende Kosten" die Kosten des Systemlieferanten für die begleitende Anwenderbetreuung und weitere Schulungen zu ermitteln, wobei die Größenordnung vom Umfang der in Anspruch genommenen Dienstleistungen abhängt.

Auch Wartungskosten für die Software, die Hotline und anfallende Releasewechsel gehören in diesen Bereich. Üblicherweise liegen die Wartungsgebühren bei den Softwarelieferanten in diesem Marktsegment zwischen 15 und 20 Prozent der Softwarelizenzen pro Jahr.

Die Aufstellung Ihrer laufenden Kosten müssen Sie nun weiter um die Abschreibungen ergänzen. Diese liegen für die Software üblicherweise bei fünf Jahren, bei der Hardware im stationären Bereich ebenfalls bei fünf Jahren und im mobilen Bereich bei drei Jahren. Längere Abschreibungsdauern sind wegen des raschen technologischen Wandels nicht ratsam.

Verteilt man die laufenden Kosten einschließlich der Abschreibungen für Hard- und Software auf die Anzahl der Anwender, erhält man laufende Kosten pro Anwender pro Jahr. Mit dieser Größenordnung können Sie erste Plausibilitätsbetrachtungen vornehmen: zum Beispiel, inwieweit es möglich scheint, einen zusätzlichen Deckungsbeitrag in dieser Höhe zu erwirtschaften.

Ein weiterer Bestandteil des Rahmenkonzepts ist ein Prioritätenplan für die Einführung und den Ausbau des CRM-Systems, aus dem sich ein Endpunkt für die gesamte Einführungsphase ergibt. Dabei sollten Sie berücksichtigen, dass der Zeitaufwand für den Aufbau des Sollzustandes in der künftigen Organisation und den Vertriebs- und Serviceprozessen nicht unerheblich ist, zumal sich durch die Inanspruchnahme des eigenen Personals aus dem Tagesgeschäft meist erhebliche Verzögerungen ergeben. Und nichts ist gefährlicher für einen reibungslosen Betrieb, als wenn man sich organisatorisch noch im alten Zustand befindet, während andererseits ein neues Softwaresystem eingeführt wird!

Zu jedem Rahmenkonzept gehört abschließend eine Wirtschaftlichkeitsbetrachtung. Hierzu zählen einerseits qualitative Verbesserungen auf den einzelnen Anwenderebenen, die sich durch die Erhöhung der Datenqualität ergeben. Andererseits müssen Sie versuchen, möglichst viele quantifizierbare Größen zu definieren, um die sich der Sollzustand gegenüber dem Istzustand nach vorsichtigen Schätzungen verbessern wird. Aussagen, wie eine pauschale Steigerung der Effizienz des Außendiensts um x Prozent, mögen zwar grobe Richtwerte darstellen, lassen sich jedoch im Einzelfall für ein seriöses Controlling so nicht nachweisen. Vielmehr müssen Sie darauf achten, anhand der in der Analysephase festgestellten Defizite und Schwachstellen konkretere Ansätze zu wählen.

Ihr Projektteam sollte sich also konkret überlegen, welche Konsequenzen die Verbesserung der einzelnen Schwachstellen mit großer Wahrscheinlichkeit nach sich ziehen wird – sei es als zeitliche Einsparung durch eine Verkürzung der Bearbeitungszeiten oder eine kostenmäßige Einsparung. Wichtig für die Betrachtung im Nachhinein ist dabei die Verfügbarkeit der Werte im Istzustand und die Berechenbarkeit der Verbesserung des Sollzustands nach der Einführung des Systems. Unzulässig, weil kausal nicht direkt den getätigten Investitionen zurechenbar, ist eine angenommene Umsatzsteigerung im Sollzustand. Sie ist schlichtweg nicht zu beweisen, zumal auch andere Einflussfaktoren außerhalb des CRM-Systems das Ergebnis maßgeblich beeinträchtigen können (so zum Beispiel konjunkturelle Einflüsse oder ein schlechtes Betriebsklima, welches die Mitarbeiter nicht motiviert, das System optimal einzusetzen).

Wenn Sie alle genannten Positionen der Rahmenkonzeption zusammengetragen und dokumentiert haben, sollte das gesamte Konzept der Geschäftsleitung und dem Betriebsrat vorgestellt werden, um noch offene Fragen zu diskutieren und abschließend die Entscheidung zu treffen, ob diese Konzeption nun auch realisiert werden soll. Erst wenn die Geschäftsleitung grünes Licht gegeben hat, ist es sinnvoll, die nächste Stufe in Angriff zu nehmen.

Stufe 4: Detailkonzept

Die Aufgabe des Detailkonzepts ist es, die im verabschiedeten Rahmenkonzept nur grob beschriebenen Anforderungen an die künftigen Prozesse in Marketing, Vertrieb und Service im Einzelnen zu beschreiben. Auf diese Weise erhalten Sie die Grundlagen, die Sie im Anschluss für die Softwareauswahl und alle konkreten organisatorischen Veränderungen benötigen.

Bestandteile des Grobpflichtenhefts für die Softwareauswahl sind die detaillierten Inhalte der Datenstrukturen auf Feldebene, also die Inhalte der Kunden-Datenbank sowie die Aufgaben und Funktionen, die mit diesen Daten vom neuen CRM-System zu erfüllen sind. Gemeint sind damit vor allem die Geschäftsprozesse und der Informationsfluss zwischen den einzelnen Anwenderbereichen und die logische Ablauffolge im Informationsfluss vom ersten Interessentenkontakt über die Angebotserstellung bis zum Auftragsabschluss und schließlich der nachfolgenden After-Sales-Betreuung.

Auszug	Stufe 1	Stufe 2
3. Ansprechpartner je Firma		
Anzahl Ansprechpartner je Firma ?	5	
getrennte Felder für : Anrede, Titel, Vorname, Familienname	X	
Anzahl Nr. Tel., Fax, Funktel., E-Mail etc. je Ansprechpartner?	6	
Aufgabenbereich (z.B. Produktionsleiter)	X	
Stellung / Funktion (z.B. GL,Prokurist)	X	
Adresse abweichend von Kundenstamm	X	
Sekretariat-Name / -Tel.	X	
Privatanschrift + Priv.-Telefonnummer	X	
Zusatzinformationen Ansprechpartner z.B.: Geburtstag, Hobby, Funktion in Verbänden	X	
- Anzahl Felder ?	5	
- vom Anwender belegbar	X	
sonstige Informationen : Text	X	
4. Kundenkontakte Vertrieb (Innen- u. Außendienst)		
Kunden-Nummer	X	
Zuordnung zu Sparte / Produktgruppe / Projekt pro Kunde	X	
Anzahl Ansprechpartner Kunde?	3-5	
eigener Betreuer (AD, ID)	X	
Kontaktdatum + Uhrzeit	X	
Kontaktziel /-Grund (z.B.Anfrage, Reklamation, Auftrag)	X	
bei Reklamationen / Beschwerden: Gründe	X	
Kontaktart (z.B. Briefeingang, Tel.ausgehend, Besuch)	X	
Kontaktergebnis	X	
Status (Anfrage, Angebot, Auftrag, ...)	X	
Bemerkungen (Text)	X	
5. Artikel / Produkt-Stammdaten (Import von ERP-System)		
Produkt-Nummer		X
Produkt-Bezeichnung		X
Mengeneinheit		X

Abbildung 78: Muster Detailkonzept (Auszug)

Außerdem müssen Sie im Detailkonzept die Schnittstellen zu angrenzenden Bereichen, wie zum Beispiel der Auftragsabwicklung, der Buchhaltung und der Materialwirtschaft, beschreiben. Über diese Schnittstellen wird der Datenaustausch zum ERP-System in beide Richtungen geregelt. Dabei geht es nicht nur um die Dateninhalte – wie also zum Beispiel Aufträge vom CRM-System in die Auftragsabwicklung gelangen und umgekehrt der laufende Auftragsstatus und Umsatzdaten vom ERP- System zum Notebook des Außendiensts kommen –, sondern auch darum, in welchen zeitlichen Abständen eine Aktualisierung zwischen beiden Systemen herzustellen ist.

Ein ebenfalls wichtiges Detail ist nun auch die Erarbeitung eines Modells für die Vertriebssteuerung. Darunter ist natürlich nicht die Kontrolle des Außendiensts zu verstehen, sondern das System der Soll-Ist-Vergleiche auf der Kundenebene und innerhalb der Kunden nach Sparten. So entstehen Steuerungsparameter für ein Frühwarnsystem, mit dessen Hilfe der Außendienstmitarbeiter erfährt, wenn bei einem seiner Kunden eine größere Abweichung von den Planwerten aufgetreten ist – sei es im Auftragsabschluss, im Umsatz, in der Besuchsfrequenz oder in der Reklamationsquote. Das Modell soll dabei helfen, die Kundenzufriedenheit zu messen und aus der Vielzahl der Informationen rechtzeitig entscheidungsrelevante Ausnahmesituationen herauszufiltern – anstatt mit großem Aufwand wie bisher in Kundenumsatz-Artikelstatistiken nach diesen negativen Abweichungen zu suchen. Dabei wird jede Entscheidungsebene im Unternehmen andere individuelle Toleranzgrenzen haben, um nicht mit Bagatellinformationen überhäuft zu werden.

🖳 TIPP

Die Erstellung eines Detailkonzepts kann sich unter Umständen zu einer sehr aufwendigen Arbeitsphase entwickeln. Dennoch sollten Sie nicht vergessen: Ohne diese Ergebnisse können Sie ein CRM-Projekt auf keinen Fall realisieren!

Mit dem CRM-Marktspiegel beschleunigen (siehe S. 167) Sie diese Definitionsphase erheblich, denn er beschreibt mit über 500 Kriterien einen Großteil der Standardfunktionen eines CRM-Systems. Sie können sich also auf die Erarbeitung Ihrer firmenspezifischen Besonderheiten konzentrieren.

Stufe 5: Softwareauswahl

Es ist endlich soweit: Sie können nun damit beginnen, den Software-markt zu sichten. Allerdings ist der Weg von den möglichen mehr als hundert Anbietern zum optimalen Softwarepartner unter Umständen lang und steinig. Das gesamte Thema der richtigen Softwareauswahl wird deshalb an anderer Stelle (siehe S. 165, 209 ff.) ausführlich beschrieben.

Stufe 6: Softwarelieferung

Mit Stufe 6 beginnt nun die Realisierungsphase und damit ein neuer Projektabschnitt. Jetzt ist es durchaus sinnvoll, das Projekt zu teilen: einmal in die EDV-technische Umsetzung und zum anderen in die organisatorische Umsetzung, die mit der Stufe 7 eingeläutet wird. Auf Grund der unterschiedlichen Anforderungen sollten Sie in dieser Phase ab der Lieferung der Software den IT-Bereich in die Projektleitung zusätzlich berufen, während für die organisatorische Umsetzung der fachlich verantwortliche Vertriebsbereich die Projektleitung stellen sollte.

Wegen der Vielzahl der bereits am Markt verfügbaren Softwarepakete stellt sich die Frage „make-or-buy" heute eigentlich nicht mehr. Auch wenn einzelne Softwarekomponenten möglicherweise nicht auf dem Markt zu bekommen sind, müssen Sie davon ausgehen, dass weit mehr als 80 Prozent der im Detailkonzept beschriebenen Funktionen des CRM-Systems bereits fertig zugekauft werden können. Auch ist es heute kein großes Problem mehr, über offene Schnittstellen und die Verwendung von Standard-Werkzeugen in der Softwareentwicklung verschiedene Systeme miteinander in einem integrierten System zu verbinden – und auch individuell zu erstellende Teilmodule zu integrieren. Ein Großteil des Gesamtpakets ist und bleibt dabei releasefähige Standardsoftware, die der Hersteller warten kann.

Der Auftragsvergabe an den ausgewählten Softwarelieferanten gehen selbstverständlich mehr oder weniger intensive Verhandlungen über den Funktionsumfang und die Konditionen voraus. Übrigens müssen Sie zu diesem Zeitpunkt noch nicht den gesamten Projektumfang vergeben – die Verhandlungsbereitschaft der Softwarelieferanten steigt naturgemäß mit zunehmendem Auftragsvolumen. Oft wird daher ein Rahmenvertrag geschlossen und ein erstes Teilprojekt daraus für die erste Stufe definiert. Damit (inklusive entsprechender Rücktrittsklauseln!) können Sie sich als künftige CRM-Anwender auch noch in dieser Phase vor unliebsamen Überraschungen schützen.

In der Regel müssen Sie mit mehrwöchigen Wartezeiten vor Beginn der Arbeiten durch den Softwarelieferanten rechnen. Diesen Zeitraum können Sie jedoch durch frühzeitige Kapazitätsreservierung erheblich reduzieren!

Grundsätzlich ist es notwendig, dem ausgewählten Softwarelieferanten die Möglichkeit einzuräumen, mit Ihrem Projektteam den Anforderungskatalog zu diskutieren und die Lösungsmöglichkeiten des Anbieters im Detail kennen zu lernen. Aus diesen mehrtägigen Workshops ergibt sich ein Katalog von Abweichungen und Anpassungen der Software, die nun vom Softwarelieferanten hinsichtlich des Zeitaufwands und der Kosten in einem verbindlichen Angebot zu bewerten sind. Dabei sollten Sie mit besonders großer Vorsicht vorgehen, denn alle späteren Abweichungen und Veränderungen von diesen Vertragsinhalten werden von den Softwarelieferanten üblicherweise separat in Rechnung gestellt – und verzögern die Einführung der Software mitunter um mehrere Wochen und Monate. Ganz klar: Hier offenbaren sich alle Mängel in der Konzeption des Systems, weil man es vielleicht besonders eilig hatte und auf Rahmenkonzeption und Detailkonzeption verzichtet hat.

 **Spätestens jetzt müssen Sie sich über den Anforderungskatalog und die Eigenschaften der künftigen CRM-Lösung klar sein – sonst wird es teuer! Und das bedeutet gleichzeitig, dass der vermeintliche Zeitgewinn durch den Verzicht auf die Konzeption nun wieder aufgefressen wird.**

Auf der Basis des Standardsystems und der mit dem Projektteam beschlossenen und dokumentierten Anpassungen (zu denen auch das Customizing der Standardversion gehört) können Sie nun den Vertrag für die Lieferung der Software beschließen. Dabei sollten Sie unbedingt die gesamte Projektrealisierung mit dem Softwarelieferanten festlegen! Dazu gehören zwingend ein Terminplan, Inhalte und Termine einzelner Ausbaustufen und die Anzahl der Benutzer der einzelnen Ausbaustufen.

Schließlich darf an dieser Stelle ein detailliertes Schulungskonzept des Softwarelieferanten nicht fehlen. Ebenso wird der Softwareanbieter (wenn er wirklich gut ist) auf die Benennung und auch Institutionalisierung eines Systemadministrators im Rahmen des Benutzerservice drängen, der ihm als direkter Ansprechpartner dient.

Nachdem nun Inhalt und Umfang der ersten Ausbaustufe definiert sind, müssen Sie die erforderliche Hardware beschaffen. Auch bei der Anforderungsdefinition der Hardware und beim eigentlichen Kauf der Rechner ist der Softwarelieferant von Fall zu Fall behilflich. Dabei sollten Sie übrigens nicht darauf bestehen, dass der Softwarelieferant gleichzeitig auch als Hardwarelieferant auftritt, egal ob es sich dabei um den Server für das Netzwerk, die einzelnen stationären PCs im Innendienst oder die mobile Hardware für den Außendienst handelt. Denn dies ist kein Vorteil, da Sie sich so in eine totale Abhängigkeit eines einzigen Lieferanten begeben.

Gleichwohl sollten Sie den Rat des Softwarelieferanten berücksichtigen und nur Geräte beschaffen, zu denen der Softwarelieferant auch seine Zustimmung erteilt. Schließlich soll es nicht zu unliebsamen Überraschungen bei der Einführung der Software kommen, wenn die Hardware zu gering dimensioniert ist oder technische Ausfälle einen einwandfreien Betrieb nicht gewährleisten.

Vor Installation der Hard- und Software müssen Sie die Abnahme vorbereiten. Dies ist ein ernst zu nehmender Abschnitt, da ab diesem Zeitpunkt die vertragliche Gewährleistung des Softwareherstellers zur kostenlosen Behebung von Fehlern beginnt. Deshalb muss Ihr Projektteam im Vorfeld der Installation einen Test vorbereiten, der in der Regel auch aus der Übernahme der Stammdaten von vorhandenen Systemen sowie der Schnittstellen zum ERP-System besteht.

Stufe 7: Organisatorische Anpassungen

Zu den wichtigen Aufgaben bei der Einführung des CRM-Systems gehört die Anpassung der Organisation rund um die Software. Dazu zählen beispielsweise ebenso die notwendigen Veränderungen an der Vertriebsstruktur im Sinne der angestrebten Kundenorientierung wie auch die Richtlinien für die künftige Marktbearbeitung aus der Sicht der einzelnen Anwenderbereiche in Marketing, Vertrieb und Service. Weiter gehört in diesen Bereich die Definition der für die Software benötigten Nummernsysteme und Schlüsselbegriffe sowie der von der Software zur Verfügung gestellten Auswahltabellen in den Eingabemasken (siehe S. 162).

Das Problem: Diese Arbeiten werden immer wieder von vielen künftigen CRM-Anwendern nicht ernst genug genommen, obwohl Fachleute vehement darauf hinweisen, dass die Bereitstellung des organisatorischen Umfelds im Rahmen eines CRM-Projekts etwa zwei Drittel des Gesamtaufwands ausmacht – und die Software ein Drittel. In dem Maße, in dem hier bereits in der Vorbereitung nicht genügend investiert wird, sinken auch die später im täglichen Betrieb zu erreichenden Ergebnisse. Kurz: Wer sich in dieser Phase mit dem Istzustand begnügt, wird kaum die angestrebte Kundenorientierung und schon gar nicht die erwarteten Wettbewerbsvorteile in der Praxis umsetzen können. Vielmehr wird es bei der „Elektrifizierung" des Istzustands bleiben und man wird somit statt der qualitativen Verbesserungen den Datenmüll nur schneller transportieren.

Auch die Stufe 7 erfordert die volle Konzentration Ihres Projektteams. Fehlt Ihnen das erforderliche Know-how oder die benötigte Personalkapazität, empfiehlt sich die Einschaltung externer Berater oder so genannter Systemintegratoren, die sich auf die Implementierung und organisatorische Einführung von CRM-Systemen spezialisiert haben. Auf dem deutschen Markt gibt es inzwischen mehr als 150 verschiedene Systemintegratoren, die über Mitarbeiter mit entsprechender Ausbildung bei einem oder mehreren CRM-Softwareanbietern verfügen und daher in der Lage sind, die Implementierung und Einführungsphase zu begleiten. Das Dienstleistungsangebot reicht hier von der Installation und Implementierung der Software bis hin zur Einführungsunterstützung und Übernahme des Benutzerservice. Der Softwareanbieter wird in der Regel bei der Besprechung der Einführungsplanung auf die von ihm besonders geschulten Implementierungspartner verweisen. Die meisten Implementierungspartner und Systemintegratoren sind gleichzeitig auch Vertriebspartner der von ihnen vertretenen CRM-Hersteller. Bitte erwarten Sie deshalb keine Objektivität in Bezug auf die Softwareanbieter!

Stufe 8: Aufbau der Kunden-Datenbank

Den Aufbau der Kunden-Datenbank können Sie bereits zu einem relativ frühen Zeitpunkt in Angriff nehmen, zumal die Erfahrung gezeigt hat, dass die Bereinigung und Aktualisierung der an mehreren Stellen und auf unterschiedlichen Systemen im Unternehmen verwalteten Kundenstammdaten einen erheblichen Zeitaufwand erfordert. In jedem Fall müssen Sie die Kundendaten zusammenführen und anschließend auf ihre Aktualität prüfen sowie dabei auftretende Dubletten löschen.

Bei sehr großen Datenbeständen empfiehlt es sich, die Adressenbereinigung und Dublettenkennung durch ein spezielles Programm durchführen zu lassen. Einer der führenden Dienstleister in diesem Markt ist die

Die erfolgreiche Einführung eines CRM-Systems

Firma Omikron in Pforzheim, deren Software von mehreren CRM-Softwareanbietern integriert wurde. Die Überprüfung der Kundenstammdaten muss vor Beginn des praktischen Betriebs abgeschlossen sein.

Stufe 9: Testphase und Abnahme

Zu Beginn von Stufe 9 müssen die Hardware, die Software, die Kommunikationstechnik und die Schnittstellen zum ERP-System vorhanden sein. Zusätzlich werden für den Test die im Pflichtenheft beschriebenen Anforderungen mit Eingaben und erwartetem Output definiert. Das bereits vom Softwarehersteller selbst getestete Programm wird nun nach der Installation mit den vorbereiteten Testfällen „gefüttert" und das Ergebnis dokumentiert.

Für den Test und die darauf folgende Abnahme sollten Sie je nach Größenordnung des Projekts einige Wochen vorsehen. Und unter Umständen muss bereits zu diesem Zeitpunkt eine Nachbesserung durch den Softwarehersteller erfolgen.

Auch überprüfen müssen Sie nun die Funktionalität der Datenreplikation, also des Datenaustauschs und der Datenverteilung zwischen den Außenstellen und der Zentrale. Hierbei treten im praktischen Betrieb auch bei renommierten Softwareanbietern immer wieder große Probleme auf, die zeigen, wie wichtig es ist, die Tests vor der Abnahme mit allergrößter Sorgfalt durchzuführen.

Wenn Teile des Customizings, also der Anpassung der Maskenoberflächen oder Ausdrucke durch die Systemadministration, erfolgen sollen, müssen Sie natürlich auch die Funktionsweise dieser Werkzeuge einem Test unterziehen. Zur Vorbereitung der Pilotphase, die einen praktischen Erprobungsbetrieb mit einer geringen Teilnehmerzahl von etwa fünf Anwendern im Außen- und Innendienst darstellt, müssen nun alle Auswahltabellen des Systems mit ihren Inhalten gefüllt werden. Aus der Anzahl und dem geschilderten Umfang der einzelnen Aktivitäten wird schnell klar, dass Sie als Auftraggeber in dieser wichtigen Phase entsprechende Ressourcen in ausreichendem Maße zur Verfügung stellen müssen.

Als Ergebnis dieser Stufe 9 sollten Sie abschließend eine in allen Punkten getestete und abgenommene sowie zum Pilotbetrieb vorbereitete Software erhalten.

Parallel zu den Testläufen und zur Abnahme sollten nun die künftigen Pilotanwender und der Systemadministrator geschult werden. In der Regel reicht für die erste Ausbaustufe eine zweitägige Unterweisung in die Funktionalität und das Handling des Programms. Handelt es sich bei den Pilotanwendern um PC-Neulinge, sollten Sie diese vorher mit der Hardware und dem Betriebssystem vertraut machen. Derartige Grundschulungen können auch von externen Dienstleistern in Anspruch genommen werden.

Zum Abschluss sollte Ihnen der erste Entwurf des Benutzerhandbuchs und der Programmdokumentation vom Softwarehersteller übergeben werden.

Stufe 10: Pilotphase

Es ist endlich soweit. Sie können mit Ihrem eigenen CRM-Programm mit einer Pilotphase beginnen! Voraussetzung für die rund drei Monate dauernde Felderprobung durch eine kleine Gruppe so genannter Pilotanwender ist der Abschluss der Testphase, die Einrichtung des Benutzerservice und die Ausstattung der Pilotanwender mit entsprechender Hardware. Auch der Systemadministrator beziehungsweise der Benutzerservice müssen in der Zwischenzeit installiert sein, um die Pilotanwender bei auftretenden Problemen betreuen und unterstützen zu können.

Die Aufgabe der Pilotanwender ist es nun, unter Bedingungen des Tagesgeschäfts das CRM-Programm einem praktischen Test zu unterziehen. Das heißt konkret, dass nun alle Aufgaben und Funktionen des Programms in der ersten Ausbaustufe von den Pilotanwendern voll genutzt werden. Da erfahrungsgemäß – und dazu dient die Pilotphase schließlich – hierbei noch Probleme auftreten können, müssen Sie auf einen engen Kontakt mit dem Programmanbieter bestehen.

Um aufgetretene Probleme und Schwierigkeiten zu besprechen, trifft sich das Pilotteam einmal pro Woche. Dabei werden die Ergebnisse der Pilotanwender dokumentiert und Verbesserungsvorschläge sowie notwendig gewordene Korrekturen und Änderungen mit dem Programmanbieter diskutiert und festgelegt.

Setzen Sie die Dauer der Pilotphase nicht zu kurz an! Erfahrungsgemäß benötigen Sie einen Zeitraum von drei Monaten, um wirklich alle noch vorhandenen Schwächen und Fehler erkennen und beseitigen zu können. Denn nichts ist störender und gefährlicher für die Akzeptanz im praktischen Betrieb, als wenn dabei noch von einer großen Anzahl von Anwendern Programmfehler festgestellt werden, Daten nicht richtig übermittelt werden und somit kein reibungsloser Betrieb möglich ist. Gleichzeitig dient die Pilotphase auch als Test der organistorischen Festlegungen für den künftigen Informationsfluss und die Prozesse im Vertrieb, Marketing und Service.

Zum Ende der Pilotphase muss die einwandfreie Funktionserfüllung des CRM-Programms dokumentiert werden.

Unter *Roll-out* versteht man dann die praktische Einführung des CRM-Systems bei allen anderen Anwendern. Dabei wird üblicherweise nach einem festgelegten Plan vorgegangen. Je nach Erfahrung der Pilotgruppe sollten Sie das System weiter in kleinen Gruppen nach entsprechender Schulung der Anwender schrittweise einführen, bis Sie ganz sicher sind, dass auch hierbei keinerlei Probleme mehr auftreten.

Bevor Sie dann mit dem flächendeckenden Einsatz beginnen, müssen auch im Innendienst entsprechende Vorkehrungen für den Sollzustand abgeschlossen sein. Dazu gehört vor allem die neue Aufgabenverteilung und die entsprechende Unterweisung der Mitarbeiter. Auch diesen Aufwand sollten Sie nicht unterschätzen – vor allem dann nicht, wenn aus einem bisher passiven Innendienst nun ein aktives Kundenservicecenter werden soll. Diese Umstellungsphase muss ebenfalls vom Benutzerservice und der internen Organisationsabteilung vorbereitet und begleitet werden, damit die Mitarbeiter in ihrem neuen Aufgabenbereich rasch Fuß fassen können und das Zusammenspiel zwischen Außen- und Innendienst reibungslos funktionieren kann.

Abschließend soll hier nochmals an die große Bedeutung der Anwenderschulung für den Erfolg und die Akzeptanz des CRM-Systems erinnert werden (siehe S. 169 ff.)

Der deutsche CRM-Softwaremarkt ab 1996

Bis 1996 dominierten in Deutschland fast ausschließlich inländische Anbieter, meist in der Größenordnung von rund 20 Mitarbeitern. Dabei handelte es sich um über 80 professionelle Anbieter von „CAS"-Systemen. Schon zu dieser Zeit fanden erste Vorboten aus den USA Gefallen am deutschen CAS-Markt und ließen sich hier nieder. Brock International hatte schon zu MS-DOS-Zeiten in Europa und auch in der Bundesrepublik Vertriebspartner. ACT! kam über die deutsche Symantec-Tochter nach Deutschland und wurde durch den Vertriebspartner CAB auch hier ein Renner unter den preiswerten Kontaktmanagement-Standardlösungen wie in den USA. Weitere folgten, so 1996 Saratoga mit seinem CAS-Programm für mittlere bis große Vertriebsorganisationen.

In dieser Zeit begannen auch die deutschen Anbieter – allen voran Kiefer und Veittinger, mit über 250 Mitarbeitern zum größten CAS-Anbieter Europas avanciert, – außerhalb Deutschlands zu expandieren, zunächst in England und später in den USA. Ihnen folgten Update Marketing, die sich zunächst in europäischen Nachbarländern, wie Schweiz, Dänemark, Tschechische Republik, Niederlande und England, niederließen, bevor auch sie den Sprung über den Teich wagten; gefolgt von Orbis, die es bislang als erster deutscher CAS-Anbieter auf eine französische Tochtergesellschaft gebracht haben. CAS in Pirmasens präsentierte sich im Sommer 1998 erstmals auf einer amerikanischen SFA-Konferenz in New York.

In der Zeit ab 1997 wurden in Deutschland rund 30 neue Softwareanbieter registriert, darunter 18 aus Deutschland, sieben aus den USA sowie weitere aus Kanada, den Niederlanden und Belgien. Erstmals tauchten nun die Namen der führenden CRM-Anbieter aus den USA wie Siebel, Vantive, Aurum und Applix in Deutschland auf. Vor allem Siebel Systems, mit damals annähernd 1 000 Mitarbeitern und einem Jahresumsatz von über 500 Millionen Dollar weltweiter Marktführer, leitete mit dem Aufbau seiner Niederlassung in Deutschland 1996 eine Trendwende auf dem CAS-/CRM-Markt ein. Denn erstmals hatte sich nun ein amerikanischer SFA-Marktführer in Deutschland niedergelassen und sofort ungeniert die Topunternehmen der deutschen Wirtschaft anvisiert.

G	M	K	Anbieter	Software
			Tabelle 2: Übersicht Softwareanbieter CRM	
●	●		Ackerschott Unternehmensberatung	VASS
		●	Acom Informations-technologie GmbH	MAXIMIZER
●			ADITO Software GmbH	ADITO performance
	●		A*G connect GmbH	VACASweb
●			AMS Software & Elektronik GmbH	LeaFi, LV-Tarif, Enterprice
	●		Applix GmbH	Applix iEnterprise
	●		audius Informationssysteme GmbH	audius sales
	●		B2 Software AG	FACTS Industrie V4.0
●			Beck et al. GmbH	SAMSON
	●		BETASOFT GmbH	Globus Euro 2002
		●	Ingenieurbüro f. Datentechnik Dipl.-Ing. Rolf Binar VDI	b-ais
		●	bit by bit Software AG	orgAnice
	●		bmp CORPORATE NETWORKS GmbH	bmp-Vertrieb
	●		Böhrer Software GmbH	HAPRO Marketing
	●		bowi GmbH	PortInfo
	●		brainware.crm AG Deutschland	vbm 2000
	●		brandthaus gmbh	BM 2000
	●		BSTconsult	SAM
	●		B&R DV-Informationssysteme GmbH	ivs
		●	BusinessHighWay GmbH	InfoTainer
		●	Business Support GbR	SALES MANAGER PROFESSIONAL
●			CAS Computer Anwendungs- und Systemberatungs-GmbH	CP Sales Suite, CP iSales, CP Sprinter
	●		CAS Software AG	genesisWorld
	●		CCC Computer Consulting Cifer GmbH	ABEX Visual Adress
	●		CEBUS-Software GmbH	CEBUS
●			Cincom Systems GmbH & CO. OHG	iC Sales
		●	cobra GmbH	cobra Adress PLUS
		●	combit GmbH	combit address manager
	●		CompAS Ges. für Unterneh-mensoptimierung mbH	CompAS VIS / CompAS CompAKT

Typische Anwendergröße:
G = internationale Großunternehmen, Konzerne
M = Mittelstand
K = Kleine Vertriebsorganisationen

G	M	K	Anbieter	Software
	•		COMTEC EDV-Systeme GmbH	ISA
	•		concepta Consulting GmbH	akut
	•		ConSol Consulting & Solutions Software GmbH	k. A.
		•	CONSULT US Unternehmensberatung GmbH	VSS®Vertriebssteuerungs-System
	•		COSS Systemtechnik AG	profiler Trade
	•		C.O.S Workflow Technologies GmbH	C.O.S Target_SFA
		•	CSN Computer Consulting GmbH	CATCH +
	•		CURSOR Software AG	WinVIS / EVI
	•		Datema GmbH	InfoManager
	•		debis Systemhaus PCM	Mykene
	•		Delta Access GmbH	ImmoAccess
•			Dendrite (Deutschland) GmbH	webForce
		•	Deutsche Post AG	Intermail
		•	DEVCON CST GmbH	DC Lead
•			DHM Dr. Haase Management-systeme GmbH & Co KG	CallWeb / CallOnline / CallMargins
	•		DISTLER COMPANY	Travel Pro
•	•		EasyCom GmbH	ad>direkt
•			EasyCom GmbH	ARTOS
	•		eCN eCustomerNetworks GmbH	Account-/Projekt-Management
	•		EHP Informatik AG	s@m sales + s@m campaign
	•		ELDICON GmbH Systemhaus	WEST System©
•			Ellrich & Burmeister GmbH	MOBIL
	•		Energos Software Consult GmbH	AGORA II
	•		EPICOR Deutschland GmbH	Clientele, Platinum ERA
	•		Fabasoft AG	Fabasoft components
	•		Fertig Consulting GmbH	Maximizer EnterpriseTM
	•		Fink Software GmbH	F7
	•		FirePond Deutschland GmbH	FirePond SalesPerformer Suite
•			FJA AG	FJA Insurance-CRM
	•		FlowFact AG	FlowFact
		•	froMOS Marketing Organization Systems	froMOS-BMS
		•	FrontRange Solutions Deutschland GmbH	GoldMine 5.0
	•		FrontRange Solutions Deutschland GmbH	GoldMine FrontOffice 2000 / HEAT

G	M	K	Anbieter	Software
•	•		GEDYS Internet Products AG	GEDYS Sales, GEDYS Helpdesk
	•		GIS Ges. für Informations Systeme mbH	GIS CRM
	•		Dr. Glinz COVIS GmbH	COVIS
	•		GODEsys GmbH	SO: Business Module – SO: Vertrieb
	•	•	Grutzeck-Software GmbH	AG-V.I.P. / AG-Tel bzw. AG-Tel Pro + AG-Script / AG-Top
	•		Haus Weilgut GmbH	Weilgut CRM Suite
•			ICON Informationssysteme GmbH	S4
•			IDV – Isochem & Datenverarbeitung GmbH	IRIS
	•		INFOBEST Systemhaus GmbH	SELL!
	•		infor business solutions AG	infor:CRM
•			Informatica GmbH	PowerCenter PowerMart eCRM
	•		Interact Commerce Corporation	SalesLogix
		•	Interact Commerce Corporation	ACT! 2000
	•		INTRAC Informationssysteme GmbH	C-VIS
	•		IntraWare AG	OCTOSUITE
•	•		Invensys CRM / Baan Deutschland GmbH	InvensysCRM Suite
•			ISS GmbH	ISS-AISplus
	•		JUST Vertriebsinformationsysteme	AKQUISE
•	•		Kabel Team4 GmbH	Team4 CRM
	•		Keeve Informations-Systeme GmbH	RHAPSODY
	•		Magic Software Enterprises GmbH	Magic eCRM Suite
	•	•	Dipl.-Kfm Hubertus Marek	soft2u·Handel Plus, soft2u·AMS
		•	MAS Informationssysteme Hermann Wilkes	SalesOffice
	•		MAVOS Software Consult GmbH & Co KG	AVS Ansatzpunkt orientiertes VIS
•	•	•	MBI Software Company Bielefeld GmbH	MBI®Sales Performer
		•	mediaCo – A. R. Stachorski	digiVS®expert
		•	MMOS Unternehmensberatung	SARI für Windows
•	•		NCR GmbH	Teradata CRM Solutions
•			Nortel Networks eBusiness Solutions	Clarify eFrontOffice
	•		Noske Office Consulting und Marketing GmbH	NOC-VIS

G	M	K	Anbieter	Software
	•	•	Novaline Informationstechnologie GmbH	Novaline - CRM
•			NSE Software AG	FINAS Enterprise
	•		OfficeKomfort Büroinformationssysteme GmbH	OfficeKomfort CRM/CAS
	•		OfficeWare Information Systems GmbH	OfficeWare megaLine®
•	•	•	omni.info EDV Consulting & Vertrieb GmbH	Business Generator®Relaris®
	•		OMNI-NET Ralf Salzmann	WinCOS
•			online@partners.de GmbH	CAS*AD
•	•		Onyx Software GmbH	Onyx 2001
	•		oPen Software GmbH	oPenCAS 2001
•	•		Oracle Deutschland GmbH	Oracle E-Business Suite CRM
•			ORBIS AG	iC Solutions
•	•	•	Palm Computersysteme GmbH	HARMONY
	•		PAVONE AG	PAVONE Sales / CRM
	•		PENPLAN Consulting	MoRIS, MOBSY, MobiDoc, Coves, FSDManager
•			Peoplesoft GmbH	VANTIVE Enterprise
	•		PICA Informationssysteme GmbH	VIP Vertriebs Information Projekte
•			Pivotal GmbH	Pivotal eRelationship
	•		POINT Informations Systeme GmbH	e-point
		•	Power Connection D GmbH	PowerCall
	•		PrimeResponse	Prime@Vantage
	•		PRINTPLUS AG	PRINTPLUS IVIS
	•		Profi(t)Sales CAS GmbH	WinSales SQM
	•		ProTeam Innovative Softwarelösungen GmbH	ORGASALES
	•		PSCGroup	strategyBMS
		•	Quambusch Software	Quasar
•			REGWARE GmbH	REGIND, REGMED
•	•		Remedy GmbH	Remedy CRM Solutions
	•		Sales Growth Systems GmbH	V-MAX
•	•		Sales Support System AG	SSS
•			SAP AG	SAP CRM
•			Saratoga systems GmbH	Avenue
	•		schmidt e-services GmbH	COMMENCE

G	M	K	Anbieter	Software
	•		Schwehr Systemhaus GmbH	i-vis
	•		SEH Hanesch GmbH	LIVIS
•			Selligent N.V.	Selligent 2000
•			SerCon GmbH	IBM OverQuota
	•		SEV Software Entwicklungs- und Vertriebs-GmbH	Delphin
	•		SfY Softwarevertriebs GmbH	ADSOFT
•	•		Siebel Systems	Siebel eBusiness Applications
	•		Skill Software GmbH	SKILL SalesManager
	•		SMI Ges. für Unternehmensberatung mbH	SMISS
	•		SoftM AG	SoftM Suite, Bereich CRM
		•	Softwarebüro Schultes	QUISY V.I.S.
	•		SuperOffice GmbH	SuperOffice
•			SYNAVANT / IMS HEALTH Strategic Technologies	Première
	•		Systemberatung Müller & Feuerstein SMF KG	Profit System
		•	TAGIS Dr. Tagmat GmbH	Teledata für Windows
•			TDV GmbH	SalesManager Professional
		•	TEAM6 Dörries KG	TM6
	•		Team Brendel (Deutschland) GmbH	WinCard CRM
	•		Team Brendel (Deutschland) GmbH	WinCard Pro
		•	Tesla EDV Beratung GmbH	Theseus
	•	•	TETRA Computersysteme GmbH	TOFFI kom
	•		TJ Group – Kasten Consulting	IntellAgent Control
•			TPS Labs GmbH a bäurer company	TPS Oceans 2000
•			UNiQUARE Financial Solutions GmbH	UNiQUARE Business-Management
•			update.com software GmbH	MARKETING MANAGER
	•		Vision Consulting AG	VisionSales
	•		Visual Sales Systems A/S	TheWinner
		•	Weitner & Warbende EDV GmbH	W&W Kontakt
	•		WinPeak Software GmbH	WinPeak CRM Suite
•	•		YOUcentric GmbH	YOUrelate

Der deutsche CRM-Softwaremarkt ab 1996

Firmen unter 200 Anwendern hatten anfangs keine Chance, in den Kundenkreis aufgenommen zu werden. Ebenso ehrgeizig agierte Vantive, mit insgesamt 500 Mitarbeitern zweitstärkster US-Anbieter hier auf dem deutschen Markt.

Den Trend zu integrierten Vertriebslösungen griffen die großen amerikanischen Anbieter als Erste auf und prägten dabei neue Terminologien. Aus „Sales Force Automation", dem amerikanischen Pendant zu „Computer Aided Selling", wurden in kurzer Folge „Technology Enabled Selling" (TES), „Technology Enabled Relationship Marketing" (TERM) und schließlich „Customer Relationship Management" (CRM), worunter ein Vertrieb, Marketing, Service und Support integrierendes Programmpaket zu verstehen ist.

Diese Trends amerikanischen Ursprungs sind für Deutschland deswegen von so großer Bedeutung, da die führenden US-Anbieter in der Zwischenzeit auch den deutschen Markt dominieren.

Dass es seit 1997 in diesem heiß umkämpften Markt turbulent zugeht, zeigt sich auch an den Konzentrationsprozessen durch Firmenübernahmen und Beteiligungen. Die Marktführer für ERP-Software SAP und Baan sichern sich durch Übernahmen führender CAS-/SFA-Anbieter Marktanteile und Kompetenz in diesem stark expandierenden Markt. Baan kaufte im August 1997 den US-Anbieter Aurum, und SAP zog Mitte Dezember 1997 durch eine Beteiligung bei der deutschen Kiefer und Veittinger GmbH nach. Einige deutsche Anbieter sahen sich nun dazu gezwungen, auf die drohende internationale Übermacht zu reagieren. Die etablierten mittelständischen deutschen Anbieter DCS, IVM und T.I.S. gründeten im Januar 1998 gemeinsam die S3 AG, um mit über hundert Mitarbeitern über eine auch international konkurrenzfähige Größe zu verfügen. Allerdings brauchte auch hier der angestrebte Synergieeffekt Zeit, da es immerhin um die Konsolidierung von drei unterschiedlichen Entwicklungsabteilungen und die Betreuung bestehender Kunden ging. Andere inländische Anbieter, wie Update.com, TPS Labs, CAS in Pirmasens und Point finanzierten ihre Wachstumsbestrebungen mit Venture Capital im Vorfeld eines geplanten Börsengangs.

Die zur CeBIT 1998 von SAP verkündete Neuentwicklung eines eigenen CRM-Systems („SAP-SFA") sorgte übrigens ebenso für Unruhe wie die Ankündigung Baans einige Monate später, eine völlige Neuentwicklung auf den europäischen Markt zu bringen. Ein weiterer weltweit operierender ERP-Anbieter, Oracle, kündigte seine Front-Office-Lösung 1999 am deutschen Markt an. Ebenso begann SAP in 2000, die eigene CRM-

Entwicklung am Markt zu platzieren. Sowohl die Aktivitäten der globalen ERP-Anbieter als auch der führenden US-amerikanischen Anbieter wie Siebel, Vantive, Clarify und andere bestätigen, dass der CRM-Markt weltweit und vor allem der deutsche als besonders attraktives Zukunftspotenzial einzustufen ist.

Das hohe Wachstumstempo mit Zuwachsraten von anfangs über 50 Prozent konnten die globalen Marktführer aus den USA nicht mehr ausschließlich mit eigenem Personal realisieren. Vertrieb und Einführung werden heute zunehmend unter Zuhilfenahme von kompetenten Partnern, wie Anderson Consulting, Debis und anderen großen Beratungsgesellschaften, so genannten Systemintegratoren, vorangetrieben.

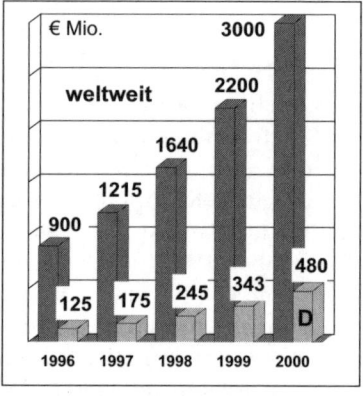

◆ **Umsatz 1996**
  ❖ weltweit US$ 1,0 Mrd
  ❖ D ca. € 125 Mio.
◆ **Wachstum pro Jahr**
  ❖ weltweit ca. + 35 %
  ❖ D ca. + 40%
◆ **Umsatz 2000**
  ❖ weltweit US$ 3,4 Mrd
  ❖ D ca. € 500 Mio.

Quelle: Gartner Group / Aberdeen Group / Schwetz 1999

Abbildung 79: Der CRM-Markt weltweit und in Deutschland

Der Anteil der ausländischen Anbieter auf dem deutschen Markt beträgt seit 1998 rund 25 Prozent, von denen etwa die Hälfte amerikanischen Ursprungs sind. Auch Microsoft engagiert sich zunehmend in diesem attraktiven Markt, zunächst mit der Bereitstellung von Basistechnologien für Front-Office- und Back-Office-Lösungen. Ein Teil der Standardfunktionen, wie der Terminkalender, das Adressenmanagement, Aktivitätenverwaltungen, Kontaktmanagement sowie Daten- und Nachrichtenaustausch, E-Mail und Internet-Komponenten, sind bereits in MS-Office enthalten, die Integration von MS-Outlook-Funktionalitäten gehört inzwischen zum Standardfunktionsumfang auf dem CRM-Markt.

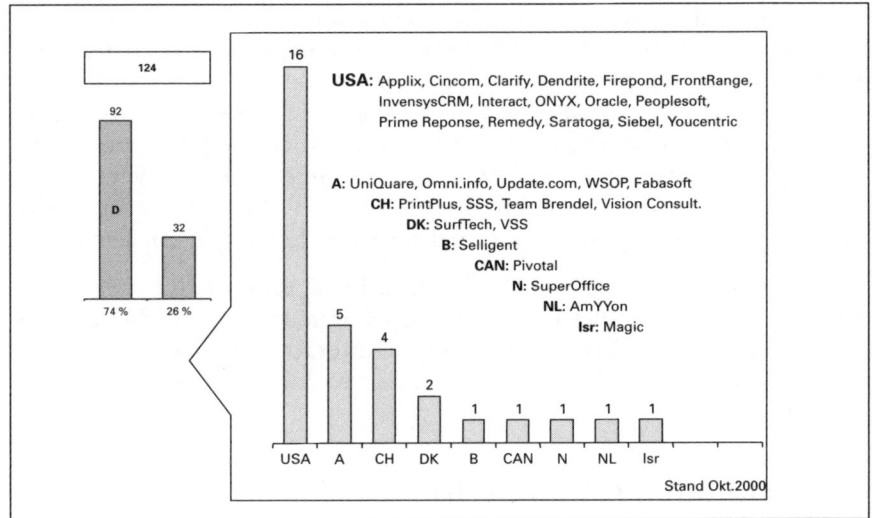

Abbildung 80: Anteil ausländische CRM-Anbieter 2000

Wie stark das Vordringen ausländischer – und hier vor allem amerikanischer – Anbieter den deutschen Markt verändert hat, zeigt die Tatsache, dass bereits 1998 die fünf größten Anbieter mehr als 25 Prozent Marktanteil am deutschen Markt hatten. Marktanalysen haben auch ergeben, dass im Jahr 2000 die ersten 15 Anbieter bereits 50 Prozent des deutschen Marktanteils hielten – darunter acht deutsche Anbieter. Das bedeutet andererseits, dass sich rund 100 Anbieter in der Größe von etwa 20 bis 30 Mitarbeitern die Hälfte des Marktes teilen mussten. Dabei darf allerdings nicht übersehen werden, dass kleinen, aber hochspezialisierten Nischenanbietern nach wie vor gute Marktchancen einzuräumen sind – wenn es ihnen gelingt, in engem Kontakt mit ihrer Zielgruppe technisch hochwertige Individuallösungen zu entwickeln, die ein exklusives Know-how erfordern.

Voraussetzung für dauerhaften Erfolg ist jedoch, technologisch immer auf dem neuesten Stand zu bleiben. Das wiederum ist für jede Entwicklungsabteilung eine große Herausforderung und nur auf der Basis von Standardsoftware, die releasefähig und skalierbar ist, möglich. Mit Individuallösungen, die einen hohen Zeitaufwand in der Entwicklung und damit eine starke Inanspruchnahme der Softwareentwickler zur Folge haben, lässt sich künftig diese Herausforderung nicht mehr bewältigen. Inwieweit die große Anzahl der mittelständisch geprägten Softwarehäuser das hohe Entwicklungstempo mithalten kann, bleibt daher abzuwarten.

Auf Grund der vielen unterschiedlichen Entwicklungsfaktoren und Trends ist im Bereich des CRM-Softwaremarkts in den nächsten zwei bis drei Jahren eine Bereinigung der Anbieterzahl von 30 bis 40 Prozent wahrscheinlich. Den Anstoß hierzu wird der nächste Generationswechsel geben. Der Auslöser könnte übrigens die notwendige Internetfähigkeit der CRM-Systeme sein, was dann einige Anbieter veranlassen dürfte, ihre Entwicklungen einzustellen und in das Lager der Vertriebspartner einer oder mehrerer Internet-basierter Lösungen zu wechseln.

Auf der anderen Seite muss man damit rechnen, dass wieder einige Neuanbieter, wie zuletzt Sales Logix vor zwei Jahren, auf den Markt drängen. Sales Logix, inzwischen umbenannt in Interact, hat bereits in dieser kurzen Zeit mit über 1 000 Kunden eine beachtliche Position erreicht.

Marktsituation Anfang 2001

Die Übernahmen der letzten Monate auf dem CRM-Markt bestätigen das hitzige Klima im Kampf um wichtige Marktpositionen. Dabei rangieren am deutschen Markt noch einige Anbieter mit Führungsanspruch wie Oracle auf hinteren Positionen. Auch SAP kam erst 2000 mit Verzögerung aus den Startlöchern.

Blicken wir kurz zurück: Mitte Oktober 1999 wird Vantive, trotz massiver Probleme die Nummer 3 am Weltmarkt, von Peoplesoft für 430 Millionen Dollar geschluckt. Auf dem deutschen Markt kann man sich nur dank intensiver Systemintegratorenpartnerschaften behaupten. Ein paar Tage darauf folgt die nächste Übernahme: Der kanadische Nortel Konzern übernimmt Clarify, die weltweite Nummer 2 im CRM-Markt, für die Rekordsumme von 2,1 Milliarden Dollar. Aber auch negative Schlagzeilen machen hellhörig: 1998 muss fit in Wiesbaden und Ende August 1999 Sidata in Darmstadt Konkursantrag stellen, nachdem die Neuentwicklungen unter Java doch länger als erwartet auf die Marktreife warten ließen. Im September 2000 folgt die erst 1998 gegründete S3 AG mit dem Insolvenzantrag.

Siebel kann seine Markführerschaft auch in Deutschland (noch) unangefochten behaupten, wenngleich auch hier nicht alle Ziele erreicht wurden. Die Newcomer SAP und Oracle mit ihren neuen Internet-basierten CRM-Lösungen werden nicht lange auf den hinteren Plätzen verharren und rüsten zum Sprint an die Spitze. CAS in Pirmasens bekommt die Konzentration auf den Consumer Markt doch recht gut und festigt seine Marktposition auch außerhalb Deutschlands.

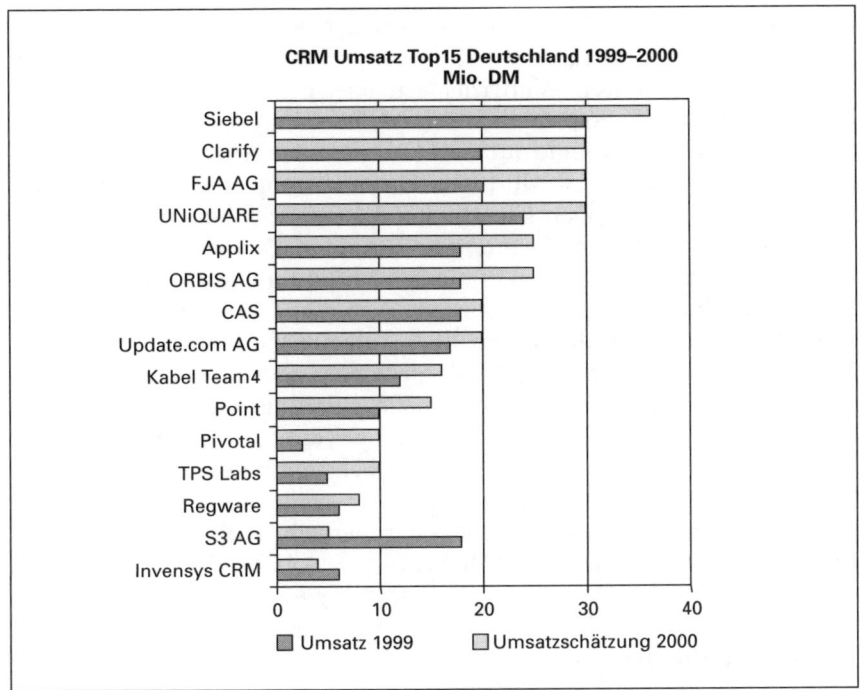

CRM Umsatz Top15 Deutschland 1999–2000
Mio. DM

Abbildung 81: Top 15 CRM-Anbieter Deutschland 2000

Auf den vorderen Rängen finden wir zwei Branchenspezialisten aus der Finanzdienstleistungsbranche, FJA AG, die, nur Brancheninsidern bekannt, über erstaunlich moderne CRM-Tools verfügen. Das gilt übrigens auch für einen anderen CRM-Anbieter im Finanzdienstleistungsmarkt, UNIQUARE aus Österreich, der neben dem deutschsprachigen Markt auch international angesehen ist.

Mit ORBIS demonstriert ein führender deutscher Anbieter, dass man auch ohne Venture Capital an die Spitze kommt, allerdings mit dem Rückenwind aus dem lukrativen SAP-Beratungsgeschäft. Ein weiterer CRM-Anbieter, dem dies gelang, Kabel Team4, kommt als einziger unter den Top 15 aus dem Lotus-Notes-Lager.

Update.com AG, einer der ältesten CRM-Anbieter am deutschsprachigen Markt, kämpft seit Mitte 2001 unter neuem Management um den Anschluss an die Spitzengruppe, nachdem hohe Verluste und der Absturz des Aktienkurses das Unternehmen in eine tiefe Krise gerissen hatten. Applix hat sich mit der gesamten CRM-Palette in Deutschland im Investitionsgütersektor des gehobenen Mittelstands einen Namen gemacht. Point, Anbieter von CIS-Lösungen mit Schwerpunkt im Call Center und weltweitem Vertriebsnetz, feierte 2000 sein zehnjähriges Jubiläum. Regware, ursprünglich reiner Pharmaspezialist, versucht sich mit moderner Technologie auch als kompetenter Anbieter in Konsumgütermärkten, beratungsbedürftigen Dienstleistungen und für die Investitionsgüterbranche. Der kanadische Anbieter Pivotal, seit Oktober 2000 mit einer eigenen Tochtergesellschaft in Deutschland vertreten, hat sich mit seinem CRM-Paket für den Mittelstand konsequent auf die Microsoft-Office-Schiene spezialisiert. TPS Labs in München verfügt dank der Übernahme durch den ERP-Anbieter bäurer AG Mitte März 2000 und einer modernen Technologie wieder über eine gute Ausgangsbasis für die Zukunft. Die Wachstumsfinanzierung mit Venture Capital hat sich nicht als Überlebensgarantie erwiesen, wie die negativen Beispiele von fit, Sidata und Update.com belegen. Einige Anbieter haben im Bemühen um Risikokapital scheinbar recht hoch gepokert. Die nächsten Monate werden Aufschluss darüber geben, ob sich die teilweise euphorischen Prognosen erfüllt haben.

Technologie heute

- Windows 98, 2000, NT / 32 Bit
- Web-Technologie, Thin client
- Mehrschicht-Architektur lost Client-Serve-Technik ab
- Standard-Software
- 4 GL-Tools
- Objektorientierung
- Customizing Tools
- Relationale Datenbanken
- Datawarehouse, OLAP
- Datenreplikation Feldebene
- Integrierte API
- E-Mail
- CTI
- Call Center
- WAP
- Workflow
- Dokumentenmanagement
- Mehrsprachigkeit
- Mehrwährungsfähigkeit

Abbildung 82: CRM-Technologie heute

Moderne CRM-Systeme haben sich von Individualsoftware zu Standardsoftware gewandelt, die mit objektorientierter Programmierung und 4-GL-Tools entwickelt wird. Der Trend zu Standardsoftware, die dabei gleichzeitig kundenspezifisch durch entsprechende Anpassungswerkzeuge (so genannte Customizing Tools) auf individuelle Bedürfnisse eingerichtet werden kann, vollzieht sich gegenwärtig unter dem Einfluss des schnellen technologischen Wandels. Denn er lässt in immer kürzeren Abständen Releasewechsel zu.

Um die Kosten für die neuen Versionen in den Griff zu bekommen, muss moderne Software releasefähig und wartbar sein. So können sich die Softwarehersteller auf die Entwicklung der technologischen Plattformen konzentrieren, während die Systemadministratoren der Kunden die firmenspezifischen Anpassungen der Oberfläche mithilfe eben dieser Customizing Tools erledigen.

Bei der verteilten Datenhaltung in Netzwerken hatte sich bis vor kurzem die Client/Server-Technologie behauptet, auch wenn das System der Applikationsserver zunehmend an Bedeutung gewinnt. Dabei handelt es sich um so genannte Middleware, die dazu dient, mithilfe von Integrationstechniken bestehende Anwendungsfunktionalität ohne großen Programmieraufwand über unterschiedlichste Internet-Clients anzubieten. Die Internetfähigkeit der CRM-Software wird zunehmend zum K.-o.-Kriterium. Zu den Eigenschaften der Standardsoftware gehören außerdem ein modularer Aufbau, offene Datenbankschnittstellen sowie eine integrierte Datenreplikation auf Feldebene, die bei internetbasierten Lösungen allerdings entfällt.

Weitere Module moderner CRM-Systeme sind integrierte Schnittstellen zu ERP-Systemen und Kommunikationstools einschließlich E-Mail sowie ein Telefonwahlmodul mit einer CTI-Schnittstelle und Schnittstellen zu Datawarehouses und OLAP-Tools, die zunehmend die individuellen Managementinformationssysteme ablösen.

Auf der Anwenderseite vollzieht sich ein Wandel von der reinen Funktionalität der Software hin zu einer prozessorientierten Vorgangsbearbeitung auf der Basis individuell modulierbarer *Workflow Tools*. Dadurch wird die Arbeitsweise in vernetzten Systemen mit verteilter Verantwortung unterstützt und jederzeit eine Kontrolle über den Status eines Vorgangs ermöglicht.

Die wesentlichen Unterscheidungsmerkmale der CRM-Software

Keine Frage: Die Auswahl fällt auch Profis nicht leicht. Denn im CRM-Markt gibt es heute unüberschaubar viele verschiedene Lösungen und einen teilweise sehr unterschiedlichen Stand der technologischen Entwicklung. Die Entscheidung für einen der über 120 Anbieter ist deshalb äußerst schwierig.

Erfahrungen mit negativen Beispielen belegen immer wieder, wie gefährlich es sein kann, die Auswahl des richtigen Softwarepartners dem Zufall zu überlassen. Vor allem muss dringend davor gewarnt werden, in den Softwareauswahlprozess einzusteigen, bevor man die Ziele und Anforderungen an die künftige Software nicht selbst definiert hat. Ohne ein solches Pflichtenheft ist eine systematische und sichere Auswahl nicht möglich. Zur groben Orientierung dienen sechs wesentliche Unterscheidungsmerkmale der CRM-Systeme:

1. Ein wesentlicher Unterschied zwischen allen Paketen liegt in der Brancheneignung. Diese resultiert meist aus der Erfahrung des Softwareanbieters und einer mehrjährigen Tätigkeit für Unternehmen einer bestimmten Branche. Die Brancheneignung spielt eine umso größere Rolle, je tiefer man in die Prozesse der Angebotserstellung und Auftragserfassung im Rahmen eines CRM-Systems vordringt. Es leuchtet ein, dass die Angebotserstellung im Konsumgüterbereich mit vielen Massengütern ganz andere Anforderungen an die Computerunterstützung stellt als in der Versicherungswirtschaft oder im Maschinenbau.

2. Auch hinsichtlich der unterstützten Prozesse unterscheiden sich die Programmpakete teilweise gravierend. Nicht alle am Markt angebotenen CRM-Systeme verfügen über die Integration von Marketing, Vertrieb und Service. Die meisten Anbieter haben nämlich im Vertriebsbereich ihre großen Stärken. Manche Anbieter haben fehlende Funktionalitäten durch Kooperation mit anderen Anbietern oder Übernahmen ganzer Softwarehäuser ergänzt, um ein geschlossenes Paket anbieten zu können.

3. Die systemtechnischen Leistungsmerkmale sind ein weiteres wesentliches Unterscheidungsmerkmal. Hier geht es um unterstützte Betriebssysteme, Netzwerkkomponenten, Datenbanksysteme, Internet-Funktionalitäten und Schnittstellen zu ERP-Systemen.

Unterscheidungsmerkmale

- ◆ 1. Brancheneignung
- ◆ 2. Funktionsumfang
- ◆ 3. systemtechnischer Leistungsumfang
- ◆ 4. Anpassbarkeit / Individualisierung
- ◆ 5. Preis
- ◆ 6. Service und Zusatzleistungen

Abbildung 83: CRM-Software: wesentliche Unterscheidungsmerkmale

4. In puncto Anpassbarkeit und Individualisierung muss man zwischen Programmen unterscheiden, die ausschließlich vom Systemanbieter auf Kundenbedürfnisse zugeschnitten werden können, und solchen Standardsystemen, die es dem Systemadministrator mithilfe eines Customizing-Werkzeugs erlauben, selbst individuelle Oberflächen und Datenbankverknüpfungen zu gestalten. Reine Individuallösungen erfüllen zwar in einem sehr hohen Maß die Anforderungen einer Vertriebsorganisation, erweisen sich aber bezüglich der Release-Fähigkeit und Wartbarkeit langfristig oft als Sackgassen.

5. Der Preis spielt sicher eine wesentliche Rolle bei der Auswahl des Systems. Kleine Vertriebsorganisationen finden durchaus passable Standardlösungen im Bereich des Kontaktmanagements bereits deutlich unter 500 EUR pro Anwender. Professionelle CRM-Systeme für mittelständische Unternehmen liegen zwischen 1 500 und 2 000 EUR pro User, integrierte Systeme für internationale Vertriebsorganisationen verschlingen meist Projektkosten von mehreren Millionen EUR.

6. Ein nicht zu vernachlässigender Unterschied zwischen den CRM-Systemen ist auch in den Zusatzleistungen des Softwareanbieters zu sehen. Je nach Bedarf sollte das Serviceangebot des Anbieters unbedingt in die Auswahlentscheidung mit einbezogen werden. Wer bei der Konzeption des Systems sowie in der Einführungsphase bei der Datenübernahme oder Installation des Systems Unterstützung braucht, sollte auch diese Leistungen in das Pflichtenheft aufnehmen. Hier ist in der Regel mit Tagessätzen zwischen 750 und 1 500 EUR je nach Spezialisierungsgrad des angeforderten Mitarbeiters zu rechnen.

Unterschiedliche Kategorien der CRM-Anbieter

Hinsichtlich des Funktionsumfangs lässt sich der CRM-Markt in Deutschland nach den in Abbildung 84 dargestellten Systemkategorien einteilen. Beginnend von preiswerten Programmen für die Adressenverwaltung folgt die Kategorie Kontaktmanagement in der Preisklasse bis 500 EUR pro Einzelplatz, erweitert um Kundenhistorie, Kontakte, Terminmanagement und anderen Basisfunktionen für den Vertrieb wie Netzwerkfähigkeit und Datenaustausch mit mobilen Anwendern. Die nächste Ausbaustufe stellen die professionellen CAS-Systeme für die Zielgruppe Vertrieb dar, welche zusätzlich über die Funktionen Marketing, Angebotserstellung, Auftragserfassung, eine Schnittstelle zu ERP-Systemen und ein Vertriebsinformationssystem verfügen. Die derzeit letzte Erweiterung nach CAS stellen integrierte CRM-Systeme für Marketing, Vertrieb und Service dar, die zunehmend auch als internetbasierte Lösungen angeboten werden und über erweiterte Analyse- und Auswertungsfunktionen (Datawarehouse-Systeme) verfügen.

Eine andere Unterscheidung der Systemanbieter ordnet sie potenziellen Anwendergruppen zu. So eignen sich für die Gruppe der Konzerne und internationalen Großunternehmen mit mehr als 100 Usern maximal 20 Anbieter – die für sich auch in Anspruch nehmen können, eine integrierte CRM-Lösung für Vertrieb, Marketing und Service anzubieten.

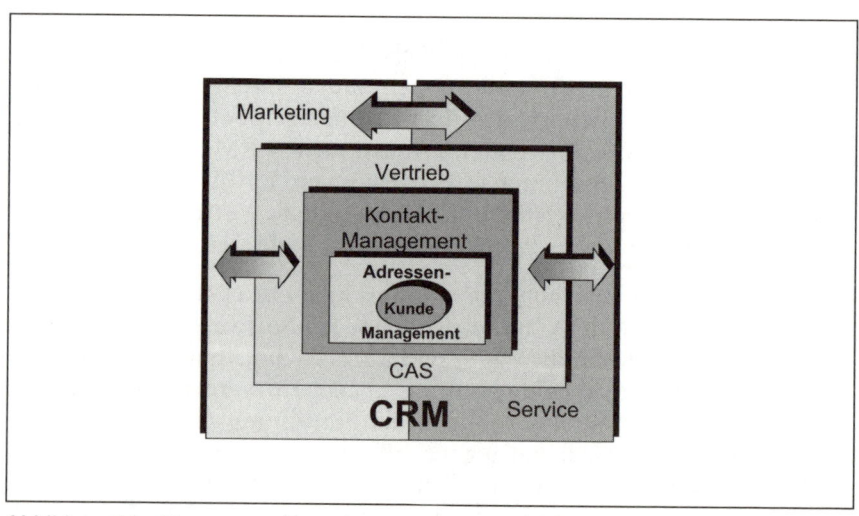

Abbildung 84: Abgrenzung Kontaktmanagement – CAS – CRM

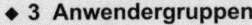

◆ 3 Anwendergruppen	◆ Anzahl User	◆ Anzahl Anbieter
◆ Konzerne / internationale Großunternehmen	◆ > 100	◆ ca. 20 (CRM)
◆ Mittelstand bis Großunternehmen	◆ 10–100	◆ ca. 100 (CAS)
◆ Kleine bis mittelständische Anwender	◆ 1–10	◆ ca. 50 (Kontakt-Management)

Abbildung 85: Klassifizierung der System-Anbieter

Die Zielgruppe Mittelstand bis Großunternehmen bis zu rund 100 Anwendern kann unter etwa 100 Softwareanbietern mit unterschiedlicher Brancheneignung wählen. Diese Anbieter werden streng genommen vom Stand ihrer Entwicklung her eher der Bezeichnung CAS gerecht, da sie schwerpunktmäßig den Vertrieb unterstützen, nicht aber integrierte Lösungen für Marketing, Vertrieb und Service anbieten beziehungsweise diese Integration noch nicht unterstützen können.

Die dritte Anwendergruppe sind kleine bis mittelständische Vertriebe zwischen einem und zehn Usern, für die sich der Markt von rund 50 Kontaktmanagementsoftware-Anbietern eignet.

Sie haben die Wahl!

Sie kennen das wahrscheinlich: Nach einem informativen Tag mit mehreren Präsentationen auf der CeBIT kehren Sie vollbepackt mit Hochglanz-Broschüren zurück – und sind davon überzeugt, mehrere moderne Hightech-Lösungen gefunden zu haben: ausgereift, fehlerfrei und nach dem neuesten Stand der Technologie entwickelt. Die Enttäuschung breitet sich spätestens bei der Installation des Systems aus, wenn Sie feststellen, dass der Softwarelieferant das auf der Messe gezeigte Programm noch lange nicht fertig gestellt hat, es sich hierbei bestenfalls um einen Prototypen handelt.

Die Folge: Von fehlerfrei und ausgereift kann noch lange keine Rede sein! Es ist leider wahr: Der unter EDV-Leuten oft zitierte Vergleich der Software mit Bananen, die beim Kunden reifen, ist durchaus treffend. Intuitiv weiß das eigentlich jeder – daher werden auch Sie immer wieder eine möglichst große Anzahl von Installationen und Referenzen von den infrage kommenden Anbietern verlangen. Auf den Punkt gebracht bedeutet dies, dass Sie die Wahl haben, entweder eine ausgereifte und weitgehend fehlerfreie Software zu kaufen, die dann aber sicher noch nicht über die modernste Technologie verfügt, oder Sie fordern neuesten Technologiestandard, der dann mit an Sicherheit grenzender Wahrscheinlichkeit noch nicht ausgereift ist. Und Sie werden feststellen: Die mit der Implementierung der Software beauftragten Mitarbeiter des Softwarelieferanten sprechen auf einmal eine ganz andere Sprache als die Verkaufsrepräsentanten bei der Präsentation auf dem Messestand.

Eine vergleichbare Situation erleben Sie auf dem Automobilsektor: Auf der IAA versuchen die Automobilhersteller, ihre Innovationsfähigkeit durch futuristische Studien zu belegen. Diese locken das Anwenderpublikum ebenso wie die Fachpresse an. Kein Mensch würde sich auf dieser Messe ein Auto ansehen, wie es hundertfach draußen auf den Parkplätzen herumsteht. Und trotzdem akzeptieren Sie, dass der Ihnen vom Autohändler übergebene Neuwagen bereits vor fünf oder mehr Jahren entwickelt wurde. Genauso ist es auch mit dem Marketing der Softwareindustrie. Auf den Messen soll den potenziellen Kunden Innovationsfähigkeit und die Beherrschung modernster Technologie vermittelt werden. Gerade in einer Branche, die ausschließlich von einer raschlebigen Technologie und einem harten Verdrängungswettbewerb lebt, ist das eine grundlegende Bedingung. Wer auf einer Messe veraltete Technologie präsentiert, wird kein Publikum an seinem Messestand haben. Der Glaube und das Vertrauen an die Zukunftsfähigkeit des Herstellers sollen die Kaufentscheidung herbeiführen. Und dabei versuchen sich die Softwareanbieter eben mit allen Mitteln gegenseitig zu übertrumpfen. Wer diesen Illusionen erliegt, also den Unterschied zwischen Wunsch und Wirklichkeit bewusst oder unbewusst ignoriert, findet sich nach der Vertragsunterzeichnung ernüchtert auf dem Boden der Tatsachen wieder. Er fühlt sich möglicherweise von der Welt betrogen und wartet ungeduldig auf den Reifeprozess seines Systems (Stichwort „Banane"). Dabei ist es doch eigentlich ganz logisch – siehe Automobilsektor.

 Nehmen Sie zur Kenntnis, dass auch die Softwareindustrie nicht zaubern kann. Wer dies anerkennt und bei der Systemauswahl mit großer Vorsicht und Systematik zu Werke geht, wird letztendlich die richtige Entscheidung treffen.

Der deutsche CRM-Softwaremarkt ab 1996

Die Kernfragen der Systemauswahl

falsch:
Welches ist das
beste CRM-System?

Vergleiche:
Welches ist das beste Auto?

richtig:
Welches CRM-System
erfüllt meine
Anforderungen am
besten?

falsch:
Zufallstreffer
(Messe, Werbung)

richtig:
systematische
- Marktanalyse
- Auswahl

Vorteile: - rasch am Ziel   - geringer Aufwand
              - geringe Kosten   - sichere Entscheidung

Abbildung 86: Kernfragen der Systemauswahl

Wenn Fachleute nach dem besten CRM-System gefragt werden, kontern sie gern mit der Gegenfrage „Welches ist das beste Auto?" Spätestens jetzt hat der Interessent begriffen, dass die Frage in dieser Form nicht gestellt werden kann. Die Frage muss nämlich lauten: Welches System erfüllt meine Anforderungen am besten? Und dazu ist es notwendig, dass zuerst die Anforderungen definiert werden, bevor man sich an den Auswahlprozess wagt. Von Zufallstreffern auf dem Messerundgang oder beim Durchblättern von Fachzeitschriften sollte man hier Abstand nehmen. Denn erforderlich ist in jedem Fall eine systematische Markt-analyse und anschließende Auswahl. Dabei können Marktübersichten wie der „CRM-Marktspiegel" (siehe Abbildung 74, S. 167) eine wertvol-le Hilfe darstellen. Projektleiter, die ohne eine solche Marktübersicht einen Auswahlprozess hinter sich gebracht haben, bestätigen immer wieder, wie sehr ihnen eine Marktübersicht dabei geholfen hätte. Wer in diesem so intransparenten Markt den Auswahlprozess mit System betreibt, erreicht sein Ziel nicht nur schneller, sondern auch mit geringerem Aufwand und mit wesentlich höherer Sicherheit.

Kritische Fragen zum Softwareanbieter

Wenn Sie Ihre Anbieter beurteilen wollen, helfen Ihnen einige kritische Fragen dabei, unliebsame Überraschungen zu vermeiden:

- Wie lange existiert der Anbieter schon am Markt? (Achtung! Der Marktführer ist gerade acht geworden.)

- Verfügt der Anbieter im Vergleich mit der Projektgröße über genügend Personalkapazität und Know-how?

- Kann der Anbieter ausreichende Branchenerfahrung und nachprüfbare Referenzen vorweisen?

- Liegt eine ausschließliche Spezialisierung auf CRM vor?

- Weist die Umsatzentwicklung der letzten drei Jahre ein deutliches Wachstum auf?

- Verfügt der Projektleiter über ausreichend Erfahrung?

Es erweist sich immer wieder als entscheidend, im Auswahlprozess nicht nur die Funktionalität der Software zu prüfen, sondern auch, inwieweit der Softwareanbieter zum eigenen Unternehmen passt.

Manche Anbieter sind auf mittelständische Unternehmen spezialisiert und eignen sich eben nicht für Konzerne. Umgekehrt sind Anbieter, die üblicherweise in internationalen Konzernen arbeiten, für den Mittelständler meist eine Nummer zu groß.

Ein Anbieter mit zwölf Mitarbeitern wird ebenfalls kaum in der Lage sein, ein Projekt in einer Größenordnung von mehreren 100 Anwendern erfolgreich realisieren zu können. Die Brancheneignung der Software muss auch durch entsprechende Branchenerfahrung und Referenzen des Anbieters nachgewiesen werden. Eine ganz wesentliche Voraussetzung für eine erfolgreiche Zusammenarbeit mit einem CRM-Lieferanten ist dabei die Frage, ob sich der Softwareanbieter ausschließlich auf das Thema CRM konzentriert und hier seine Kernkompetenz hat. Wenn er dann in diesem Marktsegment über einige Jahre Erfahrung und eine Vielzahl guter Referenzen verfügt und andererseits seine Umsatzentwicklung deutlich über dem üblichen Marktwachstum liegt, stehen die Chancen gut, dass es diesen Softwareanbieter auch in fünf Jahren noch geben wird. Und dies ist letztendlich für Sie entscheidend.

Schließlich ist auch die Frage nach der Erfahrung des Projektleiters in der Realisierungsphase von großer Bedeutung. Daher sollten Sie sich im

Rahmen der Auswahl auch diese Person genauer ansehen – und im Idealfall sogar namentlich in den Vertrag aufnehmen, damit nicht nach der Vertragsunterzeichnung unerfahrene Universitätsabsolventen ihr Ausbildungsprogramm auf Ihre Kosten absolvieren!

Kritische Fragen zur Software

Ganz wichtig ist auch die Frage nach der Praxiserprobung der Software. Daher sollte der aktuelle Releasestand größer als 1.0 sein. Mit den Nummern der Releasestände wird aus verkaufstaktischen Gründen viel jongliert. Lassen Sie sich nicht blenden! Auch das Verhältnis der Anzahl bisheriger Installationen zum Alter des Anbieters und dessen Größe sind Indizien für den Erfolg der Software. Kleine Softwareanbieter mit zehn Mitarbeitern können in der Regel pro Jahr mehrere kleinere Projekte und/oder nur wenige große realisieren. Von einem großen Anbieter mit 100 Mitarbeitern kann man hier deutlich mehr erwarten. Liegen die Installationszahlen deutlich darunter, kann dies ein Indiz für aufwendige Individualsoftware oder nicht ausgereifte Standardsoftware sein, die einen hohen Personaleinsatz erfordert.

Auch die Frage nach den Qualitätskriterien moderner Standardsoftware beinhaltet einige K.-o.-Kriterien: So sollte es sich immer um Standardsoftware handeln, die mit modernen Softwaretools entwickelt wurde und außerdem von Ihrem Systemadministrator mithilfe eines Customizing Tools flexibel an Ihre individuellen Bedürfnisse angepasst werden kann. Bei diesen Anpassungen geht es um die Gestaltung der Oberflächen der einzelnen Masken, das Hinzufügen, Entfernen oder auch Verändern einzelner Felder und deren Bezeichnung sowie deren Positionierung auf der Maske.

Andererseits wäre es wünschenswert, auch neue Relationen, also Verknüpfungen zwischen den einzelnen Tabellen der Datenbank herzustellen. Die Frage der Skalierbarkeit der Software gibt Aufschluss über die Flexibilität bezüglich verschiedener Systemplattformen, um zum Beispiel unterschiedliche Betriebssysteme und Datenbank-Systeme im Netzwerk und auf Notebooks einsetzen zu können. Das ist insbesondere dann wichtig, wenn Sie später durch entsprechendes Wachstum ein höheres Datenvolumen verarbeiten wollen.

Vergleichbar mit der Probefahrt bei einem Auto sollte auch bei der Software die Möglichkeit geboten werden, im Rahmen einer Testinstallation das Programm einer eingehenden Prüfung zu unterziehen. Dabei sollten Sie mithilfe einer Checkliste sicherstellen, dass ein infrage kommendes CRM-System mindestens 80 Prozent der gestellten Anforderungen erfüllen kann. Im Zuge dieses Tests müssen Sie auch prüfen, ob kritische Anforderungen, wie zum Beispiel eine Fremdsprachenfähigkeit oder Schnittstellen zu bestimmten ERP-Systemen, zufrieden stellend abgedeckt werden.

🖳 **TIPP**

Es mag zwar nebensächlich erscheinen, aber ein Blick in das Benutzerhandbuch des angebotenen Programms offenbart, mit welcher Systematik und Sorgfalt beim Anbieter gearbeitet wird.

Die Phasen der Softwareauswahl

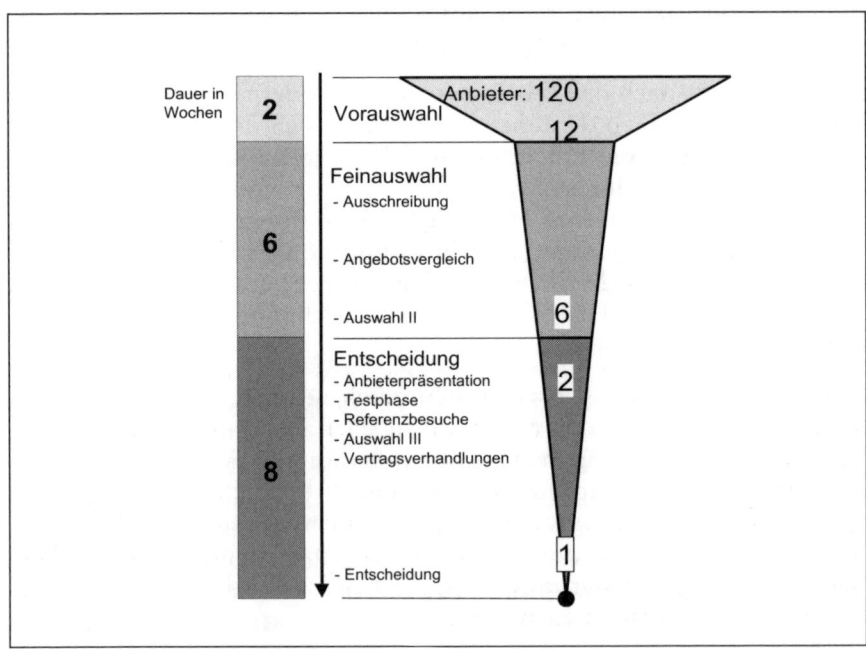

Abbildung 87: Phasen der Softwareauswahl

Auf Grund der fehlenden Transparenz und der offensichtlich sehr großen Unterschiede zwischen den einzelnen Programmen hat es sich in der Praxis als sinnvoll erwiesen, beim Auswahlprozess in drei Stufen vorzugehen. Auf diese Weise engen Sie den Kreis der infrage kommenden Anbieter ein, bis Sie ganz sicher sind, den richtigen Anbieter gefunden zu haben.

In der *ersten Stufe*, der Vorauswahl, geht es darum, den Anbieterkreis von rund 120 auf etwa zwölf einzugrenzen.

In der *zweiten Stufe*, der Feinauswahl, wird im Rahmen einer Ausschreibung und dem anschließenden Angebotsvergleich der Anbieterkreis halbiert.

Die *dritte Stufe* schließlich, die Entscheidungsphase, dient dazu, auch wieder in mehreren Schritten den besten unter den letzten sechs Anbietern herauszufiltern.

Während die Vorauswahl vor allem unter Zuhilfenahme vorhandener Marktübersichten in wenigen Tagen erledigt werden kann, benötigt die Feinauswahl durch die notwendige Zeit der Angebotseinholung bei den Softwareanbietern rund sechs Wochen.

Die abschließende Entscheidungsphase dauert erfahrungsgemäß zwischen acht und zwölf Wochen.

💻 **TIPP**

Setzen Sie das Projektteam in dieser Phase auf keinen Fall unter Zeitdruck, da dann Einbußen in der Qualität der Entscheidungen die zwangsläufige Folge sind.

Im Prinzip geht es bei diesem Auswahlprozess vor allem darum, sicher, selbstbewusst und zuversichtlich den Vertragsabschluss mit dem ausgewählten Softwarelieferanten anzugehen. Dabei können externe Berater durch ihre speziellen Marktkenntnisse wertvolle Informationen liefern und dabei helfen, Zeit für eigene Marktrecherchen zu sparen. Auch kann der externe Berater aus seiner Sicht und Erfahrung auf Vor- und Nachteile einzelner Anbieter hinweisen und den Auswahlprozess durch Moderation und praxiserprobte Checklisten unterstützen. Damit können Sie als Entscheider den Auswahlprozess sicher und überzeugt ausführen.

1. Die Vorauswahl

Auf der Basis einer vollständigen und aktuellen Marktübersicht, wie zum Beispiel dem CRM-Marktspiegel (siehe S. 167), ist es in kurzer Zeit möglich, durch Vergleich der im Anforderungskatalog definierten Programmeigenschaften und -funktionen mit den Angaben der Softwareanbieter eine „Hitliste" nach fallender Funktionserfüllung zu erzeugen. Dazu werden die Daten in PC-gerechter Form erfasst und ausgewertet.

Mit dem Projektteam sollten Sie nun einen Anbieter nach dem anderen aus der Hitliste vorstellen, Vor- und Nachteile herausarbeiten und so herausfinden, welcher Softwarelieferant am besten zu Ihnen passt. Zugegeben, gewisse Unsicherheitsfaktoren sind bei der Vorauswahl noch vorhanden. Sie sollten aber dennoch versuchen, die Schwerpunkte der Softwarelieferanten hinsichtlich der Zielgruppe, der Größe der in der Vergangenheit betreuten Kunden und ähnliche Erfahrungen mit den eigenen Anforderungen zur Deckung zu bringen.

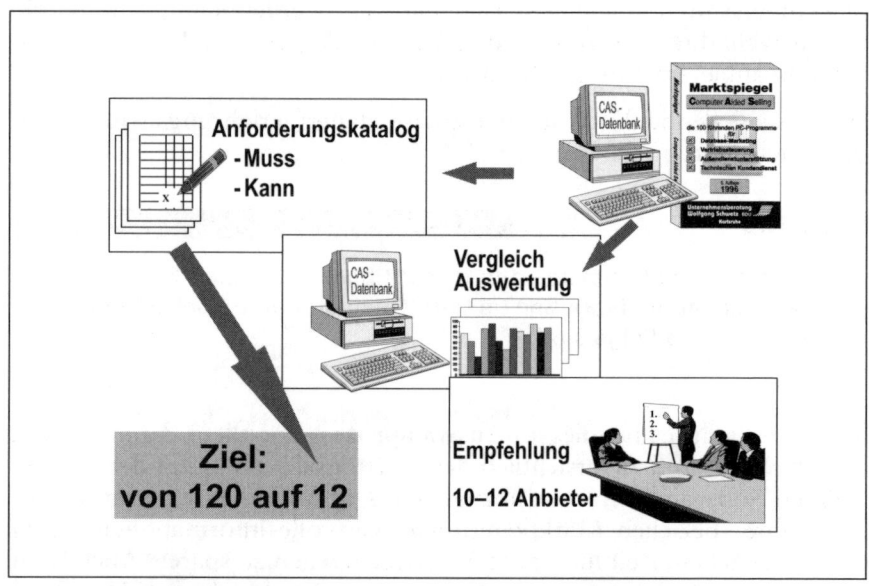

Abbildung 88: CRM-Softwareauswahl – Phase 1: Vorauswahl

Eine wichtige Quelle für Informationen und Erfahrungsberichte finden Sie im persönlichen Bekanntenkreis (Kollegen, Firmen, Verbände) sowie bei einschlägigen Fachtagungen und im CRM-Forum im Internet unter www.crmforum.de. Denn bei vielen Unternehmen liegen bereits positive oder negative Erfahrungsberichte vor, die auch Ihren Auswahlprozess beeinflussen können.

Hat man nun nach Durcharbeitung der Hitliste ungefähr zehn bis zwölf Anbieter gefunden, die mit großer Sicherheit die Anforderungen erfüllen können, wird mit dem so reduzierten Anbieterkreis ein Ausschreibungsverfahren durchgeführt.

2. Feinauswahl

Die nun übrig gebliebenen zehn bis zwölf Softwareanbieter laden Sie im Rahmen einer Ausschreibung ein, ein verbindliches Angebot auf der Basis des beigefügten Anforderungskatalogs sowie weiterer Informationen über Ihr Unternehmen mit IT-Infrastruktur, Mengengerüst, einer Beschreibung der Marktsituation, der Aufgabenstellung und der Ziele des Computereinsatzes in Marketing, Vertrieb und Service auszuarbeiten. Selbstverständlich fordern Sie die Anbieter auch dazu auf, nicht nur den Preis für die Softwarelizenzen und eventuell die Softwareanpassungen zu nennen, sondern auch zu erläutern, wie sie die beschriebenen Anforderungen zu lösen gedenken, welche Vorschläge sie für die Projektrealisierung haben und welche Unterstützung sie durch ihr eigenes Dienstleistungsangebot bei der Einführung des Systems geben können.

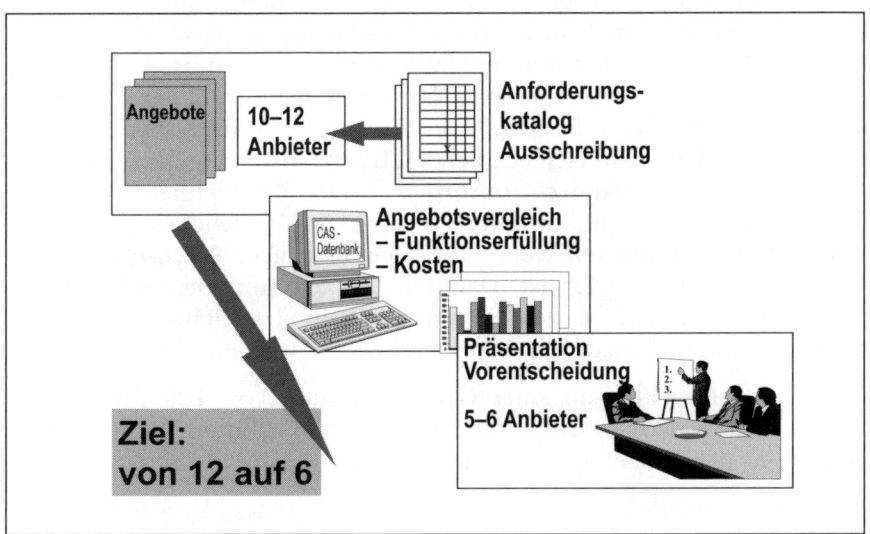

Abbildung 89: CRM-Softwareauswahl – Phase 2: Feinauswahl

Im Zuge der etwa vierwöchigen Frist für die Angebotsausarbeitung und -abgabe weisen viele Softwareanbieter gerne auf die Unmöglichkeit einer verbindlichen Angebotskalkulation hin, solange man keine Gelegenheit hatte, mit dem potenziellen Auftraggeber einerseits über das Anforderungsprofil zu diskutieren und andererseits seine eigenen Lösungsvorstellungen vorzustellen. Dieser Einwand ist durchaus nachvollziehbar. Andererseits hat erfahrungsgemäß kaum ein Unternehmen dazu Zeit, alle zwölf Anbieter zu einem Workshop vor der Angebotsabgabe einzuladen.

Gehen Sie ganz einfach davon aus, dass bei einer sorgfältigen Vorauswahl nur jene Anbieter zum Zuge kommen, welche bereits entsprechende Erfahrung mit ähnlichen Projekten gesammelt haben und daher in der Lage sind, die Aufgabenstellung und den Aufwand entsprechend qualifiziert einzuschätzen. Das bedeutet aber andererseits, dass die abgegebenen Angebotspreise in dieser Phase noch nicht den endgültig verbindlichen Charakter haben müssen, sondern eine Toleranz von etwa zehn Prozent durchaus akzeptabel ist. Auf der Basis Ihrer Anforderungsprofile in Checklistenform können Sie nun den Vergleich hinsichtlich Funktionserfüllung, Kosten und Dienstleistungen durchführen.

Durch eine Gesamtauswertung können Sie nun Ihren Anbieterkreis auf maximal sechs Lieferanten reduzieren. Dabei sollten neben den Kosten bei den Angeboten auch weitere Bestandteile wie Referenzlisten, die Branchenerfahrung der Softwareanbieter und andere qualitative Kriterien eine Rolle spielen. Von interessierten Anbietern erhalten Sie außerdem eine Demo-Version mit Handbuch und Vertragsmuster. Die Höhe der Lizenzgebühren hängt in erster Linie von der Anzahl der Anwender ab, das heißt, je größer die Anzahl der Anwender, desto höher sind auch die Rabattstaffeln. Unterschiede bei den Lizenzkosten ergeben sich auch, wenn nach so genannten *concurrent Usern* abgerechnet wird, was bedeutet, dass nur eine bestimmte Anzahl von Anwendern gleichzeitig mit dem System arbeiten kann, jedoch ein beliebiger Wechsel zwischen den Anwendern möglich ist. Dadurch können zum Beispiel 100 Anwender abwechselnd mit dem System arbeiten, obwohl nur 50 Lizenzen gekauft wurden, die zur gleichen Zeit benutzt werden dürfen.

Bei großen Projekten ab einer Größenordnung von 100 Anwendern wird üblicherweise ein pauschaler Projektpreis angeboten, der wiederum gegenüber den Einzellizenzen günstiger ist.

Aus der Gegenüberstellung der quantitativen sowie der qualitativen Faktoren der einzelnen Angebote können nach ausführlicher Diskussion der Vor- und Nachteile einzelner Anbieter die fünf bis sechs besten Angebote herausgefiltert werden.

3. Entscheidungsphase

Die letzten fünf bis sechs ausgewählten Anbieter laden Sie anschließend zu einer Präsentation ihres Unternehmens und ihres angebotenen Systems vor dem gesamten Projektteam ein. Diese erhalten zur Vorbereitung eine Tagesordnung mit den Schwerpunkten der Präsentation. Über die Dauer einer solchen Präsentation mag man diskutieren — erfahrungsgemäß stehen Projektteams wegen ihrer Inanspruchnahme im Tagesgeschäft nicht uneingeschränkt zur Verfügung. So hat sich ein Zeitraum von rund zwei bis drei Stunden pro Anbieter als praktikabel erwiesen, um einen Einblick in die Firma des Anbieters und die Highlights der Software zu gewinnen.

Am Ende einer solchen zweitägigen Präsentationsrunde ist das Projektteam in der Lage, die zwei besten Anbieter zu definieren. Dabei bewertet jedes Mitglied im Projektteam seine Eindrücke subjektiv und individuell und erstellt eine Bewertung nach der Notenskala. Die von allen Teammitglieder addierten Werte ergeben dann eine Rangfolge der Anbieter.

Natürlich sollten die Eindrücke der Präsentationen auch ausgiebig diskutiert werden, um Fehleinschätzungen und Fehlinterpretationen auszuschließen. Es ist klar, dass die Bewertung einen sehr stark emotionalen Charakter trägt, jedoch zeigt sich sehr oft, dass fast alle Teilnehmer der Präsentationen der gleichen Meinung über die Rangfolge sind. Schließlich steht den verbliebenen Anbietern noch eine genaue Prüfung im Rahmen einer Testphase der Software und der Referenzkundenbesuche bevor.

Auf Grund der zahlreichen negativen Erfahrungen sollten Sie davon absehen, die Software bereits nach einer solchen Präsentationsrunde zu kaufen, ehe nicht eine eingehende Prüfung der Programme im Rahmen einer Testphase durchgeführt wurde. Dazu benennen Sie für jedes der zu testenden Softwarepakete aus dem Projektteam PC-erfahrene Anwender, die nach einem Tag Schulung beim Softwareanbieter und erfolgreichem Import echter Kundenstamm- und eventuell auch Artikelstammdaten eine Standard-Version für den Zeitraum von vier Wochen einem Test unterziehen und dabei vorher definierte Testaufgaben absolvieren. Neben der Software werden dabei auch das Unternehmen des Softwareanbieters, seine Hotline und sein Service getestet und bewertet.

Eine kleine Gruppe aus dem Projektteam muss sich parallel zu den Tests zu den von den Anbietern vorgeschlagenen Referenzkunden begeben, um dort eine Bestätigung für die Leistungsfähigkeit des Softwareanbieters und die Zufriedenheit des Kunden während der Projektrealisierung und danach zu erhalten.

Nach Abschluss dieser Prüfungen trifft sich das Projektteam zu einer weiteren Entscheidungsrunde, bei der die Testteams und die Referenzkundenbesucher ihre Ergebnisse dem Projektteam vorstellen und diskutieren. Es kann nicht deutlich genug betont werden, wie wichtig es ist, diese Testphase vor dem Vertragsabschluss mit zwei Anbietern durchzuführen – auch wenn sich das Projektteam über einen Favoriten nach der Präsentationsrunde bereits einig ist, sollten Sie einen Vergleich mit einem zweiten Anbieter durchführen, um so auch die spezifischen Unterschiede kennen zu lernen.

So mancher euphorische Eindruck einer Präsentation weicht während der Testphase der Ernüchterung! Zum Vergleich: Auch bei einem Autokauf kommt man erst nach mehreren Probefahrten zu einer sicheren Bewertung von Vor- und Nachteilen einzelner Fabrikate.

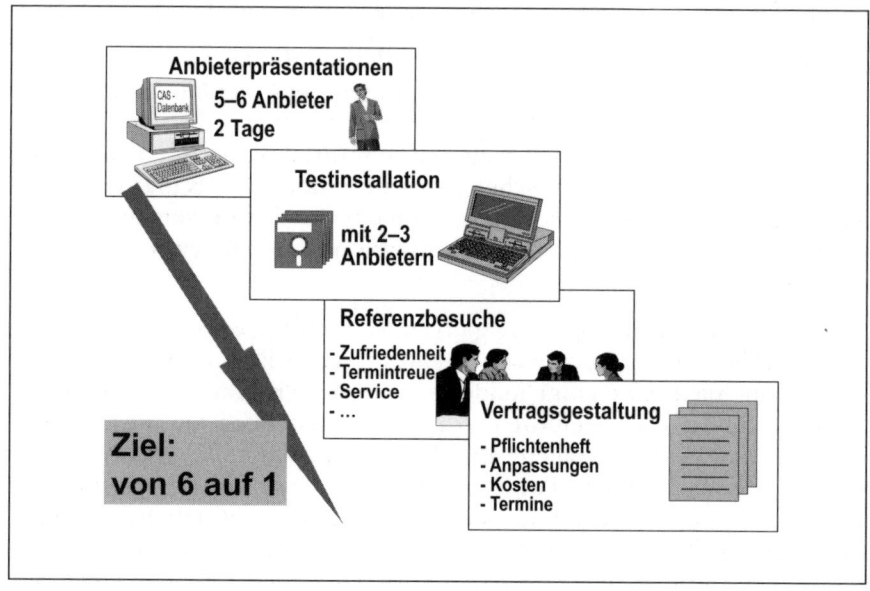

Abbildung 90: CRM-Softwareauswahl – Phase 3: Entscheidung

Der deutsche CRM-Softwaremarkt ab 1996

Im nächsten Schritt müssen Sie die Vertragsverhandlungen führen, wobei nach fachlichen und kaufmännischen Inhalten zu unterscheiden ist. Da erfahrungsgemäß zu diesem Zeitpunkt immer noch ein verbindliches Angebot des Systemlieferanten fehlt, sollte nun der genaue Vertragsgegenstand, also die Software mit all ihren Funktionen im Rahmen eines Workshops mit dem Projektteam und dem Softwarelieferanten diskutiert und das Anforderungsprofil interpretiert werden. Im Anschluss an diese Definitionsphase ist der Softwareanbieter in der Lage, einerseits den Softwareumfang und anderseits notwendige Anpassungsmaßnahmen verbindlich zu kalkulieren und einen detaillierten Zeitplan für die Einführung des Systems aufzustellen.

Wirtschaftlichkeitsbetrachtung

Rechnet sich CRM?

Zugegeben: Die Wirtschaftlichkeit eines CRM-Systems können Sie nur schwer bewerten. Geldgeber und Entscheider aus dem Management stellen die Frage nach der Wirtschaftlichkeit jedoch zu Recht. Dies muss allerdings nicht immer bedeuten, dass alle Vorteile und Nutzen in Geldbeträgen bewertet werden können. Unbestritten überwiegen die qualitativen Vorteile, die sich in der Verbesserung der Informationsqualität im Tagesgeschäft sowie in den Entscheidungsprozessen niederschlagen.

Die Bewertung des Faktors Information muss sich an dem messen, was mit diesen Informationen gemacht wird. Ausgeschlossen ist ein kausaler Zusammenhang zwischen dem Einsatz von Computern in Vertrieb, Marketing und Service und einer erwarteten Umsatzsteigerung. Im ersten Teil dieses Buches wurde darauf hingewiesen, dass die wesentlichen Erfolgsfaktoren außerhalb der zur Diskussion stehenden Investitionen in Hard- und Software liegen – nämlich in einer auf die Marktverhältnisse abgestimmten Marketingstrategie und einem Führungssystem im Unternehmen, das die Mitarbeiter motiviert, die Möglichkeiten des Computereinsatzes tatsächlich zu nutzen und auszuschöpfen.

Der PC und eine noch so „tolle" Software machen aus schwachen Verkäufern keine Verkaufskanonen, sie steigern auch keinen Umsatz und erhöhen keine Effizienz. Die Investitionen in Hardware, Software und Consulting ergeben lediglich ein Werkzeug, mit dessen Hilfe ein gestecktes Ziel schneller erreicht wird. Verkaufserfolg und Kundenbindung werden maßgeblich von den Menschen beeinflusst und gestaltet, die die persönlichen Beziehungen zu ihren Kunden und potenziellen Abnehmern aufbauen und pflegen.

Das CRM-System hingegen kann in unglaublich kurzer Zeit nur Daten und Informationen an jedem beliebigen Ort zur Verfügung stellen, die von den Anwendern benötigt werden, um in der jeweiligen Phase des Verkaufsprozesses und der Kundenbeziehung gut informiert zu sein.

Die heute vielfach beklagten Defizite beim Einsatz von CRM-Systemen in der Praxis haben eine fehlende Akzeptanz seitens der Anwender und eine zu geringe Identifikation des Managements als Hauptursachen. Für die Betrachtung der Wirtschaftlichkeit muss deshalb der Erfüllungsgrad der in der Rahmenkonzeption definierten Zielsetzung herangezogen werden. Dort wurden die Kundenorientierung und Wettbewerbsvorteile als oberste Ziele definiert. Wenn diese Ziele erreicht werden, schlagen sie sich in einer verstärkten Kundenzufriedenheit und diese wiederum in einer verstärkten Kundenbindung nieder – die zweifellos die Grundlage einer Umsatzsteigerung und eines Ausbaus der Marktanteile darstellen.

Die Einführung eines CRM-Systems ist angesichts des verstärkten Wettbewerbsdrucks mehr denn je eine Investition in die Zukunft des Unternehmens. Sie rechnet sich kurzfristig nur schwer, aber sie zahlt sich mittel- bis langfristig mit Sicherheit aus. Kein erfolgreiches Unternehmen wird es sich lange erlauben können, auf den Einsatz moderner Technologien wie CRM-Systeme zu verzichten. Das Informationsmanagement ist gerade bei der Gestaltung erfolgreicher Kundenbeziehungen zum entscheidenden Wettbewerbsfaktor geworden. Denn CRM-Systeme bieten unter dem Strich tatsächlich eine Reihe von quantifizierbaren Vorteilen im Sinne der Wirtschaftlichkeit: So zum Beispiel die bewertbaren Verbesserungen im Sinne einer Effizienzsteigerung und Rationalisierung.

Es gibt Unternehmen, in denen fast jeder der Mitarbeiter, der regelmäßig Kundenkontakte hat, täglich fast eine Stunde Zeit damit verbringt, nach Informationen zu suchen. Die Bewertung einer derartigen Verbesserung durch automatische Bereitstellung der benötigten Informationen multipliziert mit der Anzahl der Mitarbeiter stellt nicht selten eine Größenordnung von mehreren Hunderttausend EUR pro Jahr dar.

Allerdings muss vor pauschalen Aussagen zur Effizienzsteigerung gewarnt werden, wenn sie nicht auf tatsächlichen Analyseergebnissen beruhen. Softwareanbieter neigen immer wieder in Verkaufsgesprächen zu allgemeinen Aussagen zur Effizienzsteigerung, die aber keinem seriösen Controlling standhalten.

Wirtschaftlichkeitsbetrachtung

Nur konkrete Ziele sind messbar

Wer bei CRM-Systemen eine Wirtschaftlichkeitsberechnung anstellen möchte, sollte sich darum bemühen, bereits in der Konzeptionsphase konkrete Zielstellungen zu formulieren. Wichtig dabei ist, dass sowohl der Istwert, als auch der Sollwert konkret nachvollziehbar und überprüfbar sind. Typische messbare Beispiele sind eine Verkürzung der Angebotserstellung um eine bestimmte Zeit, die Reduzierung der Auftragsdurchlaufzeiten, die Erhöhung der Angebotserfolgsquote, die Steigerung der Rücklaufquote bei Mailings, die Reduzierung von Reklamationen oder die Verkürzung der Auftragsdurchlaufzeit. Auch spielt zunehmend der Kundenwert (Customer Lifetime Value) für die Messbarkeit des Verkaufserfolgs eine große Rolle. Eine Senkung der Kosten, die sich durch den Wegfall der Papierorganisation ergibt, können Sie dabei getrost außer Acht lassen – mehr als 15 Prozent Reduzierung der laufenden Systemkosten sind selten zu erzielen. Allenfalls spürbar ist eine Reduzierung des oft mehrfachen Datenerfassungsaufwands im Istzustand. Dagegen muss zumindest in der Anfangsphase mit einem erhöhten Aufwand für die Datenpflege gerechnet werden.

Qualitative Ergebnisse

Qualitative Verbesserungen für den Erfolg der Kundenbeziehungen sind letztendlich interessanter und langfristig auch lukrativer, weil dadurch an den strategisch entscheidenden Stellen Wettbewerbsvorteile erzielt werden können. Zweifellos stellt es eine enorme Verbesserung dar, wenn die Vertriebsleitung jederzeit, also tagesgenau, einen Überblick über die Soll-Ist-Abweichungen in verschiedenen Verkaufsregionen und bei bestimmten einzelnen Kunden hat – und somit rascher auf Ausnahmesituationen reagieren kann. Dies gilt analog natürlich auch für Gebietsmanager und Außendienstmitarbeiter. Die Verfügbarkeit aktueller Auskünfte über einen Kundenstatus stellt unbestritten einen großen Vorteil dar, lässt sich jedoch nur schwer in Beträgen ausdrücken. Auch können Sie die messbaren Ergebnisse einer zunehmenden Kundenbindung nicht ausschließlich auf das Informationsmanagement im Rahmen eines CRM-Systems zurückführen, hier spielen natürlich auch andere Faktoren eine Rolle. Fraglos wird es sich jedoch positiv auf die Kundenbeziehung auswirken, wenn nun endlich „die Linke weiß, was die Rechte tut", also der Kunde bei seinem Telefonat mit dem Innendienst erstaunt feststellt, dass die mit dem Außendienstmitarbeiter am Vortag besprochenen Maßnahmen bereits umgesetzt sind.

Noch kann man immer wieder feststellen, dass bei der Einführung eines CRM-Systems oft die Überzeugung fehlt, dass es ohne die moderne Technologie nicht mehr geht, CRM also lediglich „nice to have" ist. Tatsächlich mag der einzelne Verkäufer „seine" Kunden noch so gut kennen. Bei den herrschenden Marktverhältnissen genügt das aber einfach nicht mehr. Wenn die Kundenorientierung der Schlüssel zum Markterfolg werden soll, dann muss das Unternehmen heute den Zugang zum Wissen über die Kunden haben. Im Informationsmanagement liegt das Kapital für die Zukunft. Schon Napoleon wusste das, als er sagte: „Die richtige Information zum richtigen Zeitpunkt macht neun Zehntel der Schlacht!"

Glossar

Account

das Konto; Begriff aus dem Finanzwesen. Im Vertrieb häufig mit dem Begriff Kunde gleichgesetzt.

ACD – Automatic Call Distribution

darunter versteht man die automatische und gleichmäßige Verteilung der eingehenden und aktiven Gespräche an definierte Service-Gruppen oder Einzelarbeitsplätze. Die Verteilung kann hierarchisch, zyklisch oder nach der längsten „Frei-Zeit" erfolgen.

Administrator

Systemverwalter in einem Netzwerk, der über alle Zugriffsrechte verfügt und für die Betreuung des Netzwerkes zuständig ist.

After-Sales-Service

After-Sales-Service beschreibt Serviceleistungen, zum Beispiel Service-Hotline, die dem Kunden nach Kauf des Produkts gewährt werden.

Angebotswesen

alle Aktivitäten und Informationen, die zur Erstellung eines kundenspezifischen Angebots notwendig sind, unter anderem unter Zugriff auf Kundenstammdaten, Bedarfsprofile, Kunden-/Produkt-Konditionen, Produktdaten, Preisfindung einschließlich Rabatten, meist mit Schnittstelle zu einem Standard-Textverarbeitungs-programm (zum Beispiel MS WORD) zur Ausgabe der Angebotsinhalte auf dem Drucker.

Applikation

ein Programm, das für den User eine Funktion ausführt. FTP, E-Mail und Telnet sind Beispiele für Netzwerk-Applikationen.

Arpanet

der Großvater des Internet. Die Geburtsstunde erfolgte 1969 mit einer Datenleitung zwischen der University of California und der University of Utah. Später kamen nach und nach Verbindungen zu Forschungseinrichtungen aller Art hinzu.

@

gesprochen wie das englische „at". Wird auch „Klammeraffe" genannt. Symbol in der E-Mail-Adresse

B2B – Business-to-Business

Business-to-Business (B2B) ist die Gesamtheit aller Marketingaktivitäten für Produkte und Dienstleistungen, deren Nachfrager andere Unternehmen bzw. Institutionen sind. In der Regel handelt es sich bei den angebotenen Leistungen um Investitionsgüter und investive Dienstleistungen. Die Anbieter-Nachfrager-Beziehungen sind jeweils durch einen Direktkontakt charakterisiert.

B2C – Business-to-Customer

Business-to-Customer (B2C) ist die Gesamtheit aller Marketingaktivitäten für Produkte und Dienstleistungen, deren Nachfrager Konsumenten respektive Endbenutzer der Leistung sind. Hierbei handelt es sich um Konsumgüter bzw. konsumtive Dienstleistungen. Die Anbieter-Nachfrager-Beziehungen sind in der Regel durch anonyme Massenmärkte mit direktem Vertrieb durch den Hersteller oder durch Handelsbetriebe gekennzeichnet.

Benutzerservice

alle Funktionen des Systemadministrators zur Betreuung der CRM-Benutzer im Innen- und Außendienst. Verantwortlich für die Vergabe der Passworte, Zugriffsrechte, Einstellung der Systemparameter, Auswahltabellen, Hotline zur Klärung von Problemen der Anwender mit Hardware, Software und Kommunikation, Einspielen neuer Softwarereleases, Fehlerbehebung mit dem Softwarehersteller, Schulung der Anwender sowie Erstellung von Auswertungen und Analysen für die Anwender.

Beschwerdemanagement

die aktiv betriebene Bewältigung von Beschwerden der Kunden, um diese zufrieden zu stellen. Dies wird meist durch Software unterstützt, in der Kundenreklamationen gesammelt und analysiert werden. Die hinterlegte Wissensdatenbank liefert zudem Antworten auf die am häufigsten auftretenden Probleme und Beschwerden und wird ständig aktualisiert und ergänzt.

Beta

Test-Stadium der Software. In der Beta-Phase wird versucht, möglichst noch vorhandene „Bugs" auszumerzen, bevor die definitive Version produziert wird.

Browser

die Software fürs Internet. Das Programm, mit dem man ins World Wide Web gelangt.

Business Intelligence (BI)

Business Intelligence ist die Bezeichnung für den Zugriff auf kennzahlenbezogene strukturierte Unternehmensinformationen. Als Werkzeuge dafür dienen so genannte OLAP-Tools.

Buying Center

Buying Center sind in Unternehmen für die Durchführung von Einkaufsprozessen verantwortlich und beinhalten fünf verschiedene Rollen: Verwender, Einkäufer, Beeinflusser, Entscheidungsträger und Gate-Keeper, die den Informationsfluss in das Buying Center kontrollieren.

CAI – Client Application Interface

Über das Client Application Interface kann eine Datenintegration zu jeder bestehenden Applikation aufgebaut werden.

Call Center/Telesales

meist über spezielle Telefonnummern erreichbare Serviceabteilungen (intern oder externe Dienstleister) eines Unternehmens, um eingehende Anfragen, Reklamationen, Beschwerden sowie Aufträge (inbound) anzunehmen und zu bearbeiten. Im Outbound-Call Center werden von den Telefonisten (Agenten) aktiv über das Telefon Kunden und Interessenten angerufen und betreut beziehungs-weise Verkaufsgespräche geführt. In professionellen Call Centern ist der Bildschirmarbeitsplatz über eine CTI-Schnittstelle (Computer Telephony Integration) mit der Telefonanlage verbunden, die bei ausgehenden Telefonaten über eine Wahlautomatik und bei eingehenden Telefonaten über eine Rufnummernerkennung verfügt, über welche die entsprechende Kundenstammmaske aufgerufen wird.

Callplan

Callplan ist eine quantitative Methode, mit deren Hilfe bestimmt wird, wie oft ein Kunde in den einzelnen Verkaufsgebieten seines Außendienstbezirks besucht werden sollte.

CAM – Customer Asset Management

CAM beschäftigt sich mit der kompletten Kundenbetreuung. Das bedeutet eine hohe Integration der Informationen aus Vertriebsabwicklung, Call Center und allen Vertriebs- und Marketingbereichen, incl. der Außendienstorganisation.

CAS – Computer Aided Selling

im deutschsprachigen Raum Mitte der 80er Jahre eingeführte Bezeichnung von Anwendersoftware für PC-Netzwerke und Notebooks zur Unterstützung von Verkaufsorganisationen. Synonyme: Vertriebssteuerung, Vertriebsinformationssysteme und Sales Force Automation (USA, seit 1980). 1997 gab es rund 120 Anbieter von CAS-Software in Deutschland. Anwender sind in der Regel das Vertriebsmanagement (Planung, Steuerung und Kontrolle), Vertriebscontrolling und Key Account Management, der Verkaufsinnen-dienst (Kundendatenbank, Direktmarketing, Database Marketing, Telemarketing), die regionalen Gebietsverkaufsleiter, Außendienst (Pre-Sales- und After-Sales-Betreuung, Kontaktmanagement, Reporting, Angebotswesen, Auftragserfassung, Datenreplikation). Die vorrangigen Ziele von CAS waren die Steigerung der Effizienz der Verkaufsorganisation, Systematisierung der Marktbearbeitung und Erhöhung der Verkaufsabschlüsse. Seit 1997 wird CAS abgelöst durch CRM.

CBR – Case Based Reasoning

Case Based Reasoning ist eine Systemlösung zur Erstellung intelligenter Assistenzsysteme zur effektiven Nutzung der Informationen aus der Wissensdatenbank.

CC – Communication Center

Das Communication Center managt nicht nur Anrufe sondern auch andere Kommunikationsmedien wie Fax, E-Mail mit den dazugehörigen Daten.

CCC – Customer Care Center

Das Customer Care Center ist die zentrale Koordinationsstelle für alle eingehenden Kundenanliegen (Inbound-Aspekt), unabhängig vom jeweils gewählten Kontaktmedium. Mithilfe technischer Unterstützung (Telefonieanlagen, Datenbanken, Ticketing-Systeme etc.) verfügen die CCC-Mitarbeiter über die notwendigen Instrumente, um jederzeit rasch und kompetent Auskunft geben zu können.

CGI – Common Gateway Interface

Das Common Gateway Interface ermöglicht das Starten von externen Programmen aus dem WWW. So ist es möglich, interaktive Web-Seiten zu programmieren. Diese Programme stellen die Verbindung zwischen externen Informationsquellen und dem Server her.

Channel Management
Betreuung von Unternehmen mit einem indirekten Distributionskanal wie Handel, Vertriebspartner, Value Added Reseller. Einerseits werden Absatzziele mit den Partnern vereinbart, andererseits über den Auftragseingang die Ergebnisse überwacht. Die Unterstützung der Absatzpartner bezieht sich auf Pressearbeit, Marketing, Verkaufsförderung, Messen etc.

CIC – Customer Interaction Center
Das Customer Interaction Center ist eine Erweiterung des CCC, in dem alle Interaktionen zwischen Unternehmen und Kunden abgedeckt werden, also zusätzlich zum Inbound- auch der Outbound-Aspekt, wie zum Beispiel Verkauf.

CIS – Customer Interaction Software
Softwaresysteme, die dem aktiven Kundenmanagement dienen, zum Beispiel Call Center-Software; Helpdesk-Lösungen; teilweise jedoch auch Systeme, die das Bestellwesen etc. verbessern sollen

CLI – Calling Line Identity
Calling Line Identity = Rufnummernerkennung: Die Rufnummer der Anrufers wird in Echtzeit an das Call Center übermittelt. So können zum Beispiel Adressen und Kundenhistorie automatisch zur Verfügung gestellt werden.

Client
Programme, mit denen Informationen von einem Server abgerufen werden können. Ein Browser beispielsweise ist ein Client-Programm, das die Seiten eines World-Wide-Web-Servers anzeigen kann.

Client-/Server-Modell
Kommunikation zwischen Prozessen, die auf dem Anforderung-Antwort-Prinzip beruht. Typische Beispiele für die Client-/Server-Anwendungen sind Gopher oder WWW.

CM – Category Management
Begriff aus dem Einzelhandel beziehungsweise Supermarktgeschäft. Im Category Management werden Produktkategorien (Warengruppen/Sortimente) aus Kundensicht zusammengefasst. Insbesondere die Optimierung der Verkaufsfläche, aber auch die gezielte Durchführung von Aktionen werden im CM zusammengefasst.

CRM – Customer Relationship Management
CRM ist eine Managementphilosophie zur kompletten Ausrichtung der Unternehmensorganisation auf vorhandene und potenzielle Kundenbeziehungen und besteht daher aus den Komponenten Organisation, Technik und Mensch. Es setzt oft ein umfassendes Change Management zur erfolgreichen Umsetzung voraus. Die strategische Zielsetzung dieser Kundenorientierung liegt einerseits in der Erzielung von Wettbewerbsvorteilen und einer verstärkten Kundenbindung, andererseits in der Erhöhung der Kundenprofitabilität. Bewertungsmaßstab für die Kundenbeziehung ist

oft der Kundenwert (Customer Lifetime Value). Das Management der Kundenbeziehungen wird dabei unternehmensweit über alle Funktionen hinweg durch Informations- und Kommunikationstechnologien unterstützt. CRM-Software integriert die Bereiche Marketing, Vertrieb und Service mit enger Anbindung an ERP-Systeme.

Cross-Selling
Über die Cross-Selling-Rate wird ermittelt, wie viele Kunden, die das Produkt A gekauft haben, auch für das Produkt XY infrage kommen könnten. Inwieweit ist es möglich, durch Verkaufsbemühungen einem Kunden weitere Teile des Sortiments zu verkaufen? Die durch Produkt A gewonnene Vertrauensbasis kann hierbei genutzt werden.

CSS – Customer Service and Support
Bezeichnung für Systeme, die insbesondere im Kundendienst, dem Beschwerdemanagement oder in der Kundenberatung eingesetzt werden

CTI – Computer Telephony Integration
Darunter versteht man eine Verknüpfung von EDV und Telefonanlage. Mit ISDN-Telefonanlagen ist es möglich, einen Teilnehmer per Mausklick auszuwählen, und es wird automatisch eine Anwahl durchgeführt. Im umgekehrten Fall kann der Anrufer anhand seiner Telefonnummer identifiziert werden und der entsprechende Kundenstammsatz wird auf dem Bildschirm angezeigt.

Customer-Care-Center
häufig verwendetes Synonym für Call Center. Es soll die Kundenorientie-rungsaufgabe des Call Centers in der unternehmensweiten Gesamtstrategie dokumentieren.

Customer Lifetime Value
Die Verfolgung des Customer Lifetime Value als Zielgröße im Marketing stellt ein Konzept dar, sich nicht nur an dem kurzfristigen, in einer Periode mit einem Kunden erzielbaren Erfolg zu orientieren, sondern sich an dem langfristigen Wert der Kundenbeziehung mit all seinen Ein- und Auszahlungsströmen zu orientieren. Der Customer Lifetime Value ist in der Regel umso höher, je höher die Kundenzufriedenheit ist.

Customizing
Anpassung von Standardprogrammen mithilfe spezieller Tools, welche auch der Systemadministrator eines CAS/CRM-Systems bedienen kann. Damit können die Programmoberfläche, also das Maskenlayout, Feldbezeichnungen und Feldattribute in Bildschirmmasken an benutzerspezifische Bedürfnisse angepasst sowie neue Felder, Tabellen und Relationen hinzugefügt werden, ohne die Wartbarkeit und Releasefähigkeit der Standardsoftware zu beeinträchtigen.

Database Marketing
Methode zur systematischen und gezielten Marktbearbeitung auf der Basis vorhandener Kundenprofile in strukturierten Datenbanken.

Data Mining
halbautomatischer Prozess zur Extraktion bisher unbekannter, nachvollziehbarer Informationen aus großen Datenbanken. Aus Suchmustern werden typische Merkmale herausge-

filtert, um diese für eine Mustererkennung auf eine vorhandene Datenbasis anzuwenden.

Data Warehouse

speziell für die Speicherung und Wiedergewinnung großer Datenmengen und unternehmensweiter Informationen strukturierte Datenbank, auf die Anwender unterschiedlicher Bereiche zugreifen können, um gezielt nach Informationen in unterschiedlichen Verdichtungsstufen zu selektieren. Das Data Warehouse erhält in der Regel periodisch Daten aus verschiedenen operativen Systemen (zum Beispiel ERP, Fibu, CRM) und bereitet diese für Abfragen und Selektionen entsprechend auf.

Datenreplikation

Datenaustausch zur Aktualisierung veränderter Daten zwischen remote (mobilen) Anwendern eines Systems und dem zentralen Fileserver und/ oder einem Hostsystem. Dabei wird eine Online-Verbindung zwischen dem PC der Außenstelle und dem Server der Zentrale aufgebaut. Der Datenaustausch erfolgt in beide Richtungen, wobei bei modernen Systemen nur die veränderten Datenfelder übertragen und abgeglichen werden. Zur Datenreplikation gehört auch die nach der Aktualisierung vorgenommene automatische Datenverteilung entsprechend den in den Benutzerprofilen festgelegten Berechtigungen. Zum Beispiel erhält ein Außendienstmitarbeiter nur die Daten seiner Kunden. Nach der Datenreplikation haben alle Anwender den gleichen Datenstand.

DCM – Demand Chain Management

Demand Chain Management basiert auf der Idee des Begriffs „Supply Chain Management". Supply Chain Management steht für die Verkettung und Darstellung der internen Geschäftsdaten zur Produktionsplanung, Produktionsregulierung, Lagerhaltung, Verkauf etc., eben alles rund um das Produkt. Der Ansatz des DCM hat weniger die internen Prozesse als Mittelpunkt, sondern vielmehr den Kunden. Die Verknüpfung von Customer Relationship Management mit Business Intelligence zu einer Demand-Chain-Management-Lösung erlaubt effizientes, ganzheitliches Kundenmanagement und eine kontinuierliche Analyse der vielschichtigen Kundenbedürfnisse, sodass langfristig erfolgreiche Strategien entwickelt und fundierte Entscheidungen getroffen werden können.

Dialer

ein Programm, welches die Telefonverbindung zwischen einem PC und dem Internet herstellt und aufrechterhält

Direktmarketing

Marketingaktionen, bei denen ein direkter Kontakt mit dem Endkunden hergestellt wird, zum Beispiel durch Mailings oder Telefonmarketing

Docking-Station

An ihr lässt sich ein Notebook anschließen. Sie ermöglicht den Einbau von Laufwerken und Netzwerkkarten oder den Anschluss von Peripheriegeräten, wie etwa Monitor oder Scanner. Somit kann das Notebook schnell und einfach mit allen anderen Geräten verbunden werden.

Domain

eine Gruppe von Computern, welche ein gemeinsames Suffix teilen

Drag & Drop (Ziehen & Loslassen)

von Apple entwickelte, intuitiv angelegte Arbeitstechnik am Computer, bei der Elemente durch Bewegung auf dem Schirm bearbeitet werden

Dubletten

Bei der Erfassung von Daten wird streng darauf geachtet, dass keine Mehrfachspeicherungen (Redundanz) entstehen. Durch zum Beispiel unterschiedliche Schreibweisen bei den Daten kann dies aber nicht immer vermieden werden. In einem solchen Fall spricht man von Dubletten. Mit Softwaretools können diese häufig aufgespürt und beseitigt werden.

EA – Efficient Assortment

Regalfläche- und Sortimentsoptimierung. Wird vornehmlich im Markenartikelbereich/Foodbereich verwendet.

EAI – Enterprise Application Integration

Enterprise Application Integration ist die unternehmensweite Verknüpfung verschiedener Softwareapplikationen über heterogene Betriebssysteme hinweg, zur Sicherung und Unterstützung durchgängiger Geschäftsprozesse. EAI-Applikationen sind multiplattformfähig und unterstützen mehrere Programmiersprachen. Die zu integrierenden Softwareapplikationen werden jeweils über eine einzige Schnittstelle an die bestehende Infrastruktur angebunden.

E-Business

Computergestützte, teilweise automatisierte Abwicklung des Geschäftsablaufs von Einkauf und Steuerung der Lieferkette über Lagerwirtschaft bis zu Vertrieb, Service, Kundenpflege und Abrechnung. Fallweise wird auch die Fertigungssteuerung einbezogen. E-Commerce gilt als untergeordneter Begriff, da er häufig nur auf einzelne Funktionen wie etwa Online-Vertrieb bezogen ist.

E-Cash (Electonic Cash)

Oberbegriff für den elektronischen Zahlungsverkehr im Internet und in den Online-Diensten. Ein allgemeiner Standard für Zahlungsmodalitäten ist derzeit in der Entwicklung.

E-Commerce

E-Commerce umfasst alle Formen des elektronischen Datenaustauschs von Geschäftsinformationen. Man unterscheidet im Wesentlichen die Business-to-Business-Kommunikation, die unter dem Begriff EDI (Electronic Data Interchange) zusammengefasst wird, sowie die Business-to-Customer-Kommunikation, welche durch das Internet-Shopping geprägt ist. E-Commerce nutzt verschiedene Formen der Datenübertragung (Telefon, Fernsehen, Datennetze, Internet).

ECR – Efficient Consumer Response

Dieser Begriff kommt eigentlich aus der Logistik. Er steht jedoch für die gesamte Prozesskette von der Produktion bis zum Verkauf an den Endkunden. Hier liegen vielfach Wertschöpfungspotenziale brach.

E-CRM

Electronic Customer Relationship Management ist die Verschmelzung von Internet und CRM. Ziel dabei ist es, dass Internetfunktionalitäten in das CRM-System integriert werden. Die technologische Plattform des Systems sollte das Internet sein, damit die Daten der Kunden, Interessenten und Geschäftspartner, sowie deren Aktivitäten auf der Website, direkt in das CRM-System übernommen werden können. Somit besteht die Möglichkeit einer One-to-One-Kommunikation.

EDI – Electronic Data Interchange

EDI wird in der Regel bei enger Kooperation zwischen Kunden und Herstellern eingesetzt. EDI umfasst den Datenfluss zwischen den Partnern. Vornehmlich handelt es sich um Bestell- und Fakturierungsdaten (zum Beispiel EDIFact). Lösungen sind heute häufig Web-basiert.

E-Mail

Abkürzung für Electronic Mail. Das E-Mail-System erlaubt den Austausch von Nachrichten über elektronische Netzwerke. Hierfür wird im Internet das Protokoll SMTP verwendet.

E-Mail-Adresse

erkennbar am @-Zeichen in der Mitte der Adresse. Zum Beispiel ist info@schwetz.de die E-Mail-Adresse des Autors.

E-Marketing

analog Telemarketing, nur Abwicklung auf elektronischem Weg (E-Mail, Internet usw.)

ENGDAT

Engineering Data Message (elektronisches Begleitschreiben zu Datenaustauschvorgängen im CAD/CAM-Datenaustausch)

E-Procurement

Elektronische Beschaffung

ER – Efficient Replenishment

Neues Modell in der Zusammenarbeit zwischen Handel und Hersteller. Nicht der Handel ruft beim Hersteller ab, sondern der Hersteller hat direkten Zugriff auf Abverkäufe des Handels und liefert direkt nach. Er hat somit die Verantwortung für das Lager des Handels. Erforderlich hierfür ist der direkte Datenzugriff.

ERP – Enterprise Resource Planning

Standardsysteme, die als Host-Systeme für alle Unternehmensbereiche eingesetzt werden (Vertriebsabwicklung-/Disposition/Produktion/Materialwirtschaft/Logistik/Personal/Buchhaltung/...).

E-Sales

alle Möglichkeiten der Online-Kontaktaufnahme zwischen Kunden und Lieferanten über elektronische Medien wie E-Mail und Internet, um Anfragen und Aufträge zu erfassen und zur weiteren Verarbeitung im CRM-System zu speichern

E-Service

wie Teleservice, nur Abwicklung auf elektronischem Weg (E-Mail, Internet usw.)

Extranet

Online-Informationskanal für geschlossenen (Passwortschutz) Benutzerkreis (zum Beispiel Kunden, Lieferanten) auf Basis des Internet. Kunden können so direkt Lagerbestände abfragen und Aufträge platzieren.

Front Office
Synonym für alle dezentralen Bereiche in einem Unternehmen. Front-Office-Systeme sind alle Computeranwendungen für Marketing, Vertrieb und Service, die die Anwender außerhalb der ERP-Systeme (= Back Office) beim Management der Kundenbeziehungen unterstützen. Dazu gehören auch CAS/CRM-Systeme.

FTP
Abkürzung für File Transfer Protokoll. Das Internet Protokoll (und Programm) zur Übertragung von Dateien zwischen Host und User

Gateway
Übergang ins Internet: Hier endet die Leitung des Providers oder des Online-Dienstes und es beginnt die große Welt des Datennetzes.

GIF – Graphic Interchange Format
Format für Bilder, welche von den meisten Browsern dargestellt werden können

GIS – Geographisches Informationssystem
Programm zur Visualisierung und Analyse von Daten auf digitalisierten Landkarten. Bei vertriebsspezifischen GIS kommt der Dateninput meist aus einem CAS/CRM-System oder über eine Excel-Schnittstelle. GIS dienen im Vertrieb der Darstellung von gebietsbezogenen Vertriebszahlen auf Landkarten mit unterschiedlichen Symbolen flächen- oder standortspezifisch. Eine der häufigsten Anwendungen stellt die interaktive Optimierung von Verkaufsgebieten bei der Absatzgebietsplanung dar.

GPRS – General Packet Radio Service
Der General Packet Radio Service ist derzeit eine der schnellsten Übertragungstechniken. Diese Mobilfunktechnik der dritten Generation lässt Übertragungsraten von etwa 115 KBit/s zu und ist somit wesentlich schneller als ISDN (64 KBit/s).

GPS
Das GPS ist ein satellitengestütztes Navigationssystem des amerikanischen Verteidigungsministeriums. 24 Satelliten, die in ca. 20 000 km Höhe die Erde konstant zweimal pro Tag umkreisen, senden Signale aus, die vom GPS-Empfänger aufgefangen und in eine exakte Positionsangabe umgerechnet werden. Zur Bestimmung der geographischen Länge und Breite ist der Empfang von mindestens 3 Satelliten erforderlich. Für eine Bestimmung der Position einschließlich der Höhe ist der Empfang von mindestens 4 Satelliten notwendig.

GSM – Global System for Mobile Communication
Global System for Mobile Communication ist eine der weltweit am weitesten verbreitete Übertragungstechnik für mobile Kommunikation. Es sind Übertragungsraten von 9,6 KBit/s möglich.

Handheld-Computer
Handheld-PCs sind noch kleiner als Mini-Notebooks. Sie lassen sich in der Jackentasche transportieren und eignen sich bestens für die Termin- und Aufgabenverwaltung sowie für den Versand und Empfang von E-Mails.

Heavy User

Heavy User sind Kunden, die im Gegensatz zu Light Usern ein Produkt besonders häufig nachfragen und deshalb die Hauptzielgruppe des Marketings darstellen.

Help Desk

wissensbasiertes Datenbanksystem, welches ein Call Center bei der Beantwortung eingehender Fragen unterstützt. Weiter dient es zur Verfolgung und Analyse häufig auftretender Fragen und Probleme von Kunden.

Homepage

Startpunkt ins WWW und Ausgangsseite von Dienstleistern und anderen Webanbietern wie zum Beispiel Diskussionsforen wie www.crmforum.de. Von hier aus wird auf die übrigen Seiten verwiesen.

Host

Bezeichnung für einen Computer im Netzwerk

HTML

Abkürzung für Hyper Text Markup Language. Darstellungssprache, die es ermöglicht, auf einfache Weise Hypertext-Dokumente zu erstellen. HTML basiert auf SGML (Standard Generalized Markup Language), einer ISO-Norm zur Definition von strukturierten Datentypen. Prinzipiell ist HTML ein Bündel von Formatierungsanweisungen. Diese Tags sind in die Website eingebettet und formatieren den Text. Außerdem dirigieren sie die Darstellung und Positionierung von Grafiken und anderen nichttextlichen Elementen.

HTTP

Abkürzung für Hyper Text Transfer Protokoll. Protokoll für die Übertragung von Hypertextdokumenten. HTTP wird im WWW als Übertragungsprotokoll verwendet.

Hyperlink

hervorgehobene Textstelle (meist unterstrichen), die auf eine Stelle auf der gleichen Seite oder auf eine andere Seite verweist

IMAP

Internet Message Access Protokoll, ein effizientes Protokoll, um E-Mail von Mailservern auf lokale Arbeitsplatzrechner zu transferieren.

Inbound

Im Allgemeinen ein Sammelplatz für alle eingehenden und zu erledigenden Aufgaben. Dies können zum Beispiel eingehende Telefonate in einem Call Center sein oder der Eingangsordner eines Mailservers.

Internet

TCP/IP-basiertes, weltweites Netz von Netzen, das aus dem Arpanet entstand

Internet-Adresse

Die Internet-Adresse ist ein 32 Bit langes Wort, das einen Rechner im Internet eindeutig adressiert.

Intranet

Anwendung der Internet-Technologie innerhalb eines Unternehmens

ISDN

ist die Abkürzung für Integrated Services Digital Network (integrierte Dienste im digitalen Netzwerk). Es ist ein internationaler Kommunikationsstandard für die Übertragung von Stimmen, Video und digitalen Daten. ISDN arbeitet mit einer Datentransferrate von 64 000 bps.

ISP – Internet Service Provider

Unternehmen, dessen Dienstleistung darin besteht, Zugang zum Internet zu ermöglichen

ISS – Interactiv Selling Solution

ISS entspricht SFA (Sales Force Automation)

IVR – Interactive Voice Response

Sprachverarbeitungssysteme, die einen interaktiven Dialog zwischen Mensch und Maschine ermöglichen. Diese Systeme übernehmen die zielsichere Führung der Anrufer. Der Anrufer kann entweder durch seine Telefontastatur oder per Sprache die Eingabe zur Steuerung vornehmen.

JAVA

plattformunabhängige Programmiersprache, mit welcher auch Programme via HTTP-Protokoll transferiert werden können und auf der Client-Maschine ausgeführt werden

JPEG – Joint Photographic Experts Group

ein Bildformat, das häufig im Internet zur Anwendung kommt. Vorzugsweise eingesetzt für farbenreiche Bilder und Illustrationen. Das zweite weit verbreitete Bildformat ist „GIF".

Just-in-Time-Marketing

Just-in-Time-Marketing bedeutet, die richtigen Produkte zum richtigen Zeitpunkt im richtigen Absatzkanal dem Kunden entsprechend seiner derzeitigen Bedürfnisse anzubieten. Deshalb sind die latenten, noch nicht artikulierten Bedürfnisse von Kunden frühzeitig zu erkennen. Diese Frühaufklärung der Kundenbedürfnisse ist bei immer kürzer werdenden Innovationszyklen von großer Bedeutung.

Kampagnen-Management

umfasst alle organisatorischen Aktivitäten, die zur Durchführung einer Marketing- und Verkaufsaktion (Kampagne) notwendig sind; Zusammenfassung meist mehrstufiger Verkaufsprozesse

Key Account Management

Schlüsselkunden-Management; Verkaufsorganisation, bei der das herkömmliche Prinzip der regionalen Gliederung des Verkaufs durchbrochen und von einer kundenorientierten Struktur abgelöst wird

Knowledge-Management

Elektronisches Gedächtnis eines Unternehmens, unabhängig von den jeweiligen Mitarbeitern. Es handelt sich um gespeichertes Wissen, das benutzt wird, um die bisher gemachten Erfahrungen möglichst allen anderen Mitarbeitern zugänglich zu machen. Die so erreichte Informationstransparenz ist die Grundlage für eine einheitliche und rasche Aufgabenerfüllung mit dem Ziel, den Kundenbedürfnissen optimal zu entsprechen.

Kommunikation E-Mail

Kommunikationsmöglichkeit per E-Mail im Inter- und Intranet

Kontaktmanagement

alle Aktivitäten und Informationen, die bei einem Kontakt mit Kunden und Interessenten entstehen. Die

Speicherung und Verwaltung erfolgt in einer Kundendatenbank. Kontaktmanagementsysteme gehören zur Softwarekategorie meist preiswerter Standard-Softwarepakete, welche sich neben der Adressen- und Terminverwaltung auf die Erfassung und Verwaltung der Kontakte konzentrieren.

Kundenbindung

Kundenbindung stellt eine Basis für die Erhaltung und Steigerung des langfristigen Unternehmenswertes dar. Sie beschreibt, inwieweit Kunden den Marken des Unternehmens treu bleiben und Wiederholungskäufe tätigen.

Kundenportfolio

Kundenportfolios, wie zum Beispiel das Kundenwachstum-Lieferanteil-Portfolio oder das Kundenattraktivität-Relative-Lieferantenposition-Portfolio, dienen zur Analyse, wie insbesondere im Investitionsgütermarketing Vertriebsressourcen eingesetzt werden sollten.

Kundenzufriedenheit

In der Kundenzufriedenheit drückt sich aus, wie zufrieden der Kunde mit dem bei einem Unternehmen nachgefragten Produkt oder der Dienstleistung ist. Sie stellt eine notwendige, aber nicht hinreichende Bedingung für die Kundenbindung dar.

LAN

Local Area Network, lokales Netzwerk (zum Beispiel innerhalb eines Firmengebäudes), wenn auf Internet-Technologie basierend, heute auch Intranet

Link

ein Verweis im WWW, der Sie direkt zu einem anderen Rechner im Internet bringt. Dieser ist meist farbig hervorgehoben, kann aber auch eine Grafik sein. Klicken Sie mit der Maus auf diesen Link, startet ihr Browser sofort die Verbindung zu dem anderen Server im Internet.

Linux

Betriebssystem, geschrieben von und benannt nach Linus Thorvalds. Eine der vielen Unix-Varianten und deswegen besonders für Server bzw. die verteilte Datenverarbeitung geeignet. Dieses Betriebssystem konkurriert mit älteren Unix-Systemen sowie mit Windows von Marktführer Microsoft. Typisches Produkt der Open-Source-Bewegung, die für die Veröffentlichung des Quellcodes von Programmen eintritt.

Marketingautomation

Unter diesem Begriff sind alle Systeme zusammengefasst, die das Marketing unterstützen. Das können Planung- und Analysetools sein, oder auch komplette Kampagnen-Management-Systeme.

Marktsegmentierung

Marktsegmentierung bedeutet die Zerlegung eines Gesamtmarktes in in sich homogene Teilmärkte, die untereinander wiederum möglichst heterogen sein können. Auf der Basis der identifizierten Teilmärkte erfolgt eine differenziertere Marktbearbeitung.

MIS – Management Information Systems

MIS ist der umfassende Begriff für alle Datenhaltungen und Informationen, die im Unternehmen im so genannten Datawarehouse zusammengeführt werden. Manchmal wird die Abkürzung MIS auch für den Begriff Marketing-Informationssystem genutzt. Dieser entspricht dann dem Begriff SMS.

Modem
Abkürzung für Modulator/Demodulator; Peripheriegerät, das Computer unter Verwendung des Telefonnetzes miteinander verbindet

MPEG – Moving Pictures Expert Group
MPEG ist ein internationaler Standard für Videokompression.

Multichanneling
Einsatz verschiedener Kontaktmedien, um den Kunden die Möglichkeit zu bieten, das von ihnen bevorzugte Medium selbst zu bestimmen. Als Kommunikationskanäle kommen Internet, E-Mail, Telefon, Brief, Fax, interaktive Kundenterminals am Point of Sale (POS) oder auch persönliche Gespräche in Frage. Unabhängig davon, welches Kontaktmedium vom Kunden gewählt wird, müssen die Informationen beim Unternehmen an einer zentralen Stelle zusammenlaufen und für alle Beteiligten elektronisch verfügbar sein.

Multimedia
Überbegriff für die Verbindung von Text, Ton, Bild und Video

Network
eine Ansammlung von untereinander verbundenen, individuell kontrollierten Computern, zusammen mit der restlichen Hard- und Software, die gebraucht wird, um die Geräte untereinander zu verbinden. In einem Netzwerk können Peripheriegeräte wie Printer, Modems oder Scanner gemeinsam benützt werden.

Neukundengewinnung
Die Neukundengewinnung ist wichtig für das Wachstum des Unternehmens. Dabei ist zu beachten, dass die „Alt"-Kunden nicht vernachlässigt werden. Die Ansprache der Neukunden und die Produktgestaltung dürfen sich allerdings nicht zu weit von den Bedürfnissen der „Alt"-Kunden entfernen, da ansonsten auf der einen Seite Kunden zugewonnen, aber auf der anderen Seite auch verloren werden.

ODBC
ODBC ist eine Standardmethode, um Daten zwischen Datenbanken und anderen Programmen auszutauschen. ODBC-Treiber verwenden die SQL-Sprache (Structured Query Language). Word stellt einen Treibermanager und eine Reihe von ODBC-Treibern für bekannte Datenbanken zur Verfügung.

ODETTE
Organisation for Data Exchange in Transport and Telecommunication (Normungsgremium der europäischen Automobilindustrie)

OFTP – ODETTE File Transfer Protocol
Übertragungsprotokoll der Automobilindustrie

OLAP – Online Analytical Processing
Tool für Zugriff, Speicherung und Manipulation entscheidungsunterstützender Informationen. Darstellung der Ergebnisse meist in Tabellen und Grafiken

One-to-One-Marketing

One-to-One-Marketing beschreibt ein Marketing, das sich in seiner Idealausprägung an den spezifischen Bedürfnissen jedes einzelnen Kunden orientiert.

Online Shop

Website, auf der ein Unternehmen Produkte und/oder Dienstleistungen zum Kauf anbietet

Opportunity Management

Verkaufschancenbewertung, Angebotsverfolgung, Erfassung und Bewertung jedes Verkaufskontakts von der unbekannten Adresse (Stufe 0) bis zum Auftragsabschluss (Stufe n) mit der Möglichkeit, den Status eines Kontakts/Angebots jederzeit abzufragen, um einen Gesamtüberblick bestehender Verkaufschancen (Betrag, Abschlusswahrscheinlichkeit und Abschlusstermin) pro Kontaktstufe zu erhalten. Dazu muss jeder einzelne Kontaktstatus laufend gepflegt werden.

Order Management

Auftragswesen; alle Aktivitäten und Informationen, die zur Bearbeitung eines Auftrags notwendig sind, wie Erfassung und Übertragung der Aufträge via Schnittstelle an das ERP-System, wo die Speicherung, Auftragsabwicklung und -abrechnung erfolgen

Outbound

im Allgemeinen ein Sammelplatz für alle ausgehenden und zu erledigenden Aufgaben. Dies können zum Beispiel ausgehende Telefonate in einem Call Center sein oder der Ausgangsordner eines Mailservers.

PBX – Private Branch Exchange

Nebenstellenanlagen, engl. Bezeichnung für Telefonanlagen

POS – Point of Sale

Verkaufsstelle; Ort der Interaktion zwischen Hersteller und Konsument resp. zwischen Handel und Konsument

Produktkonfigurator

Produktkonfigurationssysteme unterstützen das Variantenmanagement, indem sie die Gestaltung kundenindividueller Produktvarianten unter Berücksichtigung der technischen Möglichkeiten erlauben.

Protokoll

Protokolle legen fest, wie Computer untereinander kommunizieren. Beispiele dafür sind X-Modem, Y-Modem oder FTP.

Qualitätsmanagement

alle Aktivitäten, die zur Erhaltung beziehungsweise Verbesserung der Qualität eines Produkts beitragen

Reklamationsmanagement

Reklamationsmanagement beschreibt die von Unternehmen aktiv betriebene Bewältigung von Reklamationen ihrer Kunden, um diese zufrieden zu stellen. Reklamationen stellen dabei die Artikulation subjektiv wahrgenommener Dissonanzen zwischen den Vorstellungen des Kunden, also dem Soll, und dem tatsächlichen Ist, also der erbrachten Leistung des Unternehmens, dar.

Remote System

Computer, der nicht am lokalen System angeschlossen ist

Reporting

Funktionen, um Daten und Informationen zu Berichten (Listen, Tabellen, Grafiken usw.) aufzubereiten. Reportgeneratoren unterstützen den Anwender bei der Gestaltung der Berichte (Layout, Überschriften, Seitennummer, Kopf-/Fußzeilen, Summenbildung).

ROI — Return of Investment

Der Return of Investment ist der zusätzliche Ertrag, der auf Grund einer geleisteten Investition erreicht wurde. Je höher der ROI, desto lohnenswerter ist eine Investition zu beurteilen. Zur Berechnung des ROI existieren verschiedene betriebswirtschaftliche Kalkulationsmodelle.

Roll-out

Auslieferung, Installation und Implementierung der Software bei Anwendern nach erfolgreich abgeschlossener Pilotphase. Beginn des flächendeckenden Softwareeinsatzes in der Praxis

SCM – Supply Chain Management

Form einer vertikalen, strategischen Allianz, die die gesamte Lieferkette vom Rohstofflieferanten über den Hersteller bis hin zum Kunden umfasst (inkl. zwischengeschalteter Transport- und Lagerunternehmen sowie Zwischenhändler). Supply Chain Management setzt voraus, dass sich Hersteller und Handel als ein logistisches Gesamtsystem verstehen, bei dem der Handel Informationen über Bestände, Aktionen und Verkäufe möglichst schnell an den Hersteller weiterleitet und dieser im Gegenzug eine kontinuierliche und nachfrageorientierte Warenlieferung sicherstellt.

SEP – Service Entry Point

Einwahlnummer für eine Service-Gruppe

Server

Computer, der anderen Rechnern Ressourcen zur Verfügung stellt. Ein Web-Server bietet einem Web-Client wie beispielsweise einem Browser die Möglichkeit, Informationen abzurufen.

SET – Secure Electronic Transaction

Die Secure-Electronic-Transaction-Spezifikation ist ein Protokoll für den kartengestützten Zahlungsverkehr über offene Netzwerke (entwickelt u. a. von Master Card International und Visa International). Der Karteninhaber wird über digitale Zertifikate authentifiziert.

SFA – Sales Force Automation

Der seit Mitte der 80er Jahre in den USA eingeführte Begriff SFA entspricht inhaltlich dem in Deutschland üblichen CAS.

Site

Bezeichnung für ein Informationsangebot im Internet. Zum Beispiel Ihre Angebot im World Wide Web

SMS – Sales & Marketing Systems

Erweiterungen des Begriffs CAS. Hiermit wird die Integration von Marketing-Aufgaben (Analyse/Promotion) explizit hervorgehoben.

SMTP

Abkürzung für Simple E-Mail Transfer Protocol, das Internet-E-Mail-Protokoll. Es ist in RFC 821 definiert.

SLIP – Serial Line Internet Protocol

erlaubt wie PPP-TCP/IP-Verbindungen über serielle Anschlüsse, wie sie zum Beispiel mithilfe von Modems via normalen Telefonleitungen möglich sind

SSS – Strategic Selling Systems

Im Gegensatz zu den herkömmlichen CRM-Systemen wird in SSS-Lösungen die strategische Ausrichtung der gesamten Vertriebs- und Marketingorganisation gefördert. Dies gelingt durch eine dem System unterlegte Konzeption.

TAPI – Telephon Application Programming Interface

ein CTI-Protokoll, das von Microsoft und Intel entwickelt wurde.

Target Costing

Target Costing ist ein Instrument zur Gestaltung kundenoptimaler Produkte unter Berücksichtigung der Kundenbedürfnisse, der Kosten und des Preises. Es werden nicht wie bei der traditionellen Zuschlagskalkulation Zielpreise kalkuliert, sondern retrograd in Abhängigkeit der Kundenbedürfnisse Zielkosten.

TCC – Total Customer Care

Total Customer Care ist die Entwicklung von Methoden und Lösungen zum prozessorientierten Aufbau von Kundenbeziehungen in einem Unternehmen, um die Kundenbedürfnisse optimal zu befriedigen. Grundlage dafür ist ein konsequentes Vertrauensmanagement, sowohl intern, zwischen Vorgesetzten und Mitarbeitern oder zwischen einzelnen Abteilungen als auch extern zwischen Unternehmen und Kunden.

TCP – Transmission Control Protocol

neben IP das zentrale Protokoll in der Internet Protokoll Suite. Es stellt den Applikationen einen verbindungsorientierten, zuverlässigen Voll-Duplex-Dienst in Form eines Datenstroms zur Verfügung.

Technischer Kundendienst

Anlaufstelle für Kunden, die technische Probleme (Ausfall, Schaden) mit einem Produkt haben. Meist stationär in der Zentrale zur Annahme von Bedarfsfällen, Beschwerden und Reklamationen und Disposition der mobilen Techniker zur Behebung von Störungen sowie als mobile Servicetechniker im Außendienst

Telemarketing

Marketingaktionen per Telefon, siehe auch: Call Center

Teleservice

Serviceleistung per Telefon (Hotline)

Terminmanagement

Verwaltung der Termine, Besprechungsplanung, Zeitplanung usw. am einzelnen PC-Arbeitsplatz mit Datenaustausch zum Netzwerkserver, damit Termine untereinander besser abgestimmt werden können. Bekannte Standardterminplaner sind die in MS Windows (Outlook) und Lotus Notes (Organizer) integrierten Terminkalender.

Third-Party-Telefonie

Eine Verbindung wird nicht über direkte physische Verbindungen hergestellt, sondern über weitere Komponenten. Dies kann zum Beispiel ein Telefonie-Server sein.

Total Quality Management/ Total Sales Quality

Total Quality Management stellt die Qualität als strategischen Wettbewerbsfaktor in den Mittelpunkt. Ziel des Total Quality Management ist die Steigerung der Qualität bei unveränderten oder verkürzten Bearbeitungszeiten und gleichen oder geringeren Kosten. Total Sales Quality ist die Übertragung der Prinzipien des Total Quality Management auf den Vertrieb.

TSAPI – Telephony Supported Application Programming Interface

eine von Novell definierte Schnittstelle, welche die externe Steuerung von Telefonanlagen über DV-Anwendungen ermöglicht.

UMTS – Universal Mobile Telecommunications System

ein neuer Standard für mobile Telekommunikation. Dieser völlig neue Mobilfunkstandard erlaubt eine breitbandige Mobilkommunikation mit bis zu 2 Megabit pro Sekunde. In einer sanften Migration wird UMTS das heutige GSM ablösen, da UMTS nicht mehr auf GSM basieren wird und dafür neue Endgeräte notwendig sind.

Unassisted Selling

Verkaufen ohne Verkäufer. Das beste Beispiel dafür ist das Internet. Der Kunde wählt das gewünschte Produkt aus einem elektronischen Katalog selbst aus.

Up-Selling

Die Up-Selling-Rate gibt an, inwieweit die Möglichkeit besteht, einem Kunden anstelle seines vorhandenen Sortiments ein teureres und höherwertiges anzubieten.

URL – Uniform Resource Locator

einheitliche und eindeutige Form, um Ressourcen im Netz zu benennen. Sie entsprechen damit der ISBN-Nummer bei Büchern.

Vertriebs-/Jahresplanung

Erstellung von Vertriebsplänen für ein gesamtes Jahr, ausgehend vom Gesamtunternehmen, aufgegliedert nach Produktgruppen, Gebieten sowie Außendienstbezirken und durch den Außendienst weiter detailliert nach Kunden und Produktgruppen pro Kunde. Planungsbasis ist meist der Umsatz oder Absatz. In Abhängigkeit vom Planumsatz wird weiter ein Plan-Deckungsbeitrag und/oder eine Planbetreuungsfrequenz festgelegt. Die Jahresplanung in den verschiedenen Verdichtungsstufen ist Grundlage für die regelmäßigen Plan-Ist-Vergleiche in der Vertriebssteuerung.

VIS – Vertriebsinformationssystem

In diesen Systemen werden, ähnlich CAS meist statistische Informationen des Vertriebes zur Planung, Steuerung und Kontrolle (Umsatz, Absatz, Plan- und Istwerte) zusammengeführt. Ausgehend von der Kundenebene sind Verdichtungen nach Kundengruppen, Außendienstbezirken, Regionen und Ländern sowie eine Kombination mit Vergangenheitswerten (Vorjahresvergleichen) üblich. Typischerweise werden diese Systeme hauptsächlich vom Vertriebscontrolling zur Außendienststeuerung genutzt.

WAP – Wireless Application Protocol

Das Wireless Application Protocol ist ein kabelloser Datenübertragungsstandard. Hierbei werden Internetseiten über die Wireless Markup Language (WML) auf ihre Textinhalte reduziert, sodass diese auf einem Mobiltelefon-Display angezeigt werden können.

Webmaster

Person, die für die WWW-Seiten (zum Beispiel innerhalb einer Firma) verantwortlich ist

Web-Portal

Ein Web-Portal ist eine Internet-Adresse, die als Einstiegsadresse zu einem Informationssystem dient. Sie kann individuell an die Benutzer bzw. Benutzergruppen (Kunden, Vertriebspartner oder Lieferanten) angepasst werden.

Wissensdatenbanken

In diesen Datenbanken werden beispielsweise Fehler und deren Lösungsmöglichkeiten gespeichert, auf die bei Bedarf zugegriffen werden kann. Typische Anwendungen sind der Service und der Kundendienst.

WML – Wireless Markup Language

eine stark an HTML angelehnte Seitenbeschreibungssprache, die speziell für den drahtlosen Datenaustausch konzipiert wurde

Workflowmanagement-Systeme

Workflowmanagement-Systeme haben die Aufgabe, Büroprozesse zu unterstützen, das heißt die Bearbeitungsfunktionen aufzurufen und die jeweiligen Arbeitsschritte zu kontrollieren, sodass ein automatischer Arbeitsablauf gemäß den Prozesserfordernissen gestaltet wird. Sie erhöhen die Effizienz der Prozessbearbeitung und gewinnen deshalb an Bedeutung in der Reklamationsbearbeitung und an der Schnittstelle zwischen Vertriebsinnen- und Außendienst.

WWW – World Wide Web

im Fachjargon kurz „The Web" genannt. Besteht aus einzelnen multimedialen Informationsseiten, die nach dem Hypertext-Prinzip miteinander verbunden sind

XML – Extensible Markup Language

eine plattformunabhängige Beschreibungssprache. Ein Datenaustausch zwischen unterschiedlichen EDV-Systemen und verschiedenen Medien (PC, Mobiltelefon usw.) wird durch die Trennung der Daten in Inhalt und Formatierung ermöglicht.

Zielgruppenauswahl

Diese Auswahl legt fest, welche Kundengruppen Marketing und Vertrieb besonders bearbeiten. Die Auswahl muss in Einklang mit den Unternehmenszielen, den Fähigkeiten des Unternehmens in der Marktbearbeitung und unter Berücksichtigung der bisherigen Kundenstruktur erfolgen.

Abbildungsverzeichnis

Tabellen

Literaturempfehlungen

Ackerschott, Harald: Strategische Vertriebssteuerung. Gabler Verlag, Wiesbaden 1998

Brandt, Frank: Computergestützte Angebotssysteme in der persönlichen Verkaufsberatung. Gabler Verlag, Wiesbaden 1998

Bruhn/Homburg: Handbuch Kundenbindungsmanagement. Gabler Verlag, Wiesbaden 1998

Hermanns, Arnold/Flegel, Volker, Universität der Bundeswehr in München: Handbuch des Electronic Marketing. Verlag C. H. Beck, München 1992

Jost, Arnim: Computer Aided Selling im Pharma-Kundenmanagement. Gabler Verlag, Wiesbaden 1998

Leiberich, Peter: Business Mapping im Marketing. Herbert Wichmann Verlag, Heidelberg 1997

Link, Jörg/Hildebrand, Volker: Database Marketing und Computer Aided Selling. Verlag Vahlen, München 1993

Link/Brändli/Schleuning/Kehl: Handbuch Database Marketing. IM-Fachverlag, Ettlingen 1997

Marzian, Sieghard H./Smidt, Wolfhart: Vom Vertriebsingenieur zum Market-Ing. Kunden gewinnen mit System. Springer Verlag, Berlin 1999

Sales Profi: CRM-Report 2000, Gabler Verlag, Wiesbaden 2000

Schüring, Hendrik: Database Marketing. Verlag Moderne Industrie, Landsberg am Lech 1991

Schwetz, Wolfgang: CRM-Marktspiegel 2001 – die 125 führenden CRM-Systeme am deutschen Markt. Schwetz Consulting, 2001, www.schwetz.de

Schwetz, Wolfgang: Marktstudie CRM Top 15 Deutschalnd 2000, Schwetz Consulting, 2000, www.schwetz.de

Schwetz, Wolfgang: Marktübersicht CRM-Integration, Schwetz Consulting, 2000, www.schwetz.de

Schwetz, Wolfgang: Softwareübersicht Kontaktmanagement, Computer Aided Selling. Unternehmensberatung Wolfgang Schwetz, 1999, www.schwetz.de

Siebel, Thomas/Malone, Michael: Die Informationsrevolution im Vertrieb. Gabler Verlag, Wiesbaden, 1998

Siebel, Thomas/House, Pat: Cyber Rules, Currency, Doubleday, New York, 1999

VDI – EKV: Angebotsbearbeitung – Schnittstelle zwischen Kunden und Lieferanten. Springer Verlag, Berlin 1999

Wiencke, Koke: Call Center Praxis. Schäffer-Poeschel Verlag, Stuttgart 1997

Winkelmann, Peter: Marketing und Vertrieb. Fundament für die Marktorientierte Unternehmensführung. R. Oldenbourg Verlag, München 1999

Winkelmann, Peter: Innovatives Außendienst-Management. NM Verlag Norbert Müller 1999

Weitere aktuelle Literaturempfehlungen im Internet unter www.crmforum.de

Der Autor

Wolfgang Schwetz, Jahrgang 1947, Diplom-Betriebs- wirt, nach dem Studium der Betriebswirtschaft in der Systemanalyse und Softwareentwicklung bei IBM, an- schließend fast zwei Jahrzehnte im Consulting bei einer international tätigen Unternehmensberatung. 1987 Spezialisierung auf Computereinsatz in Ver- triebsorganisationen (Computer Aided Selling, CAS) und seit 1996 auf Customer Relationship Manage- ment, CRM.

1989 Gründung einer unabhängigen Unternehmens- beratung mit der Zielsetzung, ausschließlich als her- stellerneutraler Berater vertriebsorientierte Unterneh- men bei der Konzeption, Systemauswahl und Einfüh- rung von Computersystemen im Vertrieb, Marketing und Service zu unterstützen. Innerhalb weniger Jahre ist es Wolfgang Schwetz und seiner Unternehmensberatung gelungen, sich in Fachkreisen als führende CRM-Ex- perten im deutschsprachigen Raum zu etablieren.

Wolfgang Schwetz ist seit 1992 Autor und Herausgeber des CRM-Marktspiegel, einem vollständigen Verzeichnis der führenden CRM-Systeme im deutschsprachi- gen Raum. Die aktuelle 11. Auflage beschreibt 125 Anbieter und ihre CRM- Systeme auf rund 600 Seiten. Ende 1999 wurde erstmals ein Softwareguide für das Kontaktmanagement mit 30 Programmen herausgegeben.

Mit der Marktstudie „CRM Top 15 Deutschland 2000" wurden erstmals für den deutschsprachigen Markt die 15 führenden Anbieter für Konzerne und internatio- nale Großunternehmen unter die Lupe genommen.

Außerdem tritt Wolfgang Schwetz seit Jahren auf zahlreichen Veranstaltungen zum Thema CRM wie der SalesTECH in Wiesbaden und dem CRM-Kongress in Düsseldorf als Referent und Tagungsleiter auf und ist Verfasser vieler Fachartikel in einschlägigen Fachzeitschriften wie salesBusiness, acquisa, Computerwoche.

Im November 1999 Gründung einer Internet-Community zur Förderung des Informations- und Erfahrungsaustauschs rund um CRM. Das *www.crmforum.de* steht mit einem Diskussionsforum, aktuellen News, einem Glossar, einer Börse für Jobs, Partnerschaften und Diplomarbeiten, Fachbeiträgen, einem Veranstaltungska- lender und einem Literaturverzeichnis sowohl Anwendern als auch Anbietern, Experten und Wissenschaftlern für Fragen und Informationen offen.

Weitere Infos unter: www.schwetz.de
                                   E-Mail: info@schwetz.de

Kunden gewinnen und binden

Kunden – nicht überreden, sondern motiveren!

Es hat keinen Sinn, Kunden mit überkommenen Verkaufsmethoden zum Kauf zu drängen. Josh Gordons Vision – Kunden zum Kauf zu motivieren – ist keine graue Theorie. Er hat die neuen Ideen in einem lebendigen und praxisorientierten Buch zusammengefasst.

Josh Gordon
Die Macht des Kunden – und wie Sie ihn trotzdem kriegen
17 Wege zur langfristigen Partnerschaft
2001. 256 S. Geb. € 37,00
ISBN 3-409-11839-X

Erfolgreich in den Vertrieb einsteigen

Das Buch richtet sich an Vertriebseinsteiger – auch aus nicht-kaufmännischen Bereichen, die sich den Herausforderungen des modernen Vertriebs stellen wollen. Auch für Vertriebler mit Berufserfahrung eine gewinnbringende Lektüre! Mit nützlichen Checklisten und einem Glossar zu den wichtigsten betriebswirtschaftlichen Begriffen.

Martin Maas
Praxiswissen Vertrieb
Berufseinstieg, Tagesgeschäft und Erfolgsstrategien
2001. 195 S. Geb. € 32,00
ISBN 3-409-11776-8

Komplexe Produkte und Dienstleistungen erfolgreich verkaufen!

Das Buch führt in sechs logischen Schritten vor, wie es gelingt, im Business-to-Business-Bereich langfristige Kontakte aufzubauen und Umsätze dauerhaft zu steigern.

„Wir empfehlen es (...) als Begleitbuch für unsere Vertriebsseminare.“
Joachim Neuerburg,
Geschäftsführer VDI-Bildungswerk GmbH

Brad Cleveland, Julia Mayben, Günter Greff
Call Center Management
Leitfaden für Aufbau, Organisation und Führung von Teleservicecentern
1998. 267 S. Geb.
DM 134,00 / € 67,00
ISBN 3-409-19570-X

Änderungen vorbehalten. Stand: November 2001.
Erhältlich im Buchhandel oder beim Verlag.

Gabler Verlag · Abraham-Lincoln-Str. 46 · 65189 Wiesbaden · www.gabler.de

GABLER

Gigabytes
für Ihren Erfolg